小学館文庫

南極越冬隊 タロジロの真実

北村泰一

小学館

まえがき

日本が、まだ「戦後」気分から抜け切っていない昭和三〇年（一九五五年）のあるとき、「日本が南極へ学術探検隊を派遣する」という記事が朝日新聞の第一面を飾った。そして、昭和三一年（一九五六年）一一月に南極観測船「宗谷」が日本を出発。以来、日本の南極観測は続いて、平成一八年（二〇〇六年）で五〇年になる（途中、数年の休みがあるが）。日本が南極に探検隊を送ることの動機は、一九五七〜五八年のＩＧＹ（国際地球観測年）に全世界が共同して行った「南極観測（学術研究）」事業に参加するためであった。

まだ戦後の復興がなされていない日本が南極観測に参加するには、多くの科学者と朝日新聞社、日本学術会議、政府の並々ならぬ努力が必要であった。日本に割り当てられた地域が、過去にノルウェーやアメリカ探検隊が何度も失敗した前人未踏《みとう》の領域であったので、第一次隊は正しく「探検」であった。

隊員候補者は全国から殺到した。私もその一人となった。選考の基準は、いかにその人に「資格、能力」があるか、であった。とくに、「死ぬ」ような経験をしていて、

「死ななかった」者が選ばれた。元特攻隊員や、満州で放浪していた人や、大学山岳部で遭難の経験のある者たちが選ばれたのだ。

当初、南極での輸送には雪上車のみが考えられていた。しかし、西堀栄三郎氏（第一次日本南極地域観測隊副隊長、第一次越冬隊長）が、それにカラフト犬による「犬ゾリ」を加えた。一九一一年のアムンゼン（ノルウェーの探検家）による南極点征服以来、極地の輸送の定番は犬に決まっていたし、一九五六年ごろの日本の雪上車には、技術的な自信がなかったからでもある。人々は、その雪上車を運転するために「運転免許証」の取得に奔走した。そのころ、まだマイカーを持つ人は少なかった。

そのとき、私は一世一代の思案をした。そして、マイカーでなく、「犬の運転免許証」（実際にはそんなものはなかったが）の取得を思い定めた。いわゆる〝犬係〟である。隊員に採用されたい一心で希少価値をねらったことと、人が右行けば自分は左へ行く、という私の性質がそうさせたのだった。隊員に採用されたいばっかりの私の打算であった。私の、それまでの人生に犬はいなかった。

思惑どおり、そして運よく、私は第一次南極観測隊員に採用された。犬・オーロラ係が私の役目であった。カラフト犬は体重が四〇キロから五〇キロもあり、最も重く大きいものは五二キロもあった。大きさは小熊ほどである。性格は獰猛《どうもう》で、仲間同士、ケンカを始めたら、止めに入ることは困難であった。互いに相手の鼻や耳を食いちぎるまでケンカをやめない。そんなカラフト犬を制御するためにと、棒を渡された。握れるほどの太さで、長さ二メートルくらいの棍棒《こんぼう》であった。ケンカを止めるには、これで彼らを力いっぱい殴れ、と教えられた。カラフト犬には、もっぱら力で対処せよと教え込まれたのだ。

犬係を目指した最初の目的は、とにかく探検隊員に採用されるための「打算」であったが、それが成功すると、次は越冬隊員になれるかどうかが問題だった。観測隊員ではあるけれど、そのまま船で帰国する人たちが多いからである。第一次の場合には、越冬隊員は、現場で発表されることになっていた。しかし、越冬隊員になれたとしても基地からあまり出ない役割の人たちもいる。犬係であれば、奥地の奥地まで「常に」行ける。私はそう考えたのである。

思えば、中学生のころから探検に憧《あこが》れ、大学では山岳部に入り、探検の哲学〝探検とは知的情熱の肉体的表現〟を学び、南極に憧れた私であるが、京都大学の理学部地球物理教室の学徒としての私は、地磁気の影響で発生する極光（オーロラ）の研究者でもあった。極光は夜に見えるものであり、南極の夜を経験するにはどうしても越冬する必要があった。そして、こちらも運よく、越冬隊員として南極にとどまることができたのである。

越冬が始まった。教えどおり、犬たちには、「力」が有効である、と私は信じ込んでいた。それは、犬たちには自らを律することなどできないので、他からの強制力がないとまともな行動はできないものだと信じていたからである。自分を律することは、自尊心や誇りや尊厳や恥に連なり、それは通常より一段高い高度な精神行動である。そんな高度な精神行動は人間にのみ見られるもので、犬や他の動物にはないと考えていた。ところが、である。あるとき、そんな考えを覆すような事件に出合った。以来、私の犬に対する考えは変わった。犬にも精神行動がある。犬たちも、自らを律することができる。だとすれば、彼らの力、能力を引き出すには、「力」ではなく、「心」こそ必要なものではなかろうか。

私の犬に対する態度は変わった。それに応《こた》えるように犬の私への態度も変わった。

太陽のない暗黒の冬が過ぎ、大陸奥地へ進むときが来た。しかし、雪上車は寒さのために不調だった。犬ゾリがそれに代わった。マイナス三〇度の寒さと烈風の吹く中で、心も凍え、そして凍傷に悩んだ。犬たちは重荷と登り坂にあえぎ、足の裏は氷面に傷つき白い雪面に点々と血がにじんだ。

犬ゾリが走ったのは一年間に一六〇〇キロメートル、雪上車の走行距離より一〇〇キロも多かった。そうした犬たちの働きにもかかわらず、苛酷《かこく》な運命が彼らの上に待ち構えていた。第二次観測隊を乗せた宗谷は、前年とは打って変わった悪い氷に阻《はば》まれ、ついに越冬を断念した。そして、犬たちは無人の昭和基地に残された。

一年の後、第三次観測隊が再び昭和基地を訪れたとき、思いがけず二頭の犬が生きていた。小熊《こぐま》ほどもあって、まるまると太っていた。タロとジロであった。

第一次と第三次の越冬隊員であった私は、犬たちと最もよく接した犬係でもあった。タロジロを含め、当時の犬たちがどのように生きたかを書き残したいと思ったのが、本書を作る動機である。本書は、筆者の体験をもとに、主として犬たちとの生活を話題にしたものであり、越冬生活のほんの一面だけしか述べられていない。まだまだ多くの〝こと〟があった。

半世紀前の出来事であるので、私も含めて風化を止めることはできず、歴史の彼方《かなた》に去り行く記憶を気力で記録する以外に私にできることがないことをお許しいただきたい。できるならば関係者や読者の指摘を待って改めていきたいが、後世の歴史家に委《ゆだ》ねなければならない諦念《ていねん》も湧《わ》いてくる。しかしながら、今ここで私が書いておかねばだれも書けない事柄があることを理解いただきたい。

平成一八年一〇月

北村泰一

目次

写真提供：北村泰一
地図製作：タナカデザイン
カバー・本文デザイン、DTP作成：クリエイティブ・サノ・ジャパン
校正：小林興二朗、桜井健司
編集協力：賀戸　久（金沢工業大学教授）
編集：実沢まゆみ／飯沼年昭（小学館）

※本文中に出てくる、省庁、役職、地名等の名称は、当時のものです。

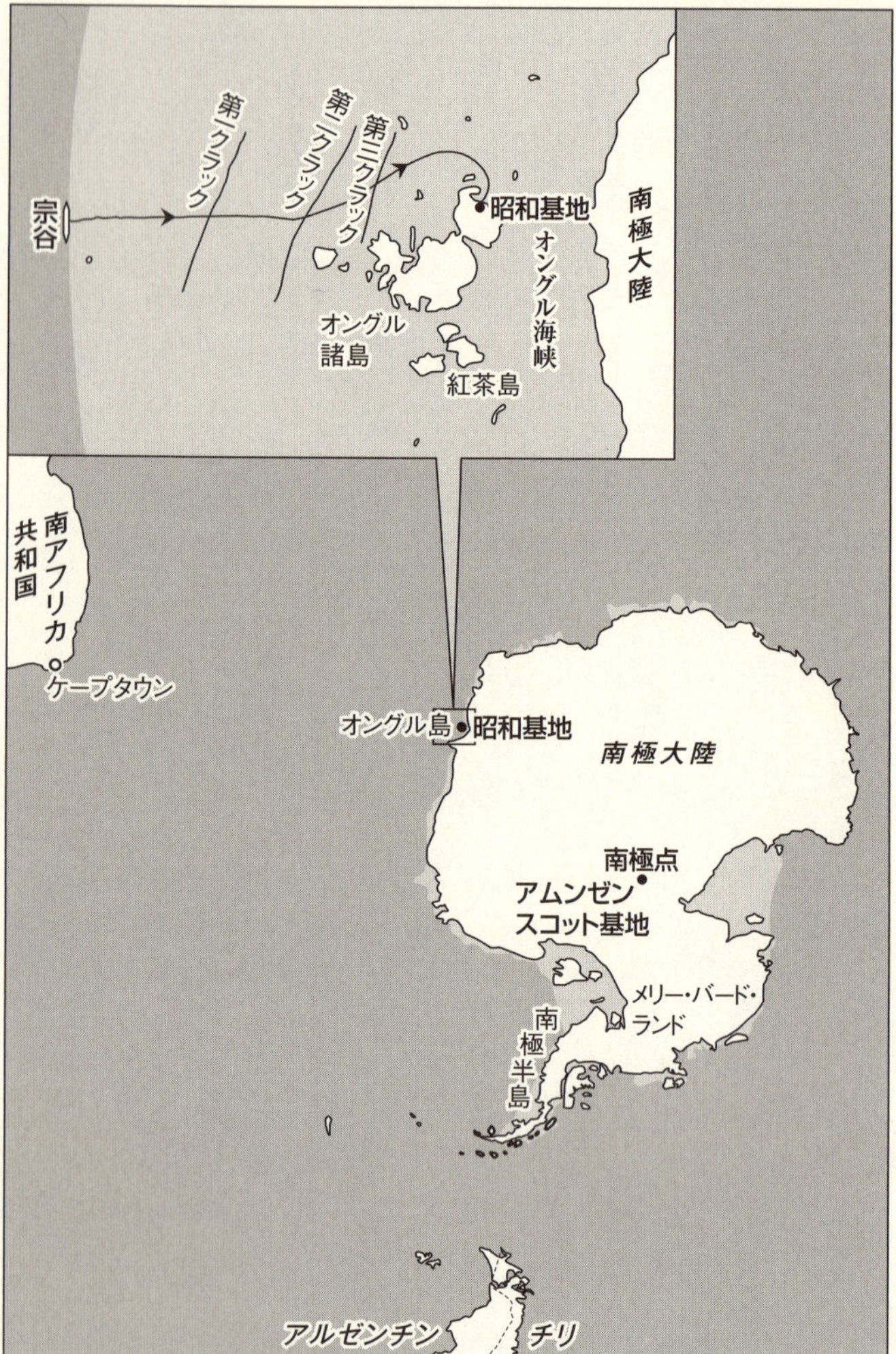

宗谷
第一クラック
第二クラック
第三クラック
昭和基地
南極大陸
オングル海峡
オングル諸島
紅茶島
南アフリカ共和国
ケープタウン
オングル島
昭和基地
南極大陸
南極点
アムンゼンスコット基地
メリー・バード・ランド
南極半島
アルゼンチン
チリ

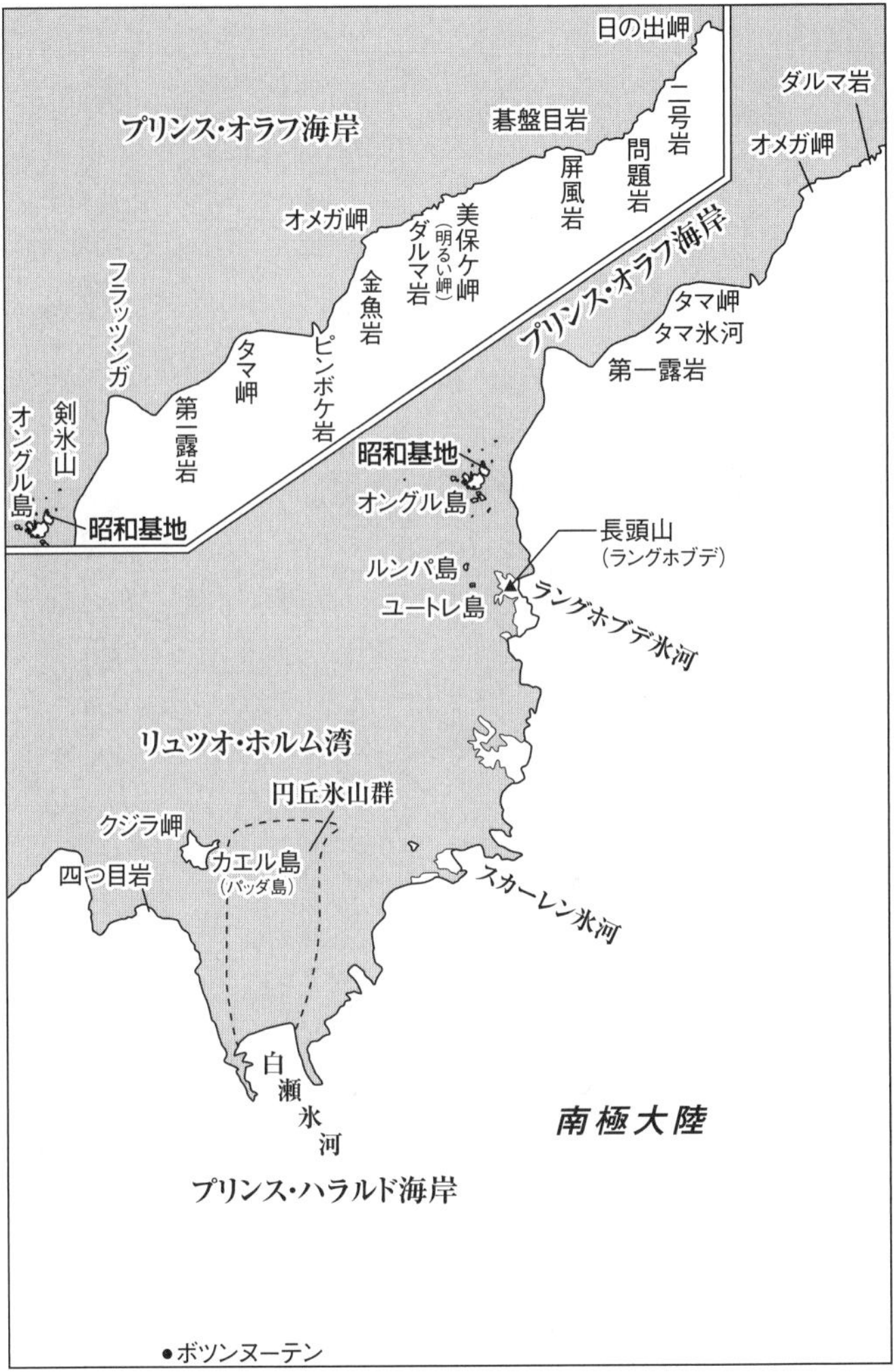
日の出岬
ダルマ岩
二号岩
碁盤目岩
プリンス・オラフ海岸
問題岩
オメガ岬
屏風岩
美保ケ岬
（明るい岬）
オメガ岬
ダルマ岩
プリンス・オラフ海岸
金魚岩
フラッツンガ
タマ岬
タマ氷河
ピンボケ岩
タマ岬
第一露岩
第一露岩
剣氷山
オングル島
昭和基地
昭和基地
オングル島
長頭山
（ラングホブデ）
ルンパ島
ユートレ島
ラングホブデ氷河
リュツオ・ホルム湾
円丘氷山群
クジラ岬
カエル島
（パッダ島）
四つ目岩
スカーレン氷河
白瀬氷河
南極大陸
プリンス・ハラルド海岸
ボツンヌーテン

第一章　旅立ち～いざ、南極へ

出港！

昭和三一年（一九五六年）一一月八日、東京は、朝、霧雨に煙っていた。午前一〇時、出航式。観測隊員も宗谷《そうや》乗組員も制服に威儀を正し、清瀬一郎文相、松村謙三元文相、茅誠司日本学術会議会長の激励の言葉を受ける。午前一一時、港内の船が一斉に汽笛を鳴らす。空には新聞社のヘリコプターが飛び交っていた。万を越す見送りの人々でごったがえす晴海埠頭《ふとう》の岸壁を、宗谷は静かに離れた。見送る人込みの中に、白瀬隊（明治四五年〔一九一二年〕に日本人として初めて南極大陸に上陸した探検家・白瀬矗《のぶ》率いる隊）の隊員・多田恵一翁（七四）と、その探検船「開南丸」の乗組員・佐藤一松翁（八一）の姿もあった。

観測隊員五三名、宗谷乗組員七七名、成犬二〇頭、子犬二頭、猫一匹とカナリア二羽がそのすべてであった。

ああ、やっと出発できた。思えば長い道程であった。が、今は、そんな感慨にふける余裕はない。この数カ月、それこそ目の回る忙しさ、とくに出発前の一週間は、文字どおり不眠不休、ほとんど眠る時間がなかった。ただ、〝若さ〟がそれを支えていた。伴走船がどこまでもついてくる。早く船室に入って眠りたい。犬たちは、第三船倉にいた。犬室の前に、だれが書いたか、

「ワン君、ガンバレ。きみたちの手柄を待っているぞ。みんな元気で、必ず帰ってくるんだぞ」

と、大書してあった。このとき、これを見た人のだれが、一年後の彼らの運命を予想し得ただろうか。

宗谷は外洋に出たとたん、大きく揺れ出した。出港前後のドサクサにまぎれ、犬たちは船倉の小屋に入れられたままになっていた。さっそく、後甲板に出す。大喜びの犬たち。甲板は、たちまち足の踏み場もなくなるほど汚されてしまった。この日から、毎日、犬たちを甲板に出したり、船倉の小屋に入れたりする日課が始まった。菊池徹、北村（私）、小林年の三人の犬係のほかに、一般隊員が毎日二、三人ずつ犬当番に当たった。犬たちの部屋は、船底に近い場所にあった。そこから甲板までは、二つの急な狭い階段を上がらねばならなかった。当番に当たるのは、犬が好きな隊員ばかりではなかった。そんな隊員にとっては、この犬当番が何より辛《つら》かったようだ。小熊《こぐま》ほどもある大きな犬の首輪を恐る恐る押さえ、引きずられるようにして狭い階段を上下す

る作業が続いた。

宗谷は、大きく揺れる。揺れのたびに壁にぶつかり、階段の手すりに引っかかって、やっと転落を免れたりした。時には、隊員の手から犬が離れ、船内が大騒ぎになることもあった。犬は、一般に自分の小屋を排泄《はいせつ》で汚さないものだが、彼らもまた、彼らの小屋では決してもらすようなことはなかった。荒天の日が続き、二日も三日も外へ出ないときでも、彼らはじっとこらえていた。そんなとき、嵐がどうやらおさまって、連れ出し作業が始まると、耐えかねた犬たちが、途中で隊員の足を電柱代わりにして、ジャージャーやり出すこともあった。

「ウァーやられた!」悲鳴に似た叫び声が、しばしば聞こえてきた。このようなことを繰り返しているうちに、はじめは犬に無関心だったり、また犬嫌いの隊員も、いつしか犬に慣れ、犬の名前や顔を覚えるようになっていった。

宗谷の生い立ち

宗谷はよく揺れた。船の横揺れを〝ローリング〟、縦揺れを〝ピッチング〟という。通常の客船では、一〇度もローリングをすると、客の多くは船酔いする。一七度も揺れると、料金を払い戻すとさえいわれている。宗谷は外洋に出たとたん二七度もローリングを始め、通常で二〇～三〇度、少し揺れるときは四〇～四五度、後の話になるが、暴風圏を通過したときなどは、最高六三度のローリングにまで達した。

宗谷はもともと、ソ連からの注文で造られた耐氷輸送船であったが、戦況とともにその契約は破棄され、昭和一三年（一九三八年）貨物船として日本近海に就航することになった。時局の緊迫にしたがい海軍に召し上げられ、測量艦兼運送艦「宗谷」として生まれ変わった。第二次大戦ではガダルカナル作戦にも従軍したが、もともと戦闘用に造られていなかった宗谷は、船脚がひどく遅く、艦隊からはぐれまいと必死に走った。しかし、何が幸いしたか僚艦は次々と海の藻屑《もくず》と消えていったが、宗谷だけが不思議と生き残った。終戦を迎えると、宗谷は外地からの帰還者を運ぶ引き揚げ業務についた。その任務も終わると、灯台保安船へ転用され、宗谷は海上保安庁の船となった。南極遠征の話が持ち上がると、宗谷は大改装ののち、満載排水トン数四二〇〇トン、エンジン四八〇〇馬力のわが国唯一の砕氷船《さいひょうせん》となった。南極へ行くための船としては、当時では考えられるかぎりの最善の船であった。

船は、形状を喩《たと》えでいわれることがある。砕氷船は〝タマゴ〟だといわれている。それは、砕氷船は氷海において氷を避け、リード（氷海において、船が通れるくらいの氷の割れ目の水路）を求めて容易にクルクル回り得る回転性能を要求されるからである。底面積が広いため、吃水《きっすい》が浅く、そのため重心が高くなり、その結果、船の〝横揺れ〟の固有周期（そのもの自体の持つ振動の周期）がかなり長くなる。普通の艦船には、キールという、いわば横揺れ防止用の装置が船腹に取り付けてあるが、砕氷船にはそれがない。氷海での航行の障害となる上に、さらに氷海では、チャージング（砕氷するため、船の全力前進、後退を繰り返す動作のこと）をして氷板上に乗り上げたときなど、わざと横揺れさせて氷板から離れる必要があるが、このとき、このキールが邪魔になる。だから、砕氷船とはもともと横揺れしやすくできている。

暴風圏通過のときには、最高片舷《げん》六三度の〝横揺れ〟となった。この揺れは、隊員たちの体調を悪くしていった。集中力は弱まり、思考力もなくなった。そして、揺れるたびにハラワタの底から〝グググッ〟と何かが持ち上げられるような気がして、何とも不快であった。こんなときには、犬たちの存在が唯一の慰めであった。

犬たちの作業があるときは、何も考えることなく、体を動かすので、この不快感から少しは逃れられた。それにしても、犬たちは、人間より遥《はる》かに平衡感覚がすぐれているといわれるが、この揺れでどのような気分なのであろうか。南極へ到着するまでのあいだで、最も心配だったのは犬たちの健康であった。暑い赤道を犬たちは無事に通過できるだろうか。

白瀬隊は、最初の探検の年、連れていった三〇頭のうち、二九頭を船の上で失った。南極の氷を見ることができたのはたった一頭だけだったのだ。また、英国のライミール隊（一九三四〜三七）も、六五頭のうち四八頭を失い、新たに犬を購入せねばならなくなった。われわれの場合、犬を失ったら補給は困難である。一頭の犬も失ってはならない。こうした緊張感が、犬係たちの船酔いを防いでくれた。二、三人の隊員がせっかく南極に憧《あこが》れ観測隊員になったものの、この宗谷の揺れによる苦しみに耐えかねて、経由港で下船したいと訴えた。そんな中で、犬係だけが、いつもピンピンしていた。宗谷の乗組員は、揺れの中にあっても、平然と日常の業務についていた。

南シナ海で台風に遭遇し、四五度を超えるローリングに、人も犬もへばった。そして、どうやら無事にそれを切り抜けたとき、宗谷の頭上には灼熱《しゃくねつ》の太陽があった。太陽はじりじりと肌を焦《こ》がし、熱帯の海の色は淡青色に変わっていた。散在する小島のヤシの緑と砂浜の白い色が目にしみた。スマトラ沖であった。

インド洋とお犬様

シンガポールを出て、マラッカ海峡を通過し、インド洋に入った。今までと打って変わって静かな日々。遠く水平線の彼方《かなた》に白く輝く男性的な積乱雲が浮かんでいるだけで、頭上は雲一つなく、いつも強い太陽が照りつけていた。当時、空調などという設備はまだ一般的ではなかった。人間は、この暑いインド洋を、風も入らない船室で、脂汗を流しながらじっと耐えていた。だが、犬たちだけは特別待遇であった。犬室にのみ、当時としては珍しい空調設備を備えていたのだ。設備には三〇〇〇万円もかかったという。〝南極観測〟は国家事業なので、隊員は国家公務員の身分であった。そして、私の給料は月額一万六〇〇〇円であった。

私たちは犬係の特権で、よく犬室で犬たちと昼寝をともにした。熱帯を通過中は、犬たちの連れ出し作業は夕方に始まり、朝、陽《ひ》が高くなるころ、また犬室に入れるようになった。時として、行く手に黒雲が現れると、日中でも大急ぎで彼らを甲板に出した。犬たちは、スコールが大好きであった。

一二月四日、トビウオの大群に出合った。次から次へと、何十尾ものトビウオが飛び立ってはまた海面に落ちた。その中の何尾かのトビウオが、勢い余って宗谷の甲板に飛来し、ピチピチと跳ねていた。

インド洋は、時として完全な無風状態となり、海面は鏡のようになった。〝油を流したよう〟とはこのことか、とそれを見て納得した。見渡すかぎり水平線の彼方まで、雲一つない広い大海原が、まるで小池の水面のように、さざ波一つ立てていなかった。そんな静かな海面でも、宗谷はひとり、ゆらりゆらりと左右に揺れながら進んだ。海面は、ただ宗谷によってのみ、掻《か》き乱されていた。夜も静かであった。何も見えない海面は、宗谷が作る波に沿って、夜光虫が妖《あや》しく光っていた。夜、眠れぬままに甲板にデッキチェアを持ち出し夜空を仰ぐ。涼しい風が心地よい。いくつもの流星が次々と現れた。一四日、アホウドリが宗谷について飛んでいるのを見た。陸が近いらしい。一七日、嵐に遭い、宗谷はまた大きく揺れた。嵐が去ったとき、大気は涼しく、遥か彼方に、頂《いただき》を雨上がりの雲で隠した山々が、逆光の中で黒いシルエットを浮かび上がらせていた。南アフリカ大陸の最南端、アガルハスの山々であった。その夜、血のように赤い、不気味な月が昇るのを見た。暗黒大陸の雰囲気にふさわしかった。

ケープタウン

一二月一九日、ケープタウンに着いた。正面にテーブル・マウンテンをいただき、その麓《ふもと》の緩い傾斜地に立ち並ぶ住宅が絵のように美しかった。世界から隔離されているこの南の果ての都会には、日ごろ、滅多に〝刺激〟がないので、宗谷の入港は市民にとって大きな出来事であったらしい。連日大勢の市民が宗谷へ詰めかけてきた。一〇日間の停泊中、訪問者は通算七四〇〇人に達した。一日平均七四〇人である。

南アフリカ共和国は、有名なアパルトヘイト（人種隔離政策）を取っている国であった。公園のベンチも、便所も、郵便局の窓口も入口も、何もかも白人用と有色人種用とに分けられていた。二階建てのバスも、階上は黒人、階下は白人用と決められていた。この近代の世の中に、よくもこのようなことで社会が成り立っているものだと驚いたが、習慣とは恐ろしいもので、これらの差別を、現地の黒人たちは「あたりまえ」、またはせいぜい「仕方ない」としか認識していないようであった。

われわれは、さしあたり有色人種用でも白人用でも利用できたが、それはそのような庶民生活のレベルでのこと。少し高級なホテル、レストランでは、あからさまに、あるいは慇懃《いんぎん》に、体《てい》よく拒否された。

しかし、宗谷を訪れる個々の市民には、このような雰囲気は感じられなかった。われわれもまた、白人にも黒人にも、分け隔てなく接した。われわれは、白人の家にも招待されたし、黒人の家庭でもご馳走《ちそう》になった。招待されてわかったことだが、人々は隣町のパール市（ケープタウンからおよそ一〇〇キロメートル）からはもとより、遠くヨハネスブルクやプレトリアから、宗谷を見学に来ている人も多かった。

犬たちは人々の人気の的であった。小熊ほどの大きさと漆黒《しっこく》の色、その面構えの恐ろしさに比べて柔順な態度に市民の人気が集中した。現地の新聞も、〝カラフト・ドッグ〟として大きく報道した。

私は一二月二一日、バスでケープ・ポイントを訪れた。岬《みさき》の断崖《だんがい》に立つと、数百メートルの眼下に海浪が岩に白く泡立っていた。目を転ずれば、果てしない海が南の水平線へと続いていた。ああ、あの水平線の彼方に南極がある!! 思わず武者震いに似たものを覚えた。

吠える四〇度、狂える五〇度

一二月二九日、ケープタウンを出ていよいよ暴風圏に差しかかる。この暴風圏はまた、吠《ほ》える四〇度、狂える五〇度、などとも呼ばれていて、南緯四〇〜五〇度にかけて、南極を取り囲むようにして暴風が常在する低気圧多発地帯である。宗谷は、打ち寄せる大波に、木の葉のように無力であった。大波の底に入ると、まるで擂《す》り鉢《ばち》の底に落ち込んだような感じで、周囲は山のような海水に取り囲まれた。また、大波の頂上に持ち上げられると、船体はミシミシと不気味な音を立て、スクリューは宙に浮いてカラカラと鳴った。ローリングは激しく、最高片舷六三度にまで達した。六〇度といえば、床は壁となり、壁はまた床となる感じ。もう生きた心地はしなかった。ただ、じっとベッドにしがみつき、〝忍〟の一字の数日間であった。

こんなときでも、わずかな機会をとらえて犬たちを甲板へ連れ出したり、また大急ぎで船室へ連れ戻したりした。ただ排泄《はいせつ》のため、だけである。辛くても、そうすることが犬たちの健康を保つために必要なのだと信じていた。暴風圏通過の数日間は、犬たちにとってもまた、航海中最も苦しかったときであったに違いない。このとき、犬たちの体重は大きく減少した。

年が明けて昭和三二年(一九五七年)、一月二日、やっと暴風圏を通過した。六〇度まで達したローリングは、やがて五〇度、四〇度と減り、一月四日には嘘《うそ》のようにおさまった。あの大波の狂態はいったいどこへ行ってしまったのであろうか。一月四日、南緯五三・五度、東経三五度の地点で初めての氷山に出合った。大陸まで一七〇〇キロメートルの地点だった。海は黒みがかった色彩に変じていたが、空は青かった。そんな青色の空をバックに、遠くに氷山が一つ、ポツンと浮かんでいた。テーブル形の南極特有の卓状氷山であった。

「距離三三キロメートル」

「高さ五〇メートル、幅三・四キロメートル」

測定結果が次々とスピーカーから流れる。望遠鏡でのぞくと、氷山は水ぎわが波に大きくえぐられていた。南極観測船では、最初に氷山を発見した者には賞与が与えられる。この日、最初の氷山発見者の久保正雄甲板員には、酒一升《しょう》が贈られた。

気温はぐんぐん下がり、ローリングも少なくなり、犬たちもにわかに元気になった。そして体重も増した。犬たちを、一頭も失わずに済んだ。これで峠《とうげ》を越した。もう大丈夫だ。われわれも、ほっと安堵《あんど》の胸を撫《な》で下ろした。

浮氷の海

一月七日、午後七時二〇分、七日正月の夕食を食べ終わり、食堂では、思い思いのグループで談笑が続いていた。

「ビビビー……」突然の船内アナウンスの音。

「浮氷群《ふひょう》が見える。大陸が見える……」

それっと皆飛び出す。もはや波一つない静かな海面に、細かい氷が浮いていた。ああ、とうとうやってきた。紺碧《こんぺき》の空、輝く太陽。気温は〇・五度、無風。身が引き締まる。浮氷は、ある場所から明瞭《めいりょう》な一線を画して、そこから大陸側へ広がっていた。そしてその浮氷は、宗谷の作る波にゆらりゆらりと揺れていた。遠くに輝くエンダービー・ランドの山々。ひときわ高いのがネピア山脈中の最高峰、コドリントン（一五二〇メートル）か。

この日、人々の胸中には、万感迫るものがあったに違いない。甲板から、長いあいだ、人々は去ろうとしなかった。あたりは不思議なほどの静寂。宗谷は、速度を落としてゆっくり浮氷帯に分け入る。船首に立つと、わずかな微風が紅潮した頰《ほお》に心地よい。船首から見下ろすと、宗谷は静かな波を立てていた。海水は、青色というより、むしろ黒色を呈していた。浮氷は、宗谷を避けるように、左右に分かれ、宗谷に道を

氷海を進む宗谷

ゆずっていた。

「とうとう来たね」

いつのまにか後ろに立見辰雄が立っていた。立見もまた、飽きることなく浮氷に見入っていた。会話はそれっきり途絶えたが、私の心は満たされていた。

宗谷の侵入に驚いたアザラシが氷上から海に飛び込む音が、あたりの静寂を破る。バタバタバタバタ……。後甲板でヘリコプターの発進する音が聞こえた。宗谷は、いつのまにか進行を停止、仮泊の態勢に入っていた。

緑の太陽

午後一〇時、さすがに陽も低く、宗

谷は氷上にその長い影を落としていた。午後一一時には太陽も沈み、光芒《こうぼう》は消えていたがあたりはなお明るかった。私は夜食を終えると、眠る前にもう一度氷に輝くエンダービー・ランドを見ようと甲板に出た。

するとどうだろう。あたりが異様な光彩に包まれている。時刻は午前一時、ちょうど日の出の時であった。見ると、赤いはずの太陽が真っ青であった。と見るまに、その青は緑に変わっていき、氷原を緑に染めた。神秘な世界！　私は、何か夢を見ているような気がした。夢なら醒《さ》めてくれるな。

ハッと気がついたときには、太陽は赤い色に変わっていた。この間数秒、自分は幻を見たのであろうか。いや、多くの人々がこの奇妙な現象を目撃した。それは、不思議な世界の出来事であった。この緑の太陽は、極地や砂漠などに特有の現象で、広範な地域が、静かで風一つない日の朝に出現するという。風がないために、温度が異なる空気の成層が乱されずに明瞭にでき、それらがプリズムの役目をするからだ。

しかしこうした条件が揃《そろ》うのは稀《まれ》なことである。事実、この緑の太陽は、このあとにも先にも見ることができなかった。初めて見た浮氷。その向こうに輝く大陸。そして緑の太陽。昭和三二年一月七日は、第一次南極遠征に加わった隊員にとって、忘れられない日となった。

サチ風号の偵察

宗谷はその後、浮氷域の外辺に出て、クック岬まで西行し、その地域を調査した。基地の建設地を探すためだ。クック岬周辺は基地建設の第三候補地であったが、この地域は氷の断崖に取り囲まれ、露岩も少なく、基地を設けるには不適当だった。再び東へ取って返した宗谷は、一月二六日、天候の回復を待って針路を南東または南に取り、いよいよ群氷域に突入した。ヘリコプターが偵察に飛び、「三〇キロメートル前方に、セスナ機を飛ばすことのできるほどの大きいオープン・シー（開水面）がある」と報告してきた。宗谷は、次第に密になる群氷を掻き分けながら、午後九時には、目的とする海面に着いた。日没も近く、行動を明日に延ばすことも考えられたが、明日はまたどのような〝風〟が吹くかもわからない。宗谷の上空は曇っているが、南のほうは雲が切れている。航空写真の撮影にはちょっと条件が悪いが、幸い〝白夜〟だ。

午後一〇時、セスナ機の「サチ風号」が発進した。二時間が過ぎた。そろそろ帰船の時間だ。甲板に人々が集まり出す。しかし、一〇分過ぎても、二〇分過ぎてもサチ風号の機影は見えなかった。少し心配になり出す。そのとき、

「おや？　こんなところに浮氷があったかな？」

宗谷の周囲には、いつのまにか小さな浮氷があちこちに浮かんでいた。サチ風号が発進したときには、一片の浮氷もなかったはずだ。その目で、少し遠いところまで気をつけて見ると、大小の浮氷が数多く浮かんでいるのが見える。さらに二〇分が過ぎた。サチ風号は、なお帰船の気配がない。浮氷は増え続けている。ブリッジでもそれに気がつき、問題になり出したらしい。この調子で浮氷が増え続けると、サチ風号の着水に支障が出てくるのではないか。そのころ、甲板にはほとんどすべての人、観測隊員も乗組員も出てきて、心配げに南の空を見つめ、待ち続けた。

午前一時、一七日の日の出を背に、やっとサチ風号が帰ってきた。ああ無事だったか。予定の時間を一時間オーバーして、三時間の飛行であった。あちこちに浮かぶ氷のあいだをたくみに着水した。やれやれ。

サチ風号の報告は、

「リュツオ・ホルム湾東岸の長頭山（ラングホブデ）一帯の露岩地帯を確認、その地域は基地候補としても適格と思われる。プリンス・オラフ海岸からは、幅五〇キロメートルの定着氷が張り出しているが、その定着氷の外縁に沿って帯状開水面があり、ラングホブデ方面にずっと延びている。宗谷の現在地点からそのオラフ海岸に至るルート途中は、氷量七〜八（氷量一〇は海面が一〇〇パーセント氷で覆われているということ）のクローズド・パック・アイス（密群氷）だが、途中にリード（導水路）やオープン・シーが存在し、宗谷の進入は可能」

というものであった。

「そうか、それじゃ大陸に宗谷を横づけにできるな」

船内に楽観的な空気がみなぎる。

氷海変化

一月一七日、朝、数時間のまどろみの後、目覚める。甲板に出る。快晴。雲一つない。なんだかまぶしい。あっと気がつく。周囲は見渡すかぎりぎっしりとパック・アイスで埋めつくされているではないか。そこには、猫の額ほどのオープン・シーも見当たらなかった。昨夜、といっても、ほんの数時間前のことだ。サチ風号を飛ばした、あの氷片一つ浮いていなかった広い海面は、いったいどこへ消えてしまったのだろうか。確かに、サチ風号が帰船するころ、浮氷が集まり出していることには気がついていた。しかし、それが数時間でこのようになろうとは。もし宗谷の到着が一日遅れていたら、あるいは昨夜〝仕事は明日に〟と延ばしていたら、サチ風号を飛ばせなかっただろう。

「ああ、よかった!」

と幸運を喜ぶとともに、氷海の変わり身の早さ、恐ろしさを身をもって感じた。この日は、終日氷との闘争で暮れた。行く手は、一面のクローズド・パック・アイスだ。厚さ一メートル以上で大きさが二〇メートルから三〇メートル四方もある氷盤がひしめき合い、その氷盤と氷盤とのあいだには、小さい氷がいっぱい詰まっていた。宗谷の後部タンクを海水で満タンにし、船先を浮かして氷盤を押し分け、氷盤に突っ込み乗り上げ、砕きながら進んだ。こうすると、スクリューが深く沈み、スクリューを保護することにもなるからだ。大きい氷盤に当たると、ズシン、と衝撃が伝わり、足下がユラユラッと揺れる。甲板員が、後部舷側から海に向かって水平に張り出している救命網の上に身を任せ、スクリューをのぞき込む。氷の塊がスクリューを傷めていないか確認するためだ。

「ビン……」

と変な音がする。小さい氷塊がスクリューに巻き込まれ、粉々になった音だ。

「一つ欠いた！」

と甲板員が叫ぶ。今度は、かなり大きい氷塊がスクリューの渦に巻き込まれて水中にもぐり込む。

「右舷、停止！」

と電話口で絶叫する。すぐスクリューが止まる。大きい氷塊がスクリューの下あたりからポッカリ浮かび上がってくる。再びエンジンがかけられる。船はまた進み出す。平常一二ノットの宗谷の速度も、今は三~四ノット。午後一〇時、遥か南の水平線にうす墨で描いたような大陸が浮かび上がってきた。去る七日、エンダービー・ランドに初めてまみえて以来の大陸だ。そして、これこそ、それを目指してはるばるやってきたプリンス・ハラルド海岸の陸影だった。

プリンス・ハラルド

一九世紀末、ノルウェーの捕鯨《ほげい》は、自らが新技術を開発（船尾から鯨を甲板に引き揚げたり、下ろしたりする斜面つきの鯨母船の発明）することによって、陸上基地を必要とせず、遠く南極洋まで船団を組んでの捕鯨を可能にしていた。そして、鯨の捕獲量を安定的に得るためには、鯨の生態を研究する必要に迫られていた。アムンゼンをはじめとするノルウェーの極地探検家は、船と飛行機を駆使して極地探検を盛んに行った。今、目の前の氷結した湾にその名前を残す、リュツオ・ホルムもそのような極地探検家であった。

そんなノルウェーの動きに対して、南極探検は捕鯨のためだけでなく、英連邦の南極大陸の領有を主張するため、英国、オーストラリア、ニュージーランドから成る探検隊、BANZARE (British Australian New-Zealand Antarctic Research Expedition) が結成され、南極地域は多くの探検調査が行われた。

一九三〇年代にこれら一連の踏査活動や飛行機による空撮などで多くの情報が得られ、発見者の名前の地名がついた南極の地図が作られた。日本が南極観測を行おうとするプリンス・ハラルド海岸地域は未踏査ではあるが、航空写真によりすでに地図が作られていた。私たちが、当時、唯一最良の資料として、その隅々まで覚えるほど親しんできたのはこの地図であった。地図には細かい地名までつけられており、越冬中、犬ゾリでリュツオ・ホルム湾まで走り回った私たちは、この地図の正確さに驚かされたものだった。

昭和三二年（一九五七年）一月一七日午後一一時、見渡すかぎりの氷原に、真紅の太陽が沈む。急に冷え込み、煙霧が発生する。彼方の氷山がその煙霧から頭だけを出している。幽玄。宗谷はエンジンを止め、仮泊。この日の航程七〇キロメートル。

犬たちは、氷海に入って以来、目に見えて元気になっていた。気温は零度前後。ヘリコプターが発着するとき以外は、もう犬たちを犬室に入れる必要はなく、彼らは後甲板で起居していた。朝の体操がすみ、甲板掃除の冷たい水を浴びても、彼らはうれしそうな様子であった。

氷海に入って元気になった犬たち

　このころ、隊の中の一部には、何か落ち着かない空気があった。〝予備観測時の越冬問題〟だ。これは、すでに南極事業計画がある程度固まったあとに出てきた、いわば後発の課題であった。

　西堀栄三郎副隊長が設営の責任者として南極事業計画に参加してから、西堀副隊長をはじめとするごく少数の人たちがこの越冬問題を積極的に発言してきた。カンカンガクガクの議論の末、予備観測越冬案は認められた。しかし、なんといってもすべてが未経験の南極事業である。最初から越冬を標榜《ひょうぼう》し、もし越冬隊を残せなかったらどうするか。この南極事業を、越冬隊を残せなかったから失敗だ、というようなことで最初からつまずかせたくない。こういう気持ちもあって、結局のところ「越冬」は、公式には、もし現地で諸条件が許せばという条件つきで認められ、表面的には喧伝《けんでん》されないことになった。永田武隊長はこの方針にのっとり、越冬問題はあくまで未定で、責任者として自分のこの目で諸条件が整うのを見てから判断する、という態度を堅持した。だから、〝越冬メンバー〟の氏名は、もちろん公表されていなかった。日本を出発する前から越冬メンバーについて、いろいろと取り沙汰《ざた》されていた。文部大臣にひそかに提出された越冬予定者の名簿があるとか、いや、それとは別に永田隊長の手許《てもと》には別系列の名簿もあるなどという噂《うわさ》が乱れ飛び、関係者のあいだには落ち着かないものがあった。

今、目指すプリンス・ハラルドの大陸は目前にある。犬たちも元気だ。サチ風号の報告も、見通しは明るい。そろそろ越冬隊員の発表があってもよいころではないか。もちろん、越冬の成否は隊長の最終判断によるとしても、越冬隊候補者という形でもよい、早くメンバーを公表してほしい。もうすぐ、〝行動〟が始まるだろう。越冬予定者は、それなりの心構えも必要だし、もし候補者からはずれているなら、それはそれで仕方がない。ただ、現在の中途半端な気持ちをなんとかしてほしい。越冬希望者たちは、大なり小なりそんな気持ちであった。

越冬隊員の発表

一月二〇日、午後一時三〇分、オープン・シーの南端に達した。そこから先の氷は、それまでの表面が凸凹《でこぼこ》した、いわゆるパック・アイスとは異なり、まだ風によって割られたことのない、表面が平坦な定着氷であった。前方一面に張り詰めたその定着氷の彼方には、南極大陸の黒々とした山肌が姿を見せていた。四〇キロメートル彼方の長頭山（ラングホブデ）地区の北端であった。永田隊長、西堀副隊長、松本満次船長のサチ風号による偵察が相次いだ。基地候補地が見つかるかもしれない。船内のあわただしい様子。いよいよ動き出した感じ。

その夜、総員集合がかかった。何か重大発表だという。さては、ひょっとすると……。食堂は、人いきれでムンムンしていた。状況説明が始まった。永田隊長は、

「現在地から一八キロメートルほどのあいだの定着氷は比較的薄いが、そこから先は、宗谷の砕氷能力で進入できるか否か必ずしも楽観は許されない。そのうえ、ラングホブデ地区の陸岸沿いは、氷が解けて海面が顔を出しているところが多く、雪上車で上陸することは困難だ。また、大陸沿岸は、岩が露呈している部分と氷の部分があるが、氷の部分はほとんどが二〇メートルから五〇メートルくらいの高さの断崖になっている。今日判断したかぎりでは、いずれも上陸の困難さは同じ程度だ。ただ、ラングホ

ブデ地区の北方のオングル島には若干の希望がある。島の南側はやはり氷が解けているが、北側には解けていない部分があり、比較的上陸しやすいかもしれない。いずれにせよ、今後なお詳細に探査しないと基地を決めることはできません」と述べた後、「基地はまだ決まったわけではないが、基地建設ができ、越冬隊が残れる条件が整った場合には、西堀副隊長（五三）を越冬隊長とし、次の一〇名を隊員とします。では、名前を読み上げます……」

永田隊長の表情が改まる。五二名の隊員もシーンと静まった。自分の胸は早鐘《はやがね》のように鳴る。自分の名があるだろうか。越冬希望者は、一〇名よりかなり多いはずだ。ひょっとしたら、自分ははずされているのではないだろうか。先夜、何人かの人々が隊長室に呼ばれた。自分もその数の中には入っていた。隊長に、越冬について覚悟のほどを問われたとき、

「大丈夫です。自分は〝外柔内剛〟だと思っています。人に対しても自然に対しても、大抵のことは外柔でうまくやってゆけますし、最後のときにも内剛という手がありますし……」

という趣旨の覚悟のほどを披露した。しかし、その後すぐ後悔した。大きなことを言う奴だと思われたのではないだろうかと、心配になった。とにかく、自分の〝運命〟は、永田隊長の掌中《しょうちゅう》にある。

「越冬隊員としては、医療に中野征紀（五二）、設営に藤井恒男（航空・四四）、そして立見辰雄（地質・四〇）、大塚正雄（機械・三五）、菊池徹（地質、犬・三五）、砂田正則（調理・三二）、作間敏夫（通信・二九）、村越望（気象・三〇）、……」

自分の喉《のど》が思わずゴクリと鳴るのを感じる。八名だ。あと二名ある。

「それに、佐伯富男（設営・二七）、北村泰一（観測、犬・二五）……」

あった！　瞬間、いろいろなことが、走馬灯のように頭の中を駆けめぐる。隊長の演説はなお続いていたようだが、もうそんなことは耳には入っていなかった。拍手の音に、われに返る。なんだ、このまぶしさは？　いつのまにか、一〇人の越冬隊員とともに、林田重男カメラマンのライトの前に立たされていた。

一月二四日、午後三時、今までとは異なる硬い定着氷に突き当たった。今までの白い氷面が、そこから青い色に変わっていた。いわゆる蒼氷《そうひょう》だ。宗谷が〝全進（エンジン全力回転の状態をいう）〟でぶつかっても、その蒼氷はびくともしなかった。宗谷からは、これ以上の前進は不可能と判断された。前方に、背の低い、しかし横に長く広がりを持つ島が望見された。オングル島だった。

犬ゾリ隊偵察へ

その日の午前、すでに西堀副隊長により、オングル島の基地適地が見つけられており、そこへ至るルートの概況も調査されていた。そこには凍っていない真水の池があり、広い平坦地で、大陸への眺望もまた素晴らしいものがあった。N基地と名づけられた。ただちに渡辺兵力（設営）をチーフ・リーダーとし、村山雅美（設営）、田英夫（報道）、戸谷洋（地理）、佐伯栄治（設営）と、ソリ犬係の菊池、小林、北村（私）の計八名、一〇頭ずつ二チームの犬ゾリ偵察隊が編成され、西堀副隊長の見つけた基地候補地（N基地）の偵察と、オングル島までの実際の氷状を調査することになった。

雪上車で行動するには、まだ氷の厚さに不安があった。メンバーは、いずれも山とスキーのエキスパートで、中でも、田や佐伯はスキーの指導員の資格を持っていた。オングル島までの距離は、直線距離にして一八キロメートルだから、実際のルート距離にしてもせいぜい二〇キロメートル程度だろう。とすると、どんなに長く見積もっても五〜六時間の行程と考えられた。午後五時出発。その日のうちに、オングル島に到着するのは無理だとしても、氷上に一泊して、翌日にはゆっくりオングル島に到着できるとされていた。むしろ、まっすぐ行くのはもったいない。初めての氷上キャンプだ。そんなに急がずに、氷上でゆっくりキャンプを楽しみたい。

荷物を積み込む。二泊三日の氷上踏査だ。

第一日目がオングル島、第二日目に長頭山（ラングホブデ）地区一帯をつぶさに調査する予定であった。各ソリに三〇〇キログラム、初めての氷上ソリ旅行で大事を取ったとはいえ、これは少し荷物を積み過ぎだ。犬たちは長い窮屈な船上生活から解放されたこともあって、ものすごい張り切りようで、ワンワン、キャンキャンとやかましい。目を離すといつ飛び出してしまうかわからない。そんな犬を、ペンギンが数羽、珍しげに見物にやってきた。犬のフーレンのクマが興奮して、曳《ひ》き綱いっぱいに走り回るので他の犬もそれにならい、収拾がつかない。やっとのことで取り押さえた。三〇分の損害。クマめ。

出発。「トウ！」の掛《か》け声のもと、リキを先導犬として犬たちは猛然と走り出した。しかし、それはものの一〇分と続かなかった。雪面はこの二、三日来の高温のためすっかりクサリ、そのうえ雪面には〝パドル（海氷上にできる水たまり）〟が発達していた。そのあたりの氷の厚みは一～二メートル程度。ところどころ、その氷の表面が日射のために解けて、深さ三〇～五〇センチの水たまりがあちこちにできていた。その水たまりの表面が、その日の気温のままに再び凍り、三～五センチの表面氷を形成していた。

このパドルの大きさは、大きいのは池ぐらい、小さいのはたたみ一畳くらいのものもあった。三〇〇キロの重い荷を積んだソリは、このパドルに踏み込み、表面の氷を割ってズブズブと沈み込んだ。初めは、そのまま海中に沈むかと肝を冷やしたが、やがてパドルの下に、一～一・五メートルもの厚さがある元の氷があることを知って不安はなくなった。しかし、ところどころに底無しパドルというのがあり、表面の氷を踏み抜くと、そのまま南氷洋に落ち込んでしまう、という。だが、これらはその表面がドス黒い色をしているので、慣れるとすぐ判別できるようになった。

このパドルの存在によって、出発時の安易な希望はたちまち吹き飛んでしまった。パドルに落ち込むたびに全員でソリを押し上げ、それでも駄目なときは、荷物を一度下ろしてソリを上げ、再び積み込んだ。スタートすると犬たちがまた猛然と曳き出すので、取り残されないようにソリについて走る。すぐまたパドルにはまり込む。こんなことを、ものの三〇分も繰り返しているあいだに、人間も犬もヘトヘトになってしまった。

パドルにはまり込んだ人間は下半身、犬たちは全身グショヌレになった。犬たちは、早鐘をつくような荒い呼吸をし、隊員たちの額からは、汗がしたたり落ちた。一時間も走ったとき、もう、犬も人間も疲労の極にあった。これは激しすぎる。こんな調子でどこまで行けるのだろうか。振り返ると、宗谷はつい目と鼻の先、船上の人の姿もはっきり見えていた。

それからの五時間は、本当に辛かった。心の中では、早くキャンプの時間になってほしいと願う。だれもがそう思っているに違いないのに、だれもそれを口にしない。どいつか犬がへばってくれないかなあ。私もそう思っていた。しかし、若い自分がどうして早くキャンプを、などと人より先に口に出せようか。

その日、午前○時行動停止、就寝午前二時。あたりは、少し薄暗かったが、宗谷はなお指呼《しこ》の間にあった。

雪上車パドルに難渋

宗谷の船橋からは、西堀副隊長が双眼鏡で犬ゾリ隊のこの難行を眺めていた。

「これはあかん」

西堀副隊長はつぶやいた。犬ゾリ隊の出た後、海氷ボーリングによって氷の厚さは一〜二メートルあることがわかっていた。雪上車の重さに耐え得る厚さだ。犬ゾリ隊がこの調子だと、予定していた長頭山（ラングホブデ）地区まではとても行けそうにないし、オングル島でさえ、偵察して報告に帰ってくるのは、いつのことになるかわからない。

「しかたがない。そんなには待てない。よし、雪上車を出そう」

西堀副隊長は、九名の隊員とともに二台の雪上車に乗り込み、オングル島を目指して出発した。それは、二六日の午後七時であった。予想どおり、雪上車は難渋した。パドルにはまり、ときとして自力で這《は》い上がれず、僚友の雪上車に引き揚げられ、やっとのことで這い上がったりした。あるとき、パドルに片輪を突っ込み、雪上車が転覆しそうになり、運転者は車外に放り出された。パドルをのぞき込むと、底はドス黒く、深淵《しんえん》に吸い込まれるような気がした。底無しパドルであった。運転者は肝を冷やした。真新しい雪上車はたちまち哀れな姿になった。ヘッドライトは割れ、前部はひしゃげた。悪戦苦闘。

しかしその甲斐《かい》もなく、ついにオングル島の一つ手前の島までしか到達できなかった。西堀副隊長が宗谷へ帰ってきたのは、出発後三一時間目であった。だれも一睡もしていなかった。このころ、日本からどっと祝電が届いた。

「接岸、おめでとう」

「接岸の成功を祝す」

何を言ってんだ。まだ具体的な基地候補地すら決まらず、いや、仮に基地が決まっても、物資輸送に際してこのパドルの大難があり、果たして輸送ができるか否か、隊員は不安な気分に包まれていたときであった。

さあ、どうする。西堀副隊長は、もう一メートルでも二メートルでも宗谷が前進することを要請した。しかし、宗谷としても、これが能力いっぱいであった。宗谷ではもはやこの氷は割れない。さりとて雪上車でも困難だ。

隊の行動の重要な作戦は、隊長・副隊長と十名弱の幹部隊員からなる「作戦会議」によって決定されていた。宗谷がこれ以上進めないなら、いかなる困難があろうとも雪上車輸送を実行しなければならない。西堀副隊長とごく少数の人たちはそう考えていた。しかし、西堀副隊長とともに雪上車偵察行に加わった幹部隊員は、異口同音に異議をとなえた。それは不可能に近い。その日の作戦会議はなかなか結論が出なかった。

上陸式

永田隊長が現場を判断することになり、雪上車で出発することになった。一月二九日のことである。永田隊長にはひそかに期するところがあった。仮に基地の建設が成功しなくても、日本隊がこの地に至ったことを、はっきり記録に残す必要がある。この機会にそれをやろう。永田隊長は松本船長など船側の幹部、そして隊の幹部の限られた人たちにこのことを告げ、出発した。当然、難渋が予想された。

ところが何が幸いしたか、永田隊長が雪上車で出かけたとき、数日来高かった気温が急に下がり、西堀副隊長があれだけ苦労したパドルはさしたることもなく、オングル島の、オングル島に着いてしまった。松本船長たちもヘリコプターでやってきた。オングル島の、かねて西堀副隊長が下見しておいた通称N基地に集まり、日章旗をかかげ、上陸を宣言したのは、一月二九日午後八時五七分のことであった。基地はこのとき、改めて「昭和基地」と命名された。

永田隊長はホッとした。これで最低限の仕事が一つ片づいた。あとは可能なかぎり現地観測を行い、そして、そのうえ、もし越冬隊を残し得たら万々歳だ。氷状も思っていたほど悪くない。うまくすると、成功するかもしれない。

そのころ、宗谷船内には不穏な空気が漂っていた。隊長が幹部だけを連れて、われわれに黙って上陸式を決行したらしい。こんな重大な儀式が、幹部の、それも一部の者にしか知らされずに、そのまま決行されるとは何事だ。しかも、輸送の見通しも立たず、まして基地の建設のメドも立たないまま、ただ上陸式だけをやるとはあまりにも形式だけに過ぎるではないか。夜食に出た酒も入って、上陸式にもれた隊員たちの気炎が上がった。三日前に西堀副隊長とともに前回の雪上車隊に参加した人たちは、その日の氷状の好転を知らなかった。だから輸送に悲観的であった。とてもこれでは輸送は不可能だ。オングル島までは遠過ぎる。

永田隊長たちが帰ってきた。作戦会議では再び議論が沸騰した。もう大陸に基地を持とうなどという意見はとっくに消えていたが、代わるオングル島案とて果たして可能か否か、悲観説・楽観説が錯綜《さくそう》した。

宗谷から五キロメートルほど西に離れたところに、ノルウェー作成の地図にもないような小さい島があった。数日前、数人の若い隊員がスキーでその島を偵察したグループが「愚連《ぐれん》隊」を自称していたので、グレン島と名づけられた。作戦会議のメンバーの一人守田康太郎（気象）は次善の策として、このグレン島に基地を設けることを主張した。永田隊長も西堀副隊長もあそこでは狭すぎると思った。しかし、守田はじめグレン隊はゆずらなかった。

そのグレン島に、まず西堀副隊長が飛ぶ。狭い。それに周囲は、海から一〇〜二〇メートルも崖になっている。荷物を揚陸《ようりく》するには、クレーンか何かで吊《つ》り上げねばならぬだろう。それは無理だ。次に永田隊長が飛ぶ。永田も同感だった。予備観測の小規模な越冬基地ならなんとか建設可能だが、本観測の基地の建設にはとても面積が足りない。永田隊長と西堀副隊長の意見が一致した。よし、オングル島しかない。

総動員態勢

二月一日、総員集合。永田隊長からグレン島の基地としての不適性、オングル島へ

昭和基地全景

基地内に建てられたパネル式の棟

の輸送の見通しなど詳しい事情の説明の後、この一週間、観測班、設営班を問わず、全員総力をあげてオングル島へ基地建設のための輸送に当たることを告げられた。今まで輸送困難を訴え、グレン島を強く主張していた守田が立った。

「私は今までグレン島に基地を建設することを主張していましたが、これも越冬成功を願えばこそ。今こうして隊長がはっきりとオングル島を基地にすると決定されました以上、私たちもこれに異論はありません。全力を傾注して輸送に当たる決意です。皆さんやりましょう！」

守田の言葉に、それまで、隊内にくすぶっていたモヤモヤしたものが、さっと吹き飛び、全員の気持ちが一致した。乗組員も総力をあげて協力することになった。輸送が始まった。船側から木材などが用意された。渡河用資材である。甲板員の作業ぶりは、さすがにきびきびとしていて手慣れたものであった。パドルは補強され、クラック(海氷の割れ目)には橋がかけられた。丸南通運などとおどけて命名した〝会社〟がつくられ、荷をさばいた。昼も夜も、全員二交替制で輸送に当たった。季節が進み、暗くなる時間がだんだん長くなり出した。そんなときも、ヘッドライトの光に道跡を求めながら、真夜中でも輸送が続けられた。船から送り出す側も、オングル島にテントを張って輸送されてきた荷物を受け取る側も、皆の気持ちは、ただ一トンでも多く運んで基地を造ることにあった。三六時間、一睡もしなかった人もあった。

こうして一週間、一〇日と過ぎ、基地には建物が一つ建ち二つ建ち始めた。越冬に必須《ひっす》な条件の一つである発電機は、重量が三・五トンもあるため、気温がとくに低下し、氷が硬くなった日を選んで輸送された。送り出すときは総員で見送り、無事基地到着を祈った。毎日綿のように疲れて眠るが、起きるのが楽しみだった。目が覚めたとき、アンテナが立っているのではないだろうか。建物がまた増えているのではないだろうか。だが、順調なことだけではなかった。

犬の食糧流出

この輸送期間中、輸送に関しては、犬たちは雪上車に太刀打ちできなかった。雪上車がパドルでいかに難渋しようとも、とにかく雪上車は二トン近くのものを曳《ひ》いた。犬ゾリは一チーム当たり〇・五トンがせいぜいである。菊池も私も、数回、犬ゾリで建設現場まで荷運びしたが、あとは雪上車要員として駆り出された。小林も同様であった。犬たちは船側の氷上につながれたまま、空《むな》しく日を送っていた。食事も、犬係が忙しく立ち働いているので、途絶えがちであった。船のコックさんがそっと残飯などを与えたりしていた。この忙しいときに、と皆に異端視され、犬たちはやるせなかったに違いない。いらいらしているときにペンギンがやってきた。モンベツのクマが何羽かを血祭りにあげる。こうでもしなけりゃ気がおさまらないのだろう。

宗谷は頭を北に向け、その右舷を青い色の硬い定着氷に接岸するようにして停泊していた。左舷側は白っぽい比較的薄い定着氷であり、宗谷が砕氷してきた跡が長いあいだ残っていた。犬の食糧や小屋、ソリなど、犬用品の一部はこの白い定着氷の上に置いてあった。二月一一日、この日は天候が不良だった。東北東の、毎秒七〜八メートルの風が吹いていた。その日、私は前夜の遅番輸送から帰船し、船内で仮眠していた。どこか遠いところの夢を見ていた。

「ピピー、ピピー……」

船内アナウンスの音。ハッと意識が戻る。

「氷が流れる！　氷が流れる！　手あき総員、外へ出て荷物を確保せよ」

これは大変だ。身仕度して、飛び出す。外は風が強かった。どこか遠い北で暴風が荒れ狂っているのだろうか。ウネリがパック・アイスの下をかいくぐり、宗谷の停泊地までやってきていた。左舷の白い定着氷はすでになく、完全なオープン・シーになっていた。

蒼氷の定着氷の下へウネリがもぐり込む。さすがに蒼氷の定着氷は硬い。ウネリはもぐり込んだまま消えていった。小波が定着氷の端をザブリザブリと洗う。まだ残っている白い定着氷の端が少しずつひび割れる。ひび割れた氷は、二、三度ためらうように上下したのち、やがて風に乗ってオープン・シーのほうへ吹き流されていった。

大変だ。犬が流される。あいにく、菊池も小林も基地に行っていた。付近にいた隊員の助けでまず犬を移動させた。しかし、犬の食糧の一部を載せた氷盤は、そのときすでに流れ始めていた。雪まじりの風が冷たい。一五箱、二〇頭の一二日分の食糧がこのとき流出した。ドラム缶も危ない。必死でドラム缶をソリに載せ、一キロメートル離れた氷山の麓《ふもと》まで運ぶ。やっとめぼしいものを運び終えたのは午後九時のことであった。

「これで大丈夫だ」

だれもがそう思ったに違いない。目の前で流れていったのは白い一年性の定着氷で、多年性の青っぽい硬い定着氷は、さすがにこの騒ぎにもびくともしなかった（だが、やっとのことで運んだドラム缶は、後日ブリザードのため、すべて流出してしまった）。

「**感度良好、感度良好**」

越冬隊を残すか否かは、いくつかの条件が満たされることによって判断されることになっていた。〝宗谷停泊中に日本との通信が可能になること〟もその条件の一つであった。作間が通信の責任者であった。

作間は山口県の下関で生まれ満州で育った。陸軍士官学校へと進んだが、二年生のときに終戦となったので、実戦を知らない。昭和三〇年（一九五五年）秋、朝日新聞社の大阪本社にいた作間は、突然東京本社に転勤を命ぜられた。日本学術会議が南極観測隊の候補者を決定するときが来た。機械、電気等の技術者は、専門家で構成される試験をパスしなければならない。何人もいた候補者の中で作間はこの試験に高位でパスした。

「基地ができたら、一週間くらいで内地との連絡が取れるように」

通信担当の作間に与えられた命題だった。この〝宗谷停泊中の通信の成功〟が、最初の越冬のための重大な条件の一つであり、そしてその最初の越冬が、また来年の本観測の越冬の成否を左右することを考えると、結局、作間に課せられたこの最初の通信の成功が、日本の南極事業全体の成否を左右するといってよい。そんな重大な責任が、作間一人の肩にかかっていた。

作間の心中には穏やかならぬものがあった。外国隊は最低二人の通信担当がいる。だがこの日本隊には通信の責任者は自分一人ではないか。日本と通信ができるかどうかという、この荷の重さをだれが分かち合ってくれるというのだ。問題は、基地の位置の問題だ。他国の基地からは、それぞれの本国に通信できている。南極と日本との通信も可能なはずだ。しかし、日本の基地の予定地は、〝オーロラ帯〟の直下だというではないか。オーロラ帯は通信を乱すのだ。本国との通信ができなければ計画の根幹が揺らぐ。作間の心中は重圧で満ちていた。しかし、やるしかない。

通信の器材が真っ先に運ばれた。何百という部品に分かれている。どの一つが欠けても致命的だ。建物は無線棟の建設が何よりも優先された。宗谷の通信担当員の協力で、早々と一五メートルのアンテナも完成した。アンテナは東の方向を向いていた。その方向に日本がある。

作間は眠れない夜が続いた。責任の重さが作間の頭を冴《さ》えさせた。慣れないテント生活と、真夜中でも明るいそのころの〝白夜〟が作間をさらに苦しめた。二月一一日に無線設備の組み立てが終わった。何度も点検した。これで誤りはない。電源を入れる。スピーカーから、サーという音が流れる。電波が出ている証拠だ。うまいぞ。横から西堀副隊長が心配そうにのぞき込む。思いきってキーを叩《たた》く。

「銚子《ちょうし》！　銚子！　こちらは昭和基地、こちらは昭和基地、感度いかが？　応答願います」

耳を澄ます。するとどうだろう。サーと音がしたと思うと、

「昭和基地、昭和基地。こちら銚子無線局。感度良好、感度良好。昭和基地、こちらの局、聞こえますか」

作間は一度に頭に血がのぼるような気がした。夢中でキーを叩き続けた。涙を拭《ふ》く

余裕もなかった。

最後の駄目押し

日本との通信が成功し、そして輸送が峠を越したある日、越冬隊員が基地建設現場のテントに集められた。永田隊長が輸送の現状を述べ、現況を理解した上で、各人に越冬の最終的な意志の有無を問い質《ただ》した。このとき、物資の基地輸送量は一五〇トンに迫っていた。建物も、最初の予定であった無線棟と主屋棟以外に居住棟まで建っていた。不満、不安のあろうはずがない。

イギリスの極地探検家アーネスト・シャクルトンが南極海で船を氷に砕かれたとき、隊員の大部分を氷海の無人島に残し大西洋のサウス・ジョージア島まで救援を求めに行き、再び帰るまでのあいだ残された隊員たちは、ボートを屋根にした急造の小屋で不安な二〇週間を過ごした。スコットの南極探検を支援するキャンベルの隊は、夏期間の六週間だけのつもりで上陸したのに、迎えの船は氷海に阻《はば》まれ、キャンベル隊は越冬する用意もないままに、雪小屋を掘り、現地調達のアザラシ、ペンギンを食糧にして一冬を過ごした。

そうした彼らに比べると、われわれはなんと豊かなことか。一五〇トンの荷があり、建物が建ち、おまけに宗谷の付近には残りの荷が集積してある。こんな恵まれた環境で今さら越冬の意志の駄目押しもないものだ。

自分はソリ犬の仕事のほかに、オーロラ観測と宇宙線観測にも責任がある。幸いオーロラ観測といっても、原始的な目視観測だ。高級な機械もいらない。オーロラの方位を測り、高度を記録すればそれでよい。事柄は簡単だが、それには強い意志の力が必要だ。これなら自信がある。宇宙線計はネヤー型といって、宇宙線発見当時、さかんに使用された歴史的なものだが、簡単で使いやすい。一週間に一度、ゼンマイのねじを巻くだけでよい。あとは地質、これは立見と菊池の担当だが、これも電気はいらない。

とすると、もし発電しなければならないなら、日本へ通信するときだけでよい。それに要する油の量なら、すでに十分に確保されている。一年の生活は苦しかろうが、精神的にも、肉体的にも、自分の限界を試すよい機会だ。

口にしたかったが、軽薄に聞こえそうなので、やめた。ただ「大丈夫です、やる意志があります」とだけ答えた。

第二章　越冬開始

宗谷去る

昭和三二年（一九五七年）二月一五日、いよいよ宗谷《そうや》離岸の日。午前九時三〇分、観測隊、宗谷乗組員全員が舷《げん》側の氷上に降り立ち、記念撮影。一一時から後甲板で別れの乾杯、互いの健康を祈った。朝から鉛色の雲が垂れ込め、時折雪さえ舞っていた。極地の別離にふさわしい。時刻が来た。一人一人固い握手を交わし越冬隊全員が氷上に降りる。合図で大塚がアイス・アンカーをはずす。船橋《せんきょう》の拡声器から

「しろがねけむる南極の……」

と、南極観測隊の歌が流れ出す。

「元気でやれよ」

「頑張れよ……」

「暴風圏に気をつけろよ……」

思い思いの声が船と氷上で飛び交う。いつしか曲は『蛍の光』に変わる。

やはりこれがふさわしい。いやが上にも別離の気分が盛り上がる。鉛色の空にパンパンと打ち上げ花火の音がする。五色のテープが投げられる。おお、よく気がついたものだ。だれがこんなものを用意したのだろうか。宗谷と氷上の越冬隊員がテープで結ばれる。

午後〇時三〇分、船尾の静かな海面が白く泡立つ。宗谷は静かに氷盤を離れていった。一本、また一本と切れたテープがひらひらと落ち、冷たい青黒い海面に浮かぶ。最後の一本が切れる。

「もう大丈夫だ」

別離の寂しさとは別に、なんとなくホッとした感じを味わう。越冬に必要な物資の最小量の一〇〇トンを超える物資が輸送されたとはいえ、変わり身の早い極地のこと、いつどんなことで越冬中止という事態が起こるかもしれない、というある種の不安が今の今までつきまとっていた。

だがもう大丈夫だ。われわれは今確かに氷盤上にいる。そして目の前の宗谷は去りつつある。夢ではない。これは現実だ。さようなら宗谷よ。どうか皆、元気で帰ってくれ。宗谷は二度、三度大きく回り、やがて汽笛を鳴らし、速度を増して遠ざかっていった。

二つの脱走計画

宗谷のバルジに小林が立って、いつまでも手を振っていた。一一人の越冬隊員のほかにも、越冬を熱望しているものが何人もいた。小林もその一人であった。小林がその選にもれたことがわかった夜、彼は先輩の中野を訪ね、ひそかに彼の気持ちを打ち明けた。宗谷離岸のどさくさにまぎれ、船を脱走してしまおうという考えだ。そのとき中野は小林を諭し、小林は涙をのんで諦《あきら》めたという。このとき、実はもう一つ、別の若い隊員による脱走の計画があった。

越冬隊員名は出発前には発表されていなかった。越冬は現地の様子を見て、可能と判断されればそのときに越冬隊員を正式に指名選出する、ということになっていた。越冬を目指す隊員たちにとって、それはまことに不安の種であった。果たして選に入るだろうか。その青年は何度も自分の票の数を〝読ん〟でみた。しかし、何度読んでみても、安全圏内に自分がいるとは思えなかった。その青年は、選にもれたときのことをアレコレ考えたが、どうしてもそのまま、おとなしく船で帰る気持ちになれそうになかった。とすると、取るべき道は一つしかない。そのことによって受ける周囲の迷惑も考え、また自分の将来への影響をも考えたが、それでもやはり残りたかった。考え得るあらゆることを考えて、不穏当な計画を否定しようとしたが、どうにもならなかった。

　今から考えると、まったく正気を失っていた。どうしてその青年が、それほどにまで思い詰めたかはわからないが、とにかくそのとき、その青年は本気でそう考えていた。こうしたことの〝はかりごと〟はひそかなるをもってよしとする。その青年は、計画をだれにももらさなかった。それは気持ちの上で大変な負担だった。だれか信頼する人に打ち明け、できることなら賛成を得て心の支えが欲しかった。しかし、そんな相談を受けても、受けた人が困惑するに決まっている。よし、一人でやろう、とその青年は決心していた。

　日本を出発する前の多忙を極めた中を、登山に使われる小型の携帯石油コンロと不時の夜営に使う簡易テントをひそかに買い込んだ。乾燥肉を一週間分、カツオブシを一本用意した。不足の食糧は、船内のものを失敬する心づもりであった。〝一週間〟とは、宗谷が離岸した後すぐ基地に顔を出すと、宗谷が戻ってくるかもしれないと考え、三日間ほどはどこかに隠れ、あとは嵐などの日のための予備の分であった。カツオブシ一本で、内地の山ならなんとか一カ月は飢えをしのぎ得る。

　幸いその青年は一一人の越冬隊の選に入った。不穏当な計画は日の目を見ずにすんだ。しかしだれか、同じ気持ちでいる人がいるかもしれない。ある夜、その青年は、彼と同室であり、また越冬隊員候補順位の第一二番目にいたと思われる緒方道彦（医療）を甲板に呼び出した。

「緒方さん。これこれの理由でこの装備は不要になった。これをあんたにゆずる。その気持ちはないか」

緒方はしばらくじっと考え込んでいたが、「自分とて、ここで船から逃げてそのまま越冬隊の仲間に入れてもらいたい。しかし自分は公務員だ。非合法なことをすることはできない」と、その申し出を断った。

そのとき、緒方は九州大学医学部の助手の身分であった。現在になってそのときのことを考えてみると、緒方のこの選択は正しかった。そのとき、もし緒方がその青年の言葉に動かされていたら、今日の緒方（九州大学名誉教授）はなかったかもしれない。そのときの石油コンロと簡易テントは、今もなおその〝青年〟の手許《てもと》にあるという。

さあ帰ろう

「さあ帰ろう」

西堀越冬隊長の言葉でハッとわれに返る。氷上には四台の雪上車と二台の犬ゾリがあった。雪上車のソリの上には、ドラム缶が満載され、犬ゾリにも犬の食糧が積めるだけ積んであった。昨夜、われわれが、自室に引き揚げてからも、皆が遅くまでかかって用意してくれたものだ。友情を感じる。菊池は雪上車を運転することになったので、佐伯と私が犬ゾリを御《ぎょ》した。

「さあ帰ろう」

私は心の中で繰り返した。なんと素晴らしい響きだ。今日からは、基地がわれわれの家だ。これから一年間か、いや、ひょっとしたら、宗谷は来年迎えに来ることができないかもしれない。過去に外国隊は一年後に来るはずの船が迎えに来ないまま、二年や三年も越冬したこともあるのだ。宗谷だってわからないぞ。しかし、そうなったらそうなったでよいではないか。はじめから計画的に三年連続越冬だった隊もある。一〇年も、と言われると自信はないが、二、三年なら大丈夫だ。

時折小雪が舞う。空は陰鬱《いんうつ》な色だが、今はそれもバラ色に見える。とうとう今日という日が来た。雪上車はこの半月、毎日毎日荷を運んだ道――昭和街道――を、基地目指して走る。気温が下がって走りやすい。パドルの表面の氷がかなり厚くなっているので、犬ゾリならもはやはまり込まない。犬たちも、今日は調子がよさそうだ。いよいよこれからだぞ、おまえたち。

犬は出発時には成犬が二〇頭、メス仔犬が二頭いたが、航海中にオス成犬二頭の体調が悪くなり、また、メス仔犬の一頭がハッチから転落して足を痛めたので、それらの三頭を除き、オス成犬一八頭とメス仔犬一頭（シロ子）、計一九頭が越冬を始めた。

近道をしたので犬ゾリ隊は一足先に基地に着いた。基地といっても、パネル式の棟が三つ、それにカマボコ型の発電棟が一つ建っているだけ。あたりに置き散らかされた荷物の山。これから一年間、いやひょっとしたら二年か三年かもしれない、この基地で一一人だけが生活することになる。夢にも見た毎日が、これから始まろうとしている。ぞくぞくするほどの気持ちの高まりを覚える。遥《はる》か向こうから雪上車が向かってくるのが見える。ときどき追い風に乗るのであろうか。カタカタカタ……とキャタピラーの音が聞こえる。

静寂。この上なく静寂。その夜、居住区が定められた。無線棟に西堀隊長と作間、村越が、主屋棟（兼食堂）に中野、砂田、居住棟には藤井、立見、大塚、菊池、佐伯と私（北村）が住むことになった。各棟にはまだ間仕切りも何もなく、足の踏み場もないほどに乱雑に置かれた荷物の中に、ただベッドだけが置いてあった。電気配線にはまだ手がついていないので、懐中電灯の光が頼りだ。ほの暗い光に照らし出されたその光景は、ダム建設工事現場の作業員宿舎の雰囲気に似ていた。寝袋にもぐり込む。淡い青色の天井に、靴の大きな足跡がついていた。だれのものであろうか。それも今は懐かしい。この足跡は、きっと何十年もこのまま残るだろう。

「さあ、明日からやるぞ。ここはわが家だ。前の雪原は、わが庭だ。オングル海峡の向こうの大陸の地平線の彼方《かなた》には、何があるのだろうか。まだ見ぬボッンヌーテンとは、どんな山なのだろう。冬にはどんな寒さになるのだろう、真《ま》っ暗闇《くらやみ》の世界って、どんなものだろう」

夢と空想は、果てしなく駆けめぐっていった。物音一つしない静寂の世界。風が出てきたのだろうか。ときどき、屋根の角を切る音が、ヒューと聞こえる。適度の疲労が四肢《しし》に伝わり心地よい。越冬第一日目の夜、こうして安心感と満足感に満たされて、いつしか深い眠りに落ちていった。

初めての朝

二月一六日、高曇り。昨夜は熟睡したお陰で、今朝は頭の芯《しん》まですっきりしている。初めての一一人のみの朝食。豪華な家庭料理に、ワッと歓声が沸く。こんなご馳走《ちそう》では、一年分の食糧が保たれるかと心配顔の西堀隊長に、

「二度と同じものを出しません」

調理担当の砂田が胸を張る。日課が決まる。

朝食　七時三〇分
昼食　一二時三〇分

途中でお茶の時間

夜食　一八時

もう一つ、序列が決まる。序列とは、一一人のいわば背番号である。西堀、中野、藤井、立見、大塚、菊池、砂田、村越、作間、佐伯そして私（北村）。いやおうなしの年齢順だ。この序列は、もともと、もし西堀隊長に何かが起これば、中野があとの指揮を執る……といった意味合いで決められたが、越冬中すべてのことがこの序列で決められるようになった。食卓の席順、風呂の順番、果ては帰国のとき、羽田で飛行機からタラップを降りるのもこの順であった。一一人が、何か縦に並ばなくてはならぬときはいつもこの順序であった（帰国後も、集まればこの順序であった）。

二月一七日、一日中、身辺整理。山積する荷物に、どこから手をつけようか途方に暮れる。よくもこれだけ荷物を持ってきたものだ。とりあえず、私物の整理から手をつける。荷物の整理、基地建設の仕事などなど、迫りくる冬に備えて山のような仕事がある。そのうえ、宗谷停泊地に残された物資の山がある。総量四〇〇トンの物資のうち、一五〇トンのみが基地に運ばれた。残り二五〇トンが宗谷停泊地周辺に残されている。燃料にしても、四〇〇本のドラム缶のうち二〇〇本が、そして予備食糧のすべて、犬の食糧など、多くのものが氷山デポに山積してあった。

　これらは、すべて宗谷が来年、なんらかの理由で迎えに来られなくなったときの命の綱であった。これらを輸送する仕事をどうさばくか。とにかく、頭数は一一しかない。

「建設を急ごう。氷状は、これからよくなる一方だし、氷山デポの輸送は、春になってからでもよいではないか」

「いや、そうとばかり言えない。宗谷停泊中に一度定着氷が割れて、物資の一部が流れ出したことがある。これから寒くなるので、よもやあのようなことは再び起こるまいが、その代わり雪に埋もれてしまうことはある。だから、輸送もそんなにのんびりしているわけにはいかないよ」

　議論が分かれた。結局、晴耕雨読、天気のよい日は輸送をし、比較的天気の悪い日は基地回りの仕事をしようということになった。

アザラシの道しるべ

　二月一八日、輸送初日。一、二、四号車の雪上車に、立見、菊池、中野、村越、藤井、北村の六人が分乗。一〇時に出発、三時間四五分かかって宗谷停泊地に着いた。アザラシがあちこちにいた。犬の食糧が宗谷停泊中に一部流出したので、犬の食糧を確保せねばならない。幸い基地には一挺の銃があった。四頭しとめる。しとめるといっても、アザラシは逃げるわけではない。銃口を突きつけても、じっとしているだけだ。アザラシよ、勘弁してくれ。これも、犬のためだ。ナムアミダブツ。二頭を曳《ひ》いて帰る。

この日、宗谷と初めて通信連絡がつき、宗谷が氷海に閉じ込められていることを知る。基地では、遅まきの夕食中、この宗谷の話題で持ちきりとなった。

輸送第二回目（二月一九日）は、四号車に立見、村越、二号車に藤井、一号車に北村、菊池が乗る。中野は基地で、前日曳いてきたアザラシの処理。宗谷停泊地に置いてあった予備の犬ゾリを曳いて帰る途中、前日氷上に残しておいたアザラシを積む。重い。大丈夫かなこのソリは。果たせるかな、氷の不整地を通過した際、無理な力がかかったせいであろう、ランナーが折れる。折れ口を見る。〝コンバイン（スキーなどに使う多くの薄い板を張り合わせ、強度を強くしたもの）〟とは、名ばかりであった。

「基地に帰ったら添え木でもしよう」

昨日曳いて帰ったアザラシの血の痕《あと》が氷原にずーっとついていて、薄暗くなった氷原のよい道しるべとなった。連日氷点下の気温が続いているので、氷面が相当に硬くなった。間もなくパドルを避けた迂回路《うかいろ》を取らずに、直線コースを取れるようになるだろう。

毎日が目の回るような忙しさなので、犬を構ってやれない。一日一度の食事をやるのが精いっぱいである。大部分の犬を荷物のあちこちにつないだままだ。モンベツのクマ、デリー、アカ、フーレンのクマ、ジャック、ジロ等は、雪の上で頑張っている。すまない。もう少し我慢してくれ。それにしてもおまえたち、何か手伝えることはないのかなあ。おまえたちだけで氷山デポまで荷運びに行ってくれると助かるんだがなあ。

基地には二キロワットの通信機が二台あった。いわゆるトンツーしかできないが、このほかに、四〇〇ワットの通信機も用意されていた。この通信機だと、トンツーだけでなく、会話通信もできるので、うまくすると内地のアマチュア無線家と会話できるはずだ。しかし、その部品の多くはまだ氷山デポに残置されたままであった。作間の希望で、これを取りに行くことになった。

氷は生きている

輸送第三回目、二月二二日。少し風があり、天気もあまりよくなかったが、数日間休んでいたので輸送を決行する。一号車に中野、菊池、二号車に作間、北村、三号車に大塚、立見が乗り、三台の雪上車で出かける。第二クラック（海氷の割れ目）まで来たとき、三号車の冷却水がもれているのに気がつき、やむを得ずその場に残しておく。宗谷停泊地と氷山デポで十分に荷を積み、満足して帰途に着いた。

第二クラックを午後六時五〇分に通過。そのころ、降雪がやや多くなり、吹雪《ふぶき》ぎみとなってきた。雪面にドリフト（漂雪）が走る。手が冷たい。南極らしい雰囲気になる。台状氷山を越して、二キロメートルほど行ったころ、突然前方に、黒い帯状のものが見えた。

「なんだ、あれは？」

皆いぶかるように近づく。アッと息をのむ。なんとそれは、幅が一・二メートルもあって、どす黒い海面を見せている見たことのないクラックではないか。黒々としたその海面に、足下を走るドリフトの雪が吸い込まれて落ちてゆくその様子から、たった今クラックが生じたものらしい。それまでたどってきた往路の雪上車の轍《わだち》跡が、その黒いクラックでプツリと断ち切られていた。ここは、ほんの数時間前、雪上車で何も気づかずに渡ったところではないか。あまりのことに、一同うなるばかりであった。まさに南極は生きているのだ。動いているのだ。雪上車と荷物をそこに置いて、徒歩で帰ろうかという意見も出たが、偵察をしてみると、幸いどうにか渡れそうな場所が見つかり、持ち合わせの材料のカシのテコをレール代わりにして、やっと〝渡河〟に成功した。季節が進み、もうヘッドライトをつけて走らねばならぬほどになっていた。

帰着午後一〇時。基地では西堀隊長が心配顔で待っていた。収穫は、四〇〇ワット無線機のキャプタイヤーコード等、無線関係の部品。これでアマ無線もできるぞと作間は上機嫌であった。この新クラックは、第三クラックと名づけられた。輸送を急がなければならない。しかし、基地の建設もいつまでもこのままで放っておくわけにもゆかない。まだ、通路すら完成していない。犬もそのままだ。気温が日一日と下がってきている。宗谷がいたころとは、様子が変わってきている。明らかに、秋の終わりが近づいていることを感じる。

二月二五日。発電棟のキャンバス・カバーが風にあおられ、風下に膨れ上がって、バタバタと鳴る。いつ破れるかもしれない。早くこれを押さえなければならない。雪を載せる、石、材木を載せる等々の意見が出たが、結局、西堀隊長の発案で、燃料の入っているドラム缶をワイヤーで吊《つ》るし、その重さで布地を押さえることになった。みぞれ降る中で、西堀、中野、藤井ら先輩たちが、額に汗し、鼻水をすすりながら働く姿に感動した。夕方、暗くなって完成。皆の顔に、ホッと安堵《あんど》の色が浮かぶ。

三月二日。輸送第四回目。第三クラックが発生してから、一週間以上も輸送をしなかった。気になる。今日は久しぶりの大快晴なので輸送と決まる。一号車に立見、菊池、佐伯、三号車に藤井、北村、四号車に中野、大塚が乗る。その前日偵察したとおり、第三クラックも第二クラックも、今はともにふさがり、なんの心配もなく乗り越えられた。第一クラックを通過し、氷山デポに近づいたころ、宗谷停泊地の様子が少し変なことに気がついた。

「アレッ?」

もしや、との疑いは適中した。かつての宗谷停泊地は、大海原の真っ只中《まただなか》にあった。やっぱり流れたか。第三クラックが発生したとき、停泊地や氷山デポの流失のことが頭をかすめないわけではなかったが、まだまだ甘い気持ちがあった。そして昨日、第三、第二クラックがふさがっているのを見て、これなら大丈夫とさえ思った。波打ちぎわに立つ。かつて雪上車で走り回った場所には、今はタポンタポンと初秋の波が打ち寄せていた。感慨無量。波打ちぎわに皇帝ペンギンが一羽、寄せる波を眺めてたたずんでいた。もうペンギンともお別れかもしれない。半分海水につかった〝観測棟〟の梁《はり》、土台等数本を拾い出す。

〝ペンギンの　独り寂しき　停泊地〟

夜はオーロラの乱舞。

三月三日、日曜日だったが、晴れているので、いつも留守番をしている西堀隊長を誘う。輸送第五回目。隊長のうれしそうな様子。パドルも今はすっかり凍り、雪上車は快走。氷山デポまではのんびり走っても二時間。宗谷停泊中の輸送時代に、悪戦苦闘、懸命に走ってなお四時間もかかったことなどまるで嘘《うそ》のよう。宗谷停泊地に着く。

西堀隊長もしばし絶句。氷山デポが流失するのも時間の問題である。西堀隊長の胸には、このとき、輸送を急ぐか、基地建設が先か、の計算がなされていたに違いない。

アザラシが、長頭山（ラングホブデ）方面に延びているクラック沿いにのんびりと昼寝をしていた。一号車の中野、菊池、佐伯がアザラシ狩りに行く。七頭取ったが、三頭しか曳いて帰れない。四頭の傍《そば》に、この次に来たときの目印のために赤旗を立てる。五台のソリに荷物満載。遠くに氷山の蜃気楼《しんきろう》しきり。夜はまたオーロラの大饗《きょう》宴《えん》。

ブリザード来襲

三月一〇日の夜半から東北の風が強くなり出した。一一日の朝食時、西堀隊長から今後の方針が出される。

（一）春分（三月二三日）まで輸送
（二）三月二四日から犬ゾリ訓練開始
（三）四月上旬、テスト旅行
（四）四月一〇日以降、冬ごもり準備

（五）五月二〇日以降、冬ごもり態勢

そうか。いよいよ犬たちの訓練ができるな。もう少しの辛抱だ。

風は一日中、かなり強く吹き続けたが、まだ戸外作業は可能であった。藤井が鼻水を垂らしながら懸命の通路造り。自分も藤井組に入杜。

三月一二日。朝、ゴーゴーという風の音に目覚める。本格的なブリザードになってきたようだ。藤井、立見、大塚等、居住棟の面々、ヤッケ（防風着）に身を固め、一、二の三で飛び出す。毎秒二〇メートルくらいはあろうか。相当な風。主屋棟には、すでに無線棟の住民たちも集まっていた。立見、菊池、佐伯と村越は犬小屋とソリの整理、西堀隊長と中野はバッテリーの屋内配線。

基地では、夜は燃料節約のため、一〇時に消灯になるので、あとは昼間充電しておいたバッテリーを使おうという考えだ。作間は電送装置の調整。そして藤井棟梁《とうりょう》と北村小僧は通路の完成を急ぐ。風が激しく、手が凍える。やっと南極らしくなってきた。なんとなく気が浮き浮きする。

犬たちの食事の時間になる。犬たちはどうしているだろう。見舞いに行こうか、菊池とともに完全武装し外へ出る。体が浮くような感じ。視界は五メートルくらい。こういう日には、遭難に気をつけねばならない。今日は、忙しくてエサに手をかけられ

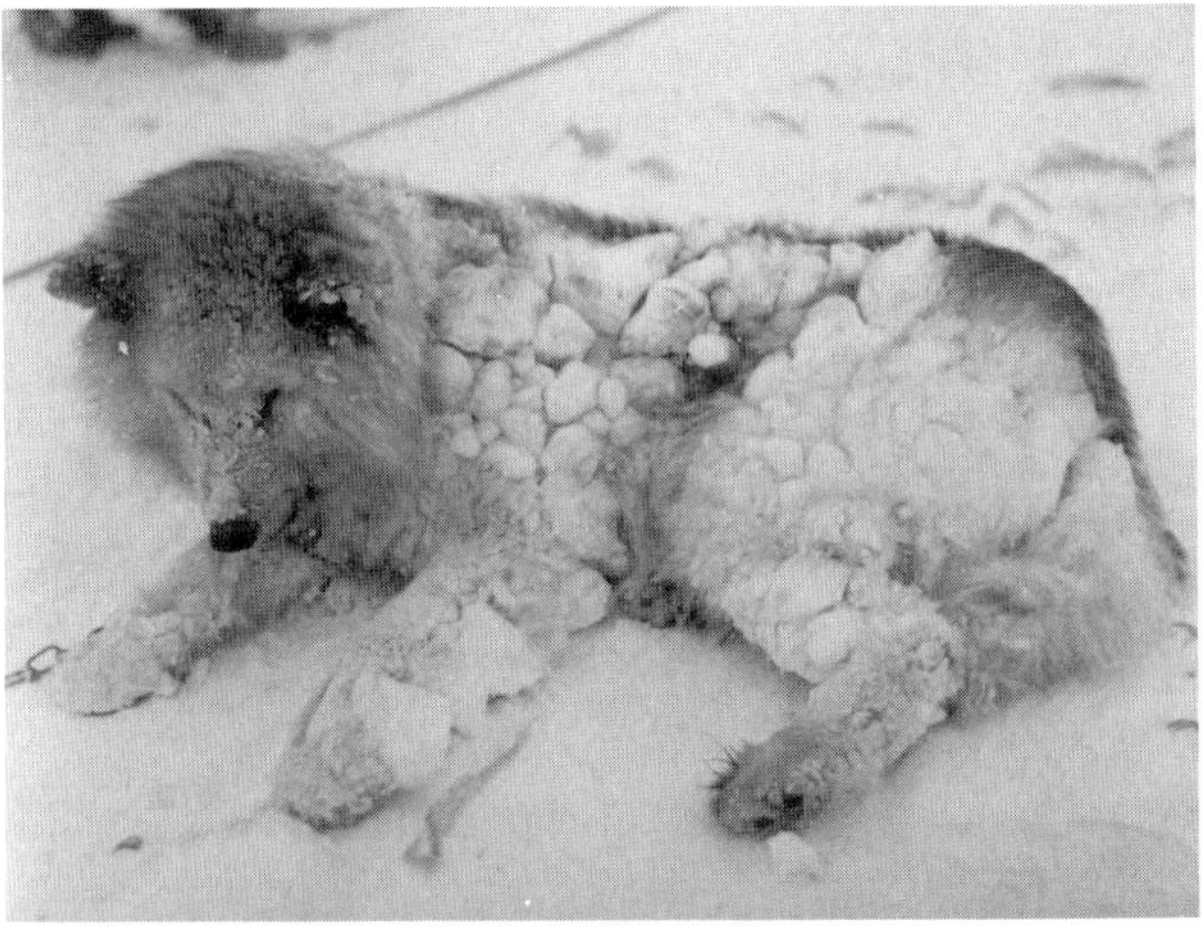
雪にまみれた犬

なかった。ペミカン（鯨肉と油を混ぜ、硬く圧縮し、ビスケット状にしたもの。行動食）で我慢してくれ。雪を濃く含んだ風は、正面から吹きつけ、顔を上げていられない。面を伏せ、やっとのことで犬たちがつながれている場所にたどり着く。犬たちはすでに丸く、雪の中に半ば埋もれている。人の気配を感じたか、その中の一頭が起き出し、ぶるぶるぶるると身震いする。おお、おまえはヒップか。無事に生きていたか。よし、今やるぞ。ペミカンをひとにぎり氷の上に置いたが、強い風にアッというまに風下に飛び去ってしまった。何度か試みたが、結果は同じことであった。ついに諦める。

夕刻よりブリザードは一段と激しさ

を増してきた。この日、とうとう犬は欠食。ブリザードは、この夜から一三日にかけて最高潮となった。風圧に耐えかねて、ドアが開くこともあった。耳がつんとし、ドアからはどっと雪と風がなだれ込んできた。開いたドアのすみに、ほとんど瞬間的に雪が詰まる。ドアが閉まらない。そのたびごとに、ドライバーで雪を取り除かねばならなかった。その夜は、万一に備えて、完全武装（手袋をはめ、靴下をはいて、いつでも飛び出せる服装をすること）をして寝袋に入った。

三月一三日。寒い朝。寝袋の上にうっすらと雪が積もっている。どこから入り込むのであろうか。ハラハラと雪が顔に降りかかる。ザザザーという、雪が建物をこする音。ヒューヒューと悲鳴に似た風の音。ブリザードになってこれで三昼夜。よく吹くなあ。

ブリザードは一四日も一日中荒れ狂い、一五日午後になってやっとおさまりかけてきた。村越が飛び込んできた。

「オングル海峡がオープン・シーになっている！」

それっ！と皆外へ飛び出す。なんと、オングル島の先から大陸まで、黒々とした海がなお強い風に白い波を立てていた。

このブリザードで基地にも被害があった。まず、造りかけの通路が倒れた。これで、作業量として一週間分の損害だ。また、基地から一〇〇メートルほど風上に置いてあった二台のカブース（床面積二平方メートルくらいの移動観測小屋。床下にソリをつけ、雪上車で曳いて移動できるようになっているもの）のうちの一台は、このブリザードのために吹き飛ばされて横転し、発電棟の一角でやっと止まっていた。基地の傍《そば》には、長期自記気象計の電源（蓄電池）が入っている、一メートル四方、高さ五〇センチメートルくらいの大きい木箱があった。その上にかなり大きい石の重しが置いてあったにもかかわらず、ブリザードはその石も蓋《ふた》もともに吹き飛ばしていた。雪上車の覆いは破れ、車内は雪がぎっしりと詰まっていた。

だが収穫もあった。このときの最高瞬間風速は毎秒五〇メートルを超した。そのとき、建物の床が少し浮くような感じがしたが、結果的になんの被害もなかった。建物に対して、これなら大丈夫だという信頼感が生まれた。

最後の荷運び

三月二三日、風は少しあったが、かねて気になっていた氷山デポの荷物を取りに行くことになった。三月七日以来の荷運びだ。

「もう何も残っていまい」

だれもがそう思っていた。天気は曇りだが、ときどき薄日が差していた。東北の風はあまり強くはなかったが、それでも広い海氷の上をドリフトが走っていた。立見が車の上に立ちっぱなしで、双眼鏡で前方を見つめる。第三クラックで大塚の運転する三号車が危うく海に落ちかけた。大塚の機転でとっさにアクセルを吹かし、そのまま乗り切って事無きを得たが、もう少しで危険な目に遭うところであった。慣れた道だからといって、少しも油断はできない。

第二クラックが渡れるかどうか心配していたが、予想に反してクラックは完全に閉じていた。宗谷停泊中に置かれた荷物もまだ無事にそこにあった。さっそく、荷物を掘り出しにかかる。ドラム缶九本、行動食一〇人分、土台に使うけた、ゴムボート二艘《そう》、ポンプ二つ、そのほかキャンプ用の鍋《なべ》や寝袋などを収穫した。それだけであった。そこから見えるはずのデポのある氷山はもう見えない。やはり流れたに違いない。しかし、何か残っているかもしれない。食事の後、出かける。やっぱり、ダメだったか。第一クラックの手前七〇〇メートルのところで海氷はきれいに切れていた。氷山デポは第一クラックを越え、さらに数キロメートル先の所にあった。そこには黒い海面が静かに波打っていた。目の前の静かな海と、嵐のとき、この二メートルもある厚い海氷を、いとも簡単に割ってしまう海とが、同じ海とはとても信じられなかった。少し離れたところに、大きい氷盤が浮いていた。旗が一本、その上に寂しげに立っていた。基地建設の作業の中で通路造りが最優先だった。通路は梱包《こんぽう》の空き箱を横に寝かせ、底を外側にして丹念に積み重ねて、それぞれの箱を釘《くぎ》で打ちつけ固定した。両側にその箱を並べ、天井をトタンでふいた。

三月二五日、藤井の努力が実ってやっと通路が完成した。箱の内側には、缶詰やバター、チーズなどの食糧や装備品、無線機材を整理して置く。銀座通り、アメヤ横町、ジャンク街と呼ばれた傑作であった。

この日、越冬第四〇日目であった。

〝はればれと　ゆきつもどりつ　通路かな〟

藤井の句である。この通路の完成と、流出という不幸な結末はあったが、氷山デポの荷運びに一応の決着がついた。しかし、まだ犬小屋も完成していないし、やるべきことは多くあった。

認められた報道担当

藤井が通路造りの最後の仕上げを急いでいた三月のある日、文部省から「報道」についての電報が西堀隊長に届いた。

（一）越冬隊長発の電報は、報道各社共通用として扱う。

（二）越冬報道担当者を指名し報告すること。

（三）越冬報道担当者の朝日向け専用原稿を認める。報道担当者は、宗谷内における と同様に、各社共通原稿と朝日向け専用原稿を本部（南極地域統合推進本部）を通じて送ること。

西堀隊長は、さっそく、藤井を越冬報道担当に指名した。

南極計画の推進が朝日新聞社内部で決まったとき（昭和三〇年〔一九五五年〕三月ごろ）、藤井は航空部次長の席にあった。

朝日新聞社は、もともと航空機については伝統があった。昭和一二年（一九三七年）、英国国王の戴冠式《たいかんしき》の際、国産の「神風号」が東京・ロンドン間を往復したが、このときそれを企画したのは朝日新聞社であった。

藤井は、南極の空に初めての日本の飛行機を飛ばすことを夢見た。このとき、登山などに無縁だった藤井は、自分自身が南極へ出かけることなどは、思いもしなかった。南極観測の計画は朝日新聞社が全面的に支援し、学術関係者は観測に専念するという構想であった。そしてその壮挙を、国民に独占報道するというのが朝日新聞社の当初の心づもりだった。

しかし、国の事業としての南極事業が軌道に乗るにしたがって、朝日新聞社の独占報道の希望はかなえられそうになくなってきた。南極が国費を投じて行う事業である以上、朝日新聞社だけが報道を独占できる理由はないと文部省は考え、また他の報道機関も各社平等の報道の権利を文部省に要求した。だが現実問題として、朝日新聞社の最初の引き金がなかったら予定どおり出発できたであろうか。このことを考えると朝日の〝優位〟くらいは認めねばならない。紆余曲折《うよきょくせつ》の末、宗谷には朝日新聞社から一人（高木四郎）、共同通信社から一人（田英夫）の二人が報道担当隊員として認められた。田は各社共通、高木はさらにそれに加えて朝日向け専用原稿を送ることになった。このとき、藤井は航空担当という、いわば一般隊員として参加した。

だが密命を帯びていた。

「越冬隊にもぐり込め」

藤井はそんなことは考えたこともなかった。藤井の夢は、南極の空に日本の飛行機を飛ばす、それも朝日新聞社の飛行機を飛ばす、ということだけだった。宗谷に乗ってからも、藤井は気が気ではなかった。出航前、ひそかに文部大臣に出された越冬隊員候補者の名簿には、藤井の名前はなかったことが、どこからともなく藤井の耳に入っていた。だから、当たり前に行けば藤井が越冬隊に入れる可能性は少ない。そのころ、合格線上すれすれにいる（と自身思っていた）越冬隊員候補者は皆そうであったが、藤井もまた、宗谷船内では、なるべく自分のボロを出すまいと心がけた。酒も度を越さぬように気をつけた。人より進んで仕事をした。嫌がる人もいた犬当番を好んで引き受けた（もっとも犬が好きだったという事情もあったが）。涙ぐましい努力が続いた。

越冬が決定したとき、越冬中の報道に関して、ある〝含み〟はあったものの、正式には何の取り決めもなかった。越冬中における藤井の役目は〝設営〟であった。

藤井としては、越冬隊員に指名されることが第一のことで、とても自分の役割について、希望を述べる立場になかった。だが、藤井の心は、〝報道〟にと燃えていた。この国民的関心の高い、日本人最初の南極越冬の状況を報道する、このような機会は、報道人として一生に一度めぐり合うかどうかのチャンスだ。

西堀隊長は、越冬生活の毎日を評して「宝の山に入ったようなものだ」と言っていたが、同様に、藤井にとっても、毎日が報道のネタの宝の山だった。それが報道担当に指名されるまでは、その〝資格〟がなかった。実にじりじりした毎日であった。だが、今日からは、天下晴れて原稿を書くことができた。藤井は、その日の感激を次のように日記に書きつけた。

「夢見た南極の空に、初めての日本の飛行機が飛んだ。そして今、自分は越冬報道担当として認められ、ここ昭和基地にいる。新聞記者としてのこの幸運を思い、誇りをもって記事を書こう。歴史的な事業を報道する任務は重い。果たしてその任務に耐え得るだろうか……」

大陸氷を踏む

三月二七日は大快晴だった。朝、外へ出てみると、空は青く、大気は冷たく澄んでいた。大陸が朝の斜めの陽光にキラキラ輝いていた。空と大陸の境（地平線）がはっきりと見えた。あの地平線の向こうに何があるのだろうか。ゾクゾクする。朝食の後、西堀隊長が、「今日は大陸へ行く」と突然宣言。

しめた！　西堀隊長も今朝の大陸の姿を見て、同じ思いであったに違いない。砂田、作間、村越が残ることになった。作間、村越はそれぞれの業務を休むわけにはゆかぬと言う。なんだか気の毒だな。一日くらい休んでもよいのに。一号車と三号車に分乗して、一一時に出発。もう少し早く出る予定だったが、無線機の調整に手間取って遅くなる。先日のブリザードでオングル海峡の海氷が割れた。それは、外海から割れ進んできたのではなかった。リュツオ・ホルム湾内の氷のある部分だけが、まるで大きな池のように割れていた。見渡す限りオープン・シーは南へ広がっていた。割れた氷はいったいどこへ行ってしまったのだろうか（この疑問はその後数カ月たって、カエル島偵察行に行ったときに解消された。オングル海峡の付近がその池の北の端だった）。

大陸への道は、そのために大きく北へ迂回せねばならなかった。途中、小さい岩礁《がんしょう》が二つあって、海の水がこの岩礁を洗っていた。海水は、ところどころ薄いハスの葉氷(海が凍結する初期にできる氷の名称。ハスの葉のような形をしていることからこの呼び名がついた)を浮かべていたが、底は透明で透けて見えた。動くものは何も見えなかったが、ヒトデやウニのようなものがいた。足の長い、タコの変形のような気持ちの悪いもの、甲羅のないカニのようなものを釣り上げた。

大陸の縁は、高さ数メートルから高いところで数十メートルもある氷の断崖《だんがい》をなしていて、どこからでも大陸に上陸できるというものではない。あたりを見渡してやっと二カ所、緩やかに大陸の氷が海氷に接している場所を見つけた。手前のほうは、今回割れたオープン・シーに近いので不適当と判断された。

雪上車は大陸に踏み込んだところで停止した。飛び降りる。足で大陸氷の感触を確かめる。一年前の今ごろ、大陸氷など、ただ想像して胸を焦《こ》がすだけの遥かな遥かな存在だった。だが、今こうして踏んでいるのは、確かに南極大陸のその氷に間違いない。

立見が氷河の擦痕《さっこん》を発見。それほど大きいものではなかったが、オングル島内では見られないものだ。比較的最近まで氷雪に覆われていたものらしい。やはり、南極大陸の氷も後退しているのだろうか。

基地は着々と整備されていった。犬たちの小屋は、その半数が氷とともに流れていってしまったが、藤井が名案を出し、残る半数の小屋を使って全部の犬が入る小屋が完成した。しかし、犬たちは狭いところを嫌って外につながれているほうを好んだ。結局、ここを利用したのは病気の犬と母犬シロ子とその子犬たちだけだった。

冷凍庫が欲しい

南極での一日の摂取カロリー量は約四三〇〇キロカロリーと決められていた。内地の普通の生活では、一日当たり二〇〇〇〜二五〇〇キロカロリーくらいなものだから、南極では二倍近いカロリーを摂ることになる。越冬が始まって間もなく、これが計画どおりの四三〇〇キロカロリーだという、ワラジほどの大きさのビーフカツが食卓に出た。その大きさに一同目を見張ったが、食べてみると、最高年齢の西堀隊長でさえもペロリと平らげた。毎日の労働が激しく、やはり体がそれを必要としていたのだ。

冷凍、缶詰、乾燥食品など、その種類が多くある中で、やはり人気があったのは冷凍食品だった。マグロのトロなど、築地や銀座のすし屋なら相当なものだ、などと言って食べたりした。こうした冷凍食品を持ってゆく以上、当然冷凍庫を必要とした。

しかし、食糧を準備した委員たちは、南極は自然の冷凍庫だ、その南極へ行くのだから、冷凍庫は不必要だ、と考えていたのだが、西堀隊長がアメリカへ行ったとき、その必要性を教えられ、急いで冷凍庫を越冬用のリストに加えたといういきさつもあった。しかし、実際には、基地では冷凍庫を設置する場所もないまま（結果的には、その必要性を重く見ていなかったことになる）、冷凍食品は基地の建物から数百メートル離れた、海氷と陸氷との境に大きい氷庫を掘って納められた。

四月のある日、砂田が血相を変えて食堂に飛んできた。

「隊長！　冷凍食が駄目になっています」

なるほど、砂田の手にある冷凍野菜は、溶けてドロドロになっていた。

砂田は滋賀県の琵琶湖畔《びわこはん》で生まれた。小学校を出て、すぐ一人で満州へ旅立ち、ロシア人、満州人、中国人等から調理を独学で学んだ苦労人である。戦後引き揚げ、大津のブラジル会館に勤務していた。昭和三〇年（一九五五年）のある日、新聞で南極探検隊が調理師を募集していることを知った。南極など、砂田にとってはそれまでに考えたこともない対象だったが、それだけに放浪と辺境の中で育ち、〝静〟より〝動〟を好む砂田の血が騒いだ。砂田はただちに応募した。二〇人以上もいた応募者の中から、砂田を含む三人が選ばれた。この三人についてはいずれも甲乙がつけ難かったという。しかし、最終的には、砂田の関西弁が、京都弁をしゃべる西堀隊長の気に入り、砂田が越冬隊員に選ばれた。

　その冷凍庫は埋めるように雪の下にあった。二つに仕切られ、手前には冷凍野菜や冷凍魚など、奥のほうには冷凍肉が主として入っていた。ただちに冷凍庫を掘り出すことになった。四月八日、総員で冷凍庫を掘った。それまでの数度のブリザードのために、かなりの部分が雪で埋まっていた。最後の雪の壁を取り除いたとき、異様な臭《にお》いがツンと鼻についた。

「これは駄目だ……」

　われわれはその臭いで直感した。床がなんだかずぶずぶしていた。なんだろうとよく見ると海水だった。ちょうどそのときは満潮時であったのだろう、海水がしみ出していたのだった。そのあたりの表面の海氷は雪一色の雪原で、その下が海であることをすっかり忘れさせてしまっていた。まして、その下二メートルくらいのところが、潮の干満にしたがって、海水に浸されたりしていることにはだれも気がつかなかった。この冷凍庫を掘ったとき、ちょうど干潮であったのが、越冬隊にとって運の尽きであった。

　冷凍食品は、一般にマイナス一五度以下で保存するのが普通である。ところが、海水はマイナス一・八度で凍る。つまり、凍っていない海水はマイナス一・八度より高い温度だということとなる。いかに外が寒くても、これでは冷凍庫内に温源を抱えてい

基地内の越冬隊員

るようなものだ。冷凍食品が腐るのは当然である。しかし、もはやそれは後の祭りであった。ステーキ用の牛・豚肉や、ハム、ソーセージ、ベーコンなど、〝四三〇〇キロカロリー〟を支えるおいしい食糧は、その海水に浸っているところにあった。

　駄目とはわかっていたが、一応取り出してみた。表面はヌルヌルしていて、そのうえカビのようなものが生えていた。猛烈な臭さ。砂田のうらめしそうな顔。砂田がその日の夕食に、そのうちのいくらかでも生かそうと、解凍した鶏を調理した。しかし臭さが取れず、だれも箸《はし》をつけなかった。この日を境に、食事の質はがらりと変わった。肉類は缶詰が主になった。幸い、コンビーフや大和煮《やまとに》の缶詰が豊富にあった。だが、限られた種類の食品材料では、砂田の腕のふるいようがなかった。人々は、それでも毎日陽気に食べていたが、砂田は相当に悩んでいたらしかった。

食べ物の種類の変化のない毎日が続いた。それだけに、新しい何かが出てきたときの喜びは大きかった。春になって雪解けが進み、思いがけず〝新しい〟食糧が顔を出すことがあった。あるとき塩昆布《しおこんぶ》が発見された。その日の夕食では、〝忘れかけた味〟に歓声があがった。またあるときには、「中村屋の月餅《げっぺい》」が雪の中から顔を出した。久しぶりの月餅に、甘党の立見が目を細めた。

一二月のある日、基地の裏地に佐伯がまいた二十日大根の芽が出てきた。ぱさぱさの、有機質の何もないオングル島の砂地に出た双葉を見て、その生命力の強さに感動した。収穫時が来た。モヤシより細い二十日大根の若芽が、一人あたり三本ずつ味噌《みそ》汁《しる》に浮かべられた。パリッ、パリッという、その〝なま〟の舌の感触に感激した。すでに冷凍野菜がなくなって久しく、乾燥野菜だけに慣れていたわれわれにとっては生野菜のおいしさは格別であった。結局、一年のあいだ、精神的に一番苦労をしたのは、調理担当の砂田だったかもしれない。

五八日目の風呂

越冬が始まって以来このかた、顔も洗わず歯も磨いていなかった。根が不精者というこどもあったが、ひねるといつでも出る、という自由な水もなかったし、何よりもその気にならなかった。男所帯の気楽さもあったかもしれない。日本にいては少し信じがたいことだが、空気が乾燥しているせいか、顔はいつもサラリとしていて、脂ぎるということはなかった。体もそうで、シャツの襟《えり》はいつまでも汚れなかった（と思えた）。ときどき、下着を着替えればそれで済んだ。

初めの数カ月、洗濯もできなかったので、最も着替えを頻繁にした人でも、二、三週間に一度くらいなものだった（新しい下着がそう数多くあるわけではなかった）。半年に一度という人もいた。髭《ひげ》も髪も伸ばし放題だった。それでも、不潔感はそれほどなかった。

四月一四日、大塚の努力の結果、風呂が初めて沸いた。発電機の発熱で熱くなった湯が、パイプを通って風呂桶《おけ》に注いでいた。パイプの内部が錆《さ》びているらしく、出てくる湯はまっ茶色であった。使った手拭《てぬぐ》いは一度で錆色《さびいろ》に染まった。それでも人々は、オングル温泉だ、などと言って喜んだ。越冬開始以来、五八日目であった。

その夜は皓々《こうこう》たる月だった。気持ちに少し余裕が出てきた。西堀隊長を助手に、天測（位置を知るために月とか星とかの天体を測定すること）をする。隊長がこんな具合だから助かる。月光と氷山のシルエットが、何か神秘的な雰囲気を醸し出していた。大陸の斜面が月の光に青白く光っていた。その青白く光る大陸から、何者かが、しきりに誘っているような感じがする。基地建設も一段落したし、早く春のための偵察旅行を始めたい。じりじりした、抑えがたいものを感じる。西堀隊長も同じ想いであったらしい。いつのまにか夜は更けていた。

大陸偵察旅行

大陸偵察旅行は四月一八日の出発と決まった。一八日の朝は、珍しく深い雪が積もっていた。中野、大塚、砂田、作間、村越の見送りを受ける。雪上車は、宗谷停泊中に酷使されたため、満身創痍《まんしんそうい》の状態であった。側面のフレームは曲がり、鼻はひしゃげていた。エンジンもかかりにくかった。越冬後も、短距離の輸送にはなんとか使えても、本格的な旅行にははなはだ心もとなかった。今度の偵察旅行は四泊五日、一〇〇キロを超す予定だ。大丈夫だろうか。

基地には、ガレージがなかった。いずれ〝通路〟のように、あり合わせの材料で作る予定であったが……。マイナス一〇度を下回る気温と、毎秒一〇メートルを超える風に吹きさらしの野外で、大塚による雪上車整備の懸命の努力が続けられた。
大塚は昭和基地の機械全般に責任を持つ主任技師である。鍾馗《しょうき》様のような立派な髭と豪放な性格は、観測隊のみならず、宗谷の乗組員のあいだにも人気があった。

大塚は東京に生まれた。開成中学から海軍兵学校に進んだ。卒業して二週間たってから太平洋戦争が始まった。戦艦「榛名《はるな》」に乗り組み、マレー沖海戦、ミッドウェーの海戦、そしてガダルカナルに戦った。戦艦「榛名」は何度も被弾したが、不思議に沈没の難を逃れた。後でわかったことだが、「宗谷」もこのとき、大塚と同じ艦隊にいてこれらの作戦に従事し、僚艦が多く沈みゆく中を無事に生き抜いていた。不思議な縁だった。

昭和一八年(一九四三年)、実戦航空隊に転属し出撃の時を待っていたが、いかなる運命か、上海航空隊に教官として転属し、そこで、若い後進の予科練習卒業生の教育をすることになった。戦いが激化して上海で訓練ができなくなり、練習生六〇〇名を連れて高知航空隊に転じた。敗色が濃くなった昭和二〇年(一九四五年)、練習機による特攻隊が編成された。すでに、多くの戦友が特攻に出撃していた。大塚の出撃は八月一七日と決まった。そして二度目の命を取りとめた。航空隊が解散された。
大塚はやはり海に生きたかった。海洋筏《いかだ》を北海道から東京へ運ぶ仕事があった。一万トン級の船で運ぶほどの量の木材を、わずか三〇〇トンのタグボートで引っ張った。時速五キロメートル、人間の歩く速度である。三陸沖で時化《しけ》にあったが、戦いに比べると何でもなかった。マグロ漁船の船長もした。ミッドウェーと金華山沖で二回も遭難し、すんでのところを、三度目、四度目の命を拾った。

結婚したのを機会に、海との生活に別れを告げ、「いすゞ」に入社した。昭和三〇年（一九五五年）ころ、南極探検のことが紙上をにぎわし始めた。戦火をくぐり、荒海に生き抜いてきた大塚は、どんなことがあっても自分は死なないという自信があった。生死すれすれの、あの日々のことがよみがえってきた。南極探検は、戦場や海難とは異質であるとはいえ、共通する部分も多かった。大塚の血が騒いだが、所詮《しょせん》遠いところの夢と諦めていた。そのうち、探検隊は「いすゞ」のエンジンを持ってゆくので、「いすゞ」からも隊員として、一人くらい参加するらしいという話が伝わってきた。社内には多くの希望者がいるとの噂《うわさ》も耳にした。その幸運な男とは、いったいだれだろうと思っていた。昭和三一年（一九五六年）のある日、人事課から突然呼び出しがあった。

「大塚さん。南極へ行く気はないか」

大塚は耳を疑った。どうして自分に声がかかってきたのだろう。多くの希望者がいるというのに。しかし、そんなことはどうでもよい。とにかく、今、課長が自分にそう言ったことには間違いはない。

「はい、行きます」

大塚はその場で答えた。

「南極ですよ、大塚さん」

課長はびっくりした。

「考えさせてくれ」という答えを想像していたのだ。いくら何でも家族と相談する必要があるだろう。そうでなくても、一晩くらいは考えるのが常識だろう。隣町に行けというのとは、わけが違うのだ。

「奥さんと相談する必要はないのですか」

課長は念を押した。

「はい家内が行くのではなく、私が行くのですから問題はありません」

大塚は答えにならないようなことを答えた。これで大塚に一発で決まった。とはいうものの、大塚はなぜ自分に声がかかったかが、少々気になった。西堀隊長（当時候補）が、「いすゞ」から派遣されるであろう隊員は、できるだけ危険な経験をしている人間がよいと会社に申し入れていたからだった。

大塚の努力が続けられた。立見や菊池が手伝った。完全でなくても、どうにかという程度に整備ができた。大塚がこの旅行に参加しないのは、旅行隊にとって少々心細いことだが、基地では発電機が不調で、いつ発電機が止まるかわからない状態なので、機械係の大塚が基地を留守にすることはできなかった。

　シロとジロを連れてゆく。初めての大陸旅行なので、大陸旅行技術、氷上キャンプ技術、装備、雪上車観察等多くの課題を抱えていた。すべてのことが初めてだ。立見の提唱で、自分の位置を確認しながら進むために、赤旗を立てながら前進することになった。ほぼ八〇〇メートルごとに旗を立てながら進む。止まるたびに赤旗を立て、それまでの方位と距離を測り、気圧を測る。一回停止するといくら早く旗を立てたとしても五分はかかる。一〇分かかることも多かった。これではいくらなんでも時間がかかり過ぎる。

　上陸点の〃岸辺〃から少し登ったところに〃モレーン（堆石）〃があった。このあたりの奥には見渡すかぎりにおいて露岩地帯はない。いったいどこからこれらの石がやってきたのだろうか。大は背丈ほどもあるものから小はほんの小石程度のものまでまちまちだった。それらのさまざまな石が、海岸から数百メートルの距離のところに、ほぼ海岸線に沿って細長く散在していた。あたかも、ヒマラヤの氷河の末端から噴き出す泥水のように、大陸の奥深くから運び出されてきた岩石が、この大陸氷の末端で〃湧《わ》き出し〃ているのだろうか。

斜面のスカイラインを目指して進む。一つのスカイラインに達すると、また次のスカイラインがあった。大陸の斜面が大きく波打っているのだ。高度二〇〇〜三〇〇メートルくらいまで登ったろうか、№18の旗を立てたところで停止。初めての大陸氷の上でのキャンプだ。少し手間取ったが、テントもうまく張れた。見渡すかぎりの氷原にあって、二台の雪上車とソリとテントは、互いに寄り添うようにしてそこにあった。気温マイナス二一度だが、風はなかった。オングル島がよく見えた。

シュプロケット・ナット事件

翌日とその翌々日（四月一九、二〇日）、もっぱら雪原を南東に進む。風が強くなり、雪粒が雪面を飛ぶ。ときどき雪の下から、蒼氷《そうひょう》が顔を出してきた。シロもジロも後になり、先になりして元気についてくる。大きい斜面をトラバース（岸壁や斜面を横切ること）気味に行く。このとき、三号車を運転していた私は、少し前から、何か後ろのほうで奇妙な音が聞こえるような気がしていた。気のせいかな。いや、確かに車輪の後ろから、何かものの擦《す》れるようなキーキーという音がする。前方を行く一号車に合図を送り、停止した。調べると、後輪を車軸に固定する、大きいシュプロケット・ナットがなくなっていた。そのために、後輪が車軸からはずれかけ、泥よけに触れてキーキーという音を出していたのだった。これは大変だ。シュプロケット・ナットの予備はないという。シュプロケット・ナットがはずれるなどということは、普通考えられない種類の故障だ。見ると、シュプロケット・ナットを止めるワリピンがはずれてなくなっている。寒さのために折れたものらしい。とにかく、一度後輪がはずれたら、大変なことになる。この場に雪上車を捨てるより以外に方法がない。

「ここから引き返そう」

「三号車をどうする？」

「いや、三号車をここに置いて、一号車だけでもっと進もう」

意見が分かれた。佐伯と自分は、とにかく落としたシュプロケット・ナットを探しに、シロとジロを連れて今来た道を戻った。雪上車の轍《わだち》を忠実にたどり、どんな小さいものでも見逃すまいと目を皿のようにして歩いた。しかし、シュプロケット・ナットは発見できなかった。雪上車を放棄するか否かの決断を迫られた。西堀隊長が、諦めるのはまだまだ早いと言う。

「こんなものがありましたよ」

菊池が工具箱の隅からネジのピッチもサイズも合わない、ゆるゆるのナットを探し出してきた。

「うん。このネジの山にハンダを盛って押し込んでみよう」

しばらくネジを眺めていた西堀隊長が言う。そのゆるゆるのネジと車軸の隙間《すきま》にハンダを流し込めば何とか保《も》つかもしれないというわけだ。しかし、そんなことで、力のかかる後輪がはずれないようになるとは、とても思えなかった。皆は無駄なことだと思った。しかし、西堀隊長はとにかくやってみようと言う。風が少し出てきた。オーバー手袋をはめての作業はまだるっこく、いらいらする。風上を覆って作業をやりやすいようにする。トーチランプでナットを暖め、ようやくハンダが溶ける温度になった。

「さあ、できたぞ」

形の上でだけはどうにかはまったものの、それが基地まで保つかどうかは疑わしかった。ナットが緩むのを防ぐワリピンがない。佐伯がコッヘルで氷を解かした。西堀隊長はその中へ雪を入れてシャーベット状のものを作り、それをナットの回りに塗りたくった。〝シャーベット〟は、たちまちナットと車軸の回りに硬く凍りついた。

「フーン?」

皆はまだ半信半疑だった。

翌四月二一日、天気はよい。大事をとって車の動くあいだに基地へ帰るべきだという意見もあったが、西堀隊長は前進しようと言う。前日の代用シュプロケット・ナットに自信があるらしい。微妙な空気を抱えつつ前進が始まった。三号車は、傷口をい

西堀隊長（中央）、菊池隊員（左）と著者（右）

たわるようにそろそろ走った。夕刻、低い陽光に前を走るシロの影が長い。右手に長頭山（ラングホブデ）の頭だけが見える。もう目と同じ高さだ。そのあいだに深い谷があるらしい。三号車が気になる。藤井の提案で、その日は四時に早々とキャンプ。

オングル島が眼下によく見える。双眼鏡なら、きっとアンテナも見えるに違いない。基地からはわれわれが見えるだろうか。リュツオ・ホルム湾は、見渡すかぎり凍結していた。遥か彼方に見えるのはクック半島だろうか。

「ボツンヌーテンだ！」

立見の声に皆指さすほうを見る。南の大陸の地平線に、ポツンと山が小さく見えた。ブルブルッと身震いを感じた。第四夜の夢を結ぶ。夜はオーロラが美しかった。

進むべきか退くべきか

翌四月二二日、天気は相変わらずよい。もうこれで六日間も晴天が続いている。気温はマイナス二〇度だが、もう慣れてしまって大した寒さとは感じられない。いや、寒いことは寒いのだが、これだけ寒いとかえって濡れることがないから大変楽だ。日本の冬山で、降りかかった雪が解け、テントや衣服などが濡れ、それがまた凍ったあの冷たさより、気温の絶対値は低いが遥かにしのぎやすい。この調子なら、あと何日でも旅行を続けられる。だが、予定は大幅に遅れていた。西堀隊長が、朝食の後、今後の予定について、皆に意見を求めた。

「雪上車をここに置いて、歩いて長頭山へ行ってはいかがですか」

立見がまず口火を切る。

「でも、予定では今日は基地に帰り着く日です。これからすぐ引き返しても、早くて明日の夕方、遅くなると明後日になります。天気は今までずっとよかったし、今日もよいけれど、これを裏返すと、これからの天気は下り坂になるということです。ここは深追いせずに、この辺で引き返すのが順当かと思います」

藤井が慎重論を述べる。退くことにこそ勇気を要すると言う。三号車にもあのような故障が起こった。今回の旅行はテスト旅行だ。テストの目的を十分に果たしたではないかと言う。菊池も引き返すべきだと言う。佐伯と自分は立見案に賛成した。二日前は三号車の故障で予定が一日遅れた。なるほど、三号車をこのまま、さらに前進させることには少々不安がある。しかし、雪上車をここに置いて、徒歩で長頭山へ行くならまったく心配はない。予定は四泊五日だったが、予備日数を取ってある。そのための食糧も燃料も十分にある。

人間が何かを判断するとき、その基準は、その人が今まで経験してきたことを基として判断する。不安や未知に遭遇したとき、自己のそれまでの経験に照らし合わせて、百人百様の受け止め方をする。二日前の三号車シュプロケット・ナット事件がそのよい例だ。あのとき、自分は雪上車を放置することまで考えた。幸い歩いて帰ること、それ自体には大した不安を感じなかった。自分の今までの経験から、それくらいのことは安全圏内にあった。シュプロケット・ナットがなくなっていることがわかったとき、部品も材料も道具もないこの場で、何らかの有効な対策を立てられるとは、とても考えられなかった。〝西堀案〟を聞かされても、その成功率を低いものと考えた。

だが、西堀隊長は同じことに対して、その成功の可能性をかなり高いものと踏んでいた。これは経験の差である。成功するかもしれないと考え得たら、〝やってみる〟という態度が生まれる。これが大切だ。そして、それが成功に結びつく。要は、事に当たってその成功率を自分でどのように踏むかだ。できるだけその成功率を自分で高く評価できなければならない。〝経験〟が豊かであればあるほど成功率は高く評価できやすい。とすると〝経験〟こそわれわれが追求すべきことではないか。

どうやら、このキャンプ地と長頭山とのあいだには、深い谷間があるらしい。そこを渡ってみたい。谷にはクレバスがあるだろう。クレバスを知るよい機会だ。今回の旅行は、すべて今後の準備と偵察のためだ。来《きた》るべき春の旅行に備えて、できるだけ多くの経験を積みたい。

藤井は予定にないことはやるべきではない、と言う。事故はそういうときにこそ起こるのだと言う。なるほどそれは〝正論〟だ。だが、臨機応変という言葉もある。議論は平行線をたどり始めた。黙って議論を聞いていた西堀隊長が最後に言った。

「引き返そう」

シュプロケット・ナットは帰路幸運にも拾い得たし、応急処置は功を奏して、三号車は無事にそのまま基地に帰り着いた。

第三章　犬と隊員たち

犬係の悩み

基地の風下には、太い一本のワイヤーロープに、二～三メートルごとにクサリが固定され、犬たちが係留されていた。やがて来る厳寒期に、いつまでもこうして戸外に吹きさらしで置いておくわけにはゆくまい。犬舎を作らねばならない。だが、用意してきた犬の檻《おり》の半数が氷山デポとともに流出し、基地には一〇個あまりの檻しかなかった。藤井が名案を出し、その一〇個の檻で一九頭全部が入る小屋ができあがった。しかし、この小屋は、あとで病気になったベックやテツや、メスのシロ子とその犬たちが入っただけで、大半の犬たちはとうとう一年間を外で頑張りとおした。

一つ一つ基地の仕事が完成するにしたがって、私たちが犬について考える時間も多くなってきた。今まで自分たちが犬係であるとは名ばかり。食事の面倒を見たり、排《はい》泄物《せつぶつ》の世話をしたり、これでは〝犬の世話係〟ではないか。犬を手足のごとく使いこなしてこそ、〝犬係〟ではないのか。しかし、現実には犬を御すというにはほど遠い気持ちであった。

出発の前、稚内《わっかない》で一カ月間ほど犬ゾリの訓練を受けたが、それは形ばかりで、とても自信を持つまでには至らなかった。犬たちは、駆け出し始めの二〇～三〇分ほどのあいだ、ものすごい勢いで走るが、あとはすぐ体力が尽きるのか、もうヨタヨタの体《てい》だった。なんとかもっと持続性を持たせたい。しかし、稚内での限られた時間と環境では、満足を得るべくもなかった。

宗谷《そうや》が定着氷に着いたとき、人々の期待をになって犬ゾリ隊がオングル島へ偵察行に出かけた。そのとき、犬たちはあらぬ方向に迷い走り、人々の失笑を買った。人間が犬たちの前を走って先導し、やっと前進を始めたが、今度は重荷にあえぎ、パドルにはまった。長い船旅に犬たちの足の裏はふやけ、脚の力も弱っていた。たちまち足の裏は破れ、氷原には点々と赤い血がにじんだ。期待していた人たちの、犬に対する評価は落ちた。

働きが芳《かんば》しくなかったばかりか、犬たちはまた、手に負えない生き物でもあった。走り出す。一列に並んで走ればよいが、そううまくはゆかない。後列の犬の力が勝って前の犬を追い越す。ロープが絡む。たちまちケンカが始まる。いったんケンカが始まると、耳を嚙《か》みちぎられてもケンカをやめない。一組が始めると、ほかの犬たちもケンカを始める。そうなるともう収拾がつかなくなる。うっかり手を出せない。船上で、立見が犬のケンカに分け入って手を噛まれ、三針も縫う大怪我をした。この暴れん坊でケンカ好きの犬たちは、なんとかならないものだろうか。

極地における犬ゾリの活躍ぶりはよく知られている。アメリカの探検家ペアリーはエスキモー犬二五〇頭を駆使して北極を征服した。ノルウェーのアムンゼンまたしかり。彼らのエスキモー犬とは、どんな犬なのだろうか。整然としていて、命令一つで進みもすれば、停止もするのだろうか。きっとそうであるに違いない。そうでなくては、何千キロメートルも旅行ができるはずがない。

ところがわれわれの犬どもはどうだ。曳《ひ》き綱につけられると、一刻もじっとしていない。勝手に好きなように動き出し、ロープが絡むとまたケンカだ。この手に負えない犬たちが、春になったら、果たして大陸への旅行という大仕事に耐え得るのだろうか。自信はない。しかし自分たちは〝犬係〟だ。犬たちが役に立たないままに一年が終わるなら、それは自分たちの存在がなかったことと同じではないか。

菊池も自分も気が晴れない日々が続いた。だが悩んでいても始まらない。この犬たちを使えるものに仕立てるのがわれわれの役目だ。よし、やろう。菊池と決意を新たにする。目標を立てる。（一）まっすぐに走らせる。（二）停止時に動かないようにする。

トウ！　トウ！　トウ！

訓練を始めた。はじめは何も考えず、ただ自由に走らせてみた。犬たちは、運動を始めると便意をもよおすものらしい。一頭が足を広げ、踏んばった形のまま、引きずられながらポロポロと落とすその姿は滑稽《こっけい》でさえある。一頭がすむとまた別の一頭が始める。そのたびに曳き綱が緩み、そして大混乱になる。ソリを止め、絡んだ犬たちをほぐす。胴体にロープが巻きついたもの、脚がロープで縛られた形になったもの。ロープと犬たちはまるで知恵の輪のように複雑にもつれ合い、順序よく解かないとうまくほどけない。何度同じことを繰り返したことだろう。しかし、習熟とは不思議なものである。だんだんと人間のほうも要領を飲み込み始め、また犬たちも走りながらうまく用を足すようになり、ロープの絡みも少なくなっていった。

先導犬もいろいろ代えてみた。先導犬とは、チームのリーダー犬のことである。御者の命令を聞き分け、停止・発進しなければならない。発進のときは、ほかのどの犬たちよりも早く立ち上がり、チームを引っ張ってゆかねばならない。いつも先頭にあって曳き綱をピンと張り、目的とする方角にまっすぐ進まなければならない。稚内ではリキが先導犬であった。過ぐる日、宗谷からオングル島へ偵察行に出たとき、長い船旅のあとに、突然方角を決めようもない広い氷原に放り出されたせいだろうか、リ

海上を走る犬

キはデタラメの方向に進み迷い、そして彼自身、自信を失った。リキは先導犬の座を降りた。新たに先導犬を決めなければならない。モンベツのクマ、タロ、シロなどがその有資格者であった。偶然のことだったが、シロとジロを四月の雪上車大陸旅行に連れていった。そのとき、シロは雪上車の前をどんどん走っていった。帰りなど、轍《わだち》の跡がある故《ゆえ》もあったが、まるで先導犬であるような調子で雪上車隊の先頭を切って走っていた。シロなら可能性があるかもしれない。

　基地の作業は一段落ついたものの、ガレージを造ったり、雪上車の分解整備をしたり、まだまだ多くの仕事が残っていた。西堀隊長の英断で、犬係はそれらの作業を免除された。人々の理解に感謝するとともに、重い責任を感じた。

　どんな犬でも先頭につけられると、とたんにまっすぐ走れないものらしい。右に行くか、と思うとたちまち左に走り、デタラメとしか言いようのない有り様であった。方向が急に変わるたびに、後続の犬たちは大混乱に陥る。無理もない。稚内では、とにかく道がついていた。犬たちは、その道に沿って走ればよかった。分かれ道では、ちょっと注意をしていれば、後ろからサインがあった。ところが、ここではどうだ。どちらを向いてもまったく同じ雪原ではないか。どのようにして方角を決めろというのだ。そりゃ無理というものだ。犬たちはそう感じていたに違いない。

　シロを先頭につけて訓練が始まった。まずカイ（右へ回れ）から始める。菊池がブレーキを踏みながら、〝カイカイカイ〟と連呼する。自分がシロの首輪を取って、連呼に従って大きく円を描いて右回りに回る。シロは比較的おとなしいので、右に引けば右についてくる。しかし、二頭目、三頭目のヒップのクマやゴロなど、カイもクソもあったものではなく、思い思いの方角に引くので、シロもそれに引きずられ、思うように右に回れない。彼らは個性が強く、そして力も強い。そうか、二頭目、三頭目はあまり個性の強い犬は駄目だ。比較的おとなしいペスに代えてみる。割合うまくいったが、もうひとつ力不足だ。リキを二頭目につける。うまくゆく。うん、これでよい。

　こうして、犬たちの順番も次第に固まっていった。カイカイカイがうまくゆくようになってきた。次はチョイチョイ（左回り）だ。トウトウトウとくればまっすぐ走らねばならない。ブラァイ、で停止だ。

　マイナス二〇度の寒さの中でさえも肌が汗ばんだ。ヤッケを脱ぎ、シャツ一枚で走った。犬たちの吐く息も荒く、彼らの口辺には樹氷のような雪の華が咲いた。それは犬と人間との根競《こんくら》べであった。ある日うまくゆきかけたのに、その翌日はまた駄目になっていた。再びはじめからやり直す。カイカイカイ……（私はもはや先導人と化していた。何キロ犬ゾリの前を走ったことか）。

シロがまっすぐ走った

　そうした根競べも、やっと曙光《しょこう》の見える日が来た。あるとき、私はいつものようにシロの前を先導して走っていた。

「トウトウトウトウ……」

　あとから菊池が犬たちを追う。追いつかれてはならない。必死で駆ける。何十分走ったであろうか。もうオングル島は、遥《はる》か後方に小さくなっていた。汗ばんでくる。一息入れたい。しかし菊池は、後ろからトウトウトウの掛《か》け声をやめない。もう息が切れそうになってきた。後ろを振り返る。しかし菊池はもっと走れとサインする。しかたがない。もうひと踏んばりするか。私は再び速く走り出したが、すぐに息切れした。菊池はまだ止めようとしない。もうこれ以上続きそうになくなってきた。

「そりゃ、テッチャン（菊池）はソリに乗って、掛け声をかけていりゃそれでいいもんな。こちらは、さっきから走りづめなんや……」

呪《のろ》いたいような気持ちになる。とうとう追いつかれたのを機会に、歩調を緩めた。いつもなら、シロもそこで止まってしまうのに、と、どうだろう。シロは自分の傍《そば》を走り抜け、そのまままっすぐに走ってゆくではないか。

「しめた！」

緩めかけた歩調を再び速め、ちょうど横に来たソリに飛び乗る。

「トウ、トウ、トウトウ」

自分も掛け声をかける。息が切れてうまく声が出ない。シロは先導人なしに、まっすぐに駆けていく。うまいぞ！　それ行け、その調子だ！　まっすぐ行け。シロは自信を持ったようにまっすぐ走る。菊池と顔を見合わせ、思わずニヤリとする。五月上旬のことであった。

五月も下旬に近づき、太陽も低くなった。太陽が地平線上に現れるのは、午後一時近くの数十分であった。藤井の言う、〃ほんのひやかし〃程度にしか太陽は出てこなかった。しかし、太陽は出ていなくても、午前一〇時ごろから外で作業ができる程度の明るさにはなっていた。トウトウ、カイカイ……。北の地平線は、薄桃色に染まり、それが青い空に溶け合っていた。ソリを止める。基地の発電棟の音が、ポンポンポンと静かに聞こえていた。

最後の太陽

季節が三月から四月に進むと、陽はどんどん低く、短くなっていった。やがて太陽が出なくなる日が来るに違いない。その日がいつであるかを皆が知りたがった。これは、天文学、地球物理学の問題だというので、役目柄、自分がそれを予測しなければならないことになった。これは困ったぞ。この予測は間違ったらすぐばれる。そうなると、今まで、小なりといえども科学者の卵とうぬぼれてきた自分の信用が一度に失墜する。絶対に正確な予測を出さねばならない。天文暦と首っ引きで計算した。

計算それ自体は、昭和基地の位置（緯度・経度）が与えられれば簡単に求められる。そして、それに気圧、気温、高度の補正を加えればよい。ただ問題は、果たしてそうした計算どおりに事が運ばれるかどうか、であった。それはだれにもわからないことであった。また、気温や気圧の補正にしても、その補正を施すための係数が、中緯度の測定値から得られていて、例えば気温補正であれば、マイナス五度からプラス二五度の温度範囲で与えられているだけなので、果たして、マイナス三〇度にもなる極地でそれが適用できるか、という点にも不安があった。補正値を加えない生の値は、五月二五日が最後の太陽の日となる。それに、補正値を入れると、答えは五月二八日から六月二日まで、その値の入れ方によってかなり範囲の異なる答えが出てくる。迷ったが、最もありそうな値を仮定して計算するより仕方がない。

基地の海面からの高さを一五メートル、温度マイナス二〇度、気圧一〇〇〇ミリバール（ヘクトパスカル）とする。こうして五月三一日が最後の太陽が顔を出す日と決まった。藤井が、早々とそれを報道文にして日本に送ってしまった。もはやのっぴきならない。五月三一日より前に、もし太陽が顔を出さなくなったら、また、六月一日になっても太陽が顔を出していたらどうしようか。そのときになって、それは気温等の条件によるのだと弁解しても、だれも聞いてくれないだろう。自分の面目は丸つぶれだ。自分のそんな心の中の心配も知らずに、皆は五月三一日が太陽最後の日だと無邪気に信じていた。こうなったら仕方がない。自分もその日に絶対の自信があるような顔をしよう。こういうときは、自分の心の動揺を外に現してはならない。

五月三一日。曇っていてくれたら、という心の中のひそかな願いをよそに、美しい朝焼けの日であった。朝食の後、自由時間。一二時にアンテナ・ポールに全員が集合

冬ごもりの太陽の動き

した。北の空は明るいが、太陽は確かに出ていない。一二時三〇分、北の地平線が輝き、無事に太陽が顔を出し、そして沈んだ。国旗を揚げ、だれが歌うともなく『蛍の光』の合唱が始まった。光芒《こうぼう》は五分ほどで消えた。この光芒の時間が毎日数分ずつ短くなっていくことは、これまでの経験からわかっていた。この分なら、あくる日には光芒はない。計算は正確であった。心の中でホッとする。いくつもの氷山が重なって見える北の地平線の彼方《かなた》の空は、鮮やかなあかね色に映え、去りゆく太陽を送るにふさわしい景観であった。

夜は盛大なご馳走《ちそう》。西堀隊長は飲めるだけ飲めと言うが、飲んべえたちは、いつも飲み放題に飲んでいるので、あまり深酒をする人はいなかった。この日、私は天文の理論計算が、意外と正確なものであることを知った。

冬ごもり生活

いよいよ太陽のない日々が始まる。六月一日から三日間は休日となった。作間が、それまで毎日交信していた相手にその旨を伝えた。

「三日間の休日を楽しまれたし」

「再び太陽を迎える日まで幸運の日々なれかしと祈る」

ソ連のミルヌィー基地や、オーストラリアのモーソン基地から、電報が相次いだ。六月六日、久しぶりに犬ゾリを走らせた。六月九日ごろから、基地は久しぶりに激しいブリザードに襲われた。風は七日から吹き始めた。七日には毎秒一〇メートルだったが、同夜から毎秒一五メートルとなり、九日夜には毎秒二〇メートルを突破、一〇日には一日中毎秒三〇メートル以上の風が吹きすさんだ。通路の各所から粉雪が吹き込んだ。

一〇日夜から一一日朝にかけ、基地は暗闇《くらやみ》の中で不気味な風鳴りに揺れた。一一日には、ついに瞬間風速毎秒四〇メートルに達し、二月一五日以来の記録となった。ヒユーヒュー、ザーザーと絶え間のない風と雪の擦《す》れる音、闇の世界だけに、その音が一段と不気味に聞こえた。雪はどんな小さい穴からも吹き込んできた。一一日朝は、ついに発電棟の入口の通路が、吹き込んだ雪で完全に埋まった。大塚が積雪の山の中をもぐって発電棟に入り込み、やっとのことで発電機を運転するという騒ぎもあった。さしものブリザードも一二日昼にはおさまった。被害はなかった。大方のものがすでに雪の中に埋もれていたからである。ただ、あとでわかったことだがこのとき、空のドラム缶が、何本も野を越え山を越え、遥《はる》か南西の西オングル島まで飛ばされていた。いかに空のドラム缶とはいえ、数十キロの重さがある。自然の威力に舌を巻いた。

ハムの楽しみ

冬ごもりが始まって、作間にも少し時間の余裕が出てきた。作間は少しでも時間のあるときには、せっせとハム通信の準備をしていた。六月一六日の日曜日、西堀隊長の許可も出たので、作間はハムの電波を出した。

「CQ、CQ、CQ、JA（日本のハムJAを呼び出すときのサイン）、こちらJA1JG（作間のコールサイン）」

日本では、昭和基地のコールを待っていたのであろうか。二〇～三〇局もあるハムが、どっと殺到してきた。澄んだ音。濁った音。種々雑多な音が混じり合って大変な混信だ。いかに耳を澄ましてもコールサインが判別できない。その中で、やっとJA1DO（東京、小石久太郎）のコールサインが判別できた。

「JA1DO、こちら昭和基地の作間です」

トンツーながら話が始まった。JA1DOと話が終わるや否や、割り込むようにW7RT（アメリカ、シアトルのジョン・T・グループル）が呼んできた。

「呼び出しありがとう。帰国次第、カードを送ります」

相手は日本と交信しているものと思っていた。「JA」が日本国内の共通のコールサインであるからだ。南極から、と聞いて驚いていたという。作間は自分のコールサインの後に「・ANT」をつけ、JA1JG・ANTとして、日本国内の他のハムと区別した。その日、三番目の交信相手はJA3AAA（大阪、福田弘）であった。福田は作間の大阪時代の友人であった。

「四、五日前からこちらはブリザード……」

二人の話は弾んだ。越冬が始まって四カ月、毎日一〇人の同じ顔しか見ることができず、そろそろ人恋しくなるころであった。意外なハムの好調に、作間は時がたつのを忘れた。

このときから、ハムは作間のひそかな楽しみとなった。往路、寄港したケープタウンのハム仲間とも、いつも長時間交信していた。南アフリカとは、距離が近いせいかよく聞こえた。中には、女性の局が出てくることもあった。トンツーなので、女性の生の声を聞けなかったが、ツツーツ・ツーツーとなる音は、心なしかやさしく、なまめかしい音に聞こえた。トンツーとはいえ、外界の女性と接することのできる作間の役得を、藤井がうらやんだ。あるとき、諦《あきら》めていた電話による通話が、意外にうまくゆくことがわかった。状態のよいときは、国内のラジオを聴いているようだった。作間はこの分ならと、かねて交信を続けていた東京のＪＡ１ＭＰ（長谷川氏）とひそかに打ち合わせをした。基地ではその日、全隊員が無線棟に集められた。交信が始まる。

「パパ、お元気？　早くお逢《あ》いしたいわ……」

おや？　覚えのある声だぞ。そうだ、西堀夫人だ。感無量の様子の西堀隊長。

去る四月、大陸偵察旅行を無事終えたお祝いと、ちょうど西堀隊長の結婚記念日、作間の二回目の結婚記念日、それに第二回目（二カ月目）の越冬記念日を祝う宴《うたげ》が開かれた。私の誕生日は四月であった。結婚記念日のない独身組をかわいそうに思ったらしく、藤井が私の誕生日もその中に入れてくれた。砂田が腕によりをかけ、大きいケーキを作った。そこには、「(西堀) 栄三郎、美保子」と「(作間) 敏夫、澄子」の二つの相合傘《あいあいがさ》が書いてあった。しばらくそれを眺めていた西堀隊長、突然ハラハラと落涙。思わぬ光景に、一同シーンとなる。

西堀隊長が結婚したのは、これより二七年前の四月一五日、春もたけなわのころであった。新婚旅行をすませた西堀夫妻は、かねて用意されていた、京都の吉田山の裏の新居に移ってきた。吉田山は桜の名所である。花どきには、まるで桜の花のトンネルのようになった細い道があちこちにある。西堀家の門柱の傍《そば》にも大きい桜の木があった。西堀夫妻が帰ってきたとき、その新居の門から玄関まで、桜の花びらがいっぱいに敷き詰められていた。西堀隊長は新妻の手を取り、その花びらを乱さないように新妻を玄関へ導いた。相合傘を見ていて二七年前のその光景を思い出し、西堀隊長は思わず落涙したという。

フーン。素晴らしいな。自分もそんな相手と結婚したい。その日、電話に出てきたのは西堀夫人だけではなかった。

「坊やがとっても大きく、かわいくなりましたわ……」

若々しい声が伝わってきた。声が続く。〃子の声に寒き夜さめて白夜想う〃〃夢はるか極地に続く冬の月〃へエーすごいなあ。だれだろう? 作間の顔がゆがむ。若い澄子夫人だった。作間には生まれたての一歳の男の子があった。

「あなた、体に気をつけて……来年四月には……」

声がとぎれる。つね子夫人(大塚)だった。しずゑ夫人(藤井)、光枝夫人(立見)、恵子夫人(菊池)はさすがに落ち着いたものだった。

「だれも話しかけてくれる人がいないなあ」
村越がぼそぼそ言った。村越もまた、独身であった。

辛い仕事

真っ暗のときのブリザードほど気を滅入らせるものはない。そうでなくても、いつ外へ出ても真っ暗な日々が続くと、自分の気持ちが沈んでくることがよくわかった。沈むばかりではなく、イライラしてくる。仕事をする意欲がなくなる。ただ、じっとしていたい、無気力な感じになる。

隊員はそれぞれ担当する仕事を持っていた。しかし、いずれもいわば〝自由〟な仕事であった。藤井の報道にせよ、気が乗らなければ、一週間や一〇日間くらい原稿を書かなくても、別に支障があるというものではなかった。しかし、二、三の人には、毎日せねばならない定常的な仕事があった。大塚は毎朝六時に起き、発電機を始動しなければならなかったし、作間には、毎日決まった交信をせねばならない相手があった。だが、発電を、時には息抜きのために二、三時間遅らせることもあったし、通信は磁気嵐のため〝公休〟となることがあった。

この中で、息抜きのできない仕事が一つあった。村越の担当する気象観測である。

村越は旧満州で生まれた。もの心ついたとき、ちょうど日中関係が怪しくなっていた。その影響は、真っ先に辺境の地に現れた。子供心ながら、いつ襲われるかわからないという恐怖の記憶は、今でも鮮明に残っているという。そして、その恐ろしさに比べると、自然の恐怖など穏やかなものだという。満州で第一中学校から海軍兵学校に入った。二年のときに終戦となったので実戦を知らない。

終戦ののち、気象庁に入った。富士山測候所に勤務することになって四年間を富士山頂で過ごした。富士の自然は厳しい。とくに冬期、山頂では気温はマイナス三〇度まで下がり、風は毎秒三〇メートルも吹くことがあった。だが、村越は勤務交代のとき、雨が降ろうが風が吹こうが、その期日をきっちり守った。富士山の次は、大島測候所行きである。村越が独身で身軽だから、という理由だった。大島生活のある日、新聞で日本が南極へ観測隊を送る計画があることを知った。満州の中でも辺境に生まれ育ち、富士山頂、大島、といわば僻地《へきち》に生きてきた村越には、これこそ〝へきち〟の極みのような気がした。それに南極の氷雪の世界は、生まれ故郷の満州を思い出させた。南極行きの希望を所長に申し出た。当然公募があるはずだ。それを待て、と所長は言う。公募文書が回ってきた。もちろん、村越はすぐ所長を訪れた。

「きみなんか九〇パーセント駄目だよ、村越君」

所長は大声をあげて笑った。

「一〇パーセントも可能性があれば十分です」

ここで引き下がってはならない。村越はねばった。

「九九・九パーセント駄目だよ」

そう言った所長が、数日後「こんなのでどうだい」と、推薦状を見せて寄越した。そこには「満州生まれ。海軍兵学校、富士山、大島勤務など、遠隔地、寒冷地での窮乏生活に耐え、共同生活の経験あり」などと書かれてあった。

昭和三一年（一九五六年）二月のある日、突然、東京管区気象台から呼び出しがあった。南極観測に向けての乗鞍《のりくら》訓練参加のためだった。


南極での村越の仕事は一日四回、六時間ごとに基地の外の百葉箱で、気温、気圧、湿度などを測定することだった。天気のよい日はなんでもないが、ブリザードのときなど、帰ってくる村越の姿は、吹きつける雪のためにいつも真っ白になっていた。去る三月のブリザードのとき、風速は最高毎秒五〇メートルを超した。百葉箱は基地の建物から数十メートルしか離れていないが、激しいブリザードのときは、その距離さえ十分危険な距離となった。

初めてのブリザードで、われわれが不安な夜を過ごしていたときも、村越は観測に出かけた。大陸へ遠足に行った日、村越はそれに参加せずに観測業務を守った。そして、この冬ごもりの暗黒の中のブリザードでも、やはり村越は欠測しなかった。夕食ののち、皆が一杯入ってご機嫌のときも、村越は時間が来ると何気なく席を立った。時計を見ると観測の時間であった。自分など、オーロラの観測といっても、多分にそのときの気分まかせであった。「犬ゾリの訓練で疲れた、今日くらいはよかろう」などと横着を決めたこともしばしばあった。

宗谷の中では、ひどい船酔いが彼を苦しめた。いつも青い顔をしていた。大丈夫か、とよそながら心配したこともあった。それがどうだ、この強さは。村越のこの態度は、一年間変わることなく続き、とうとう一度の欠測もなかった。

長髪先生

基地の一〇人の健康は、長髪先生こと中野によって管理されていた。長髪とは学生時代からの彼の呼び名である。伸ばしたその髪と髭《ひげ》は、一見、仙人の風貌《ふうぼう》があった。総じて一一人の健康は良好であった。越冬が始まって一、二カ月のあいだ、中野の仕事はもっぱら犬たちの食糧のためのアザラシの皮剝《は》ぎが主であった。建設、輸送期間中に強い日差しを浴びて真っ黒に日焼けした皆の顔は、三月から四月になると次第に黒い色があせ、つやがなくなり、やがて黄色っぽくなっていった。明らかに太陽が出ないことによる影響であった。この影響は、顔色に対してだけではなかった。

冬が来て、いつも外が暗いと、何かイライラする感じがある。人の癖はなくて七癖。「貧乏揺すり」など、よくある癖である。貧乏揺すりを隣の人がしているのを見ても、日ごろは、あまり品のよい癖ではないな、と思う程度である。だが、この冬ごもりのころになると、食事のときなど、隣の席で貧乏揺すりをされるとどうも気になる、といった現象が出てきた。気になるのを打ち消そうとすればするほど、ますます貧乏揺すりが大きく感じられた。ときとして、わざと大きく「揺する」のではないか、とさえ思われることもあった。神経が鋭敏になってきたのだ。

中野がこの〝神経〟を測り出した。〝神経〟を測るには、ノギスの先端の尖《とが》っているほうを、例えば腕の内側の皮膚に少し力を入れて押しつける。被験者は目をつむって、触れられている点が二点と感ずるか一点と感ずるかを答える。だんだん間隔を狭めて、二点が一点に感じる距離を測る。不思議なことに、冬ごもりに入るとこの値も平均して短くなっていった。つまり、〝神経〟が鋭敏になるほど、この間隔も短くなるのだ。貧乏揺すりの〝神経〟は心理的なもので、測定の〝神経〟は生理的なものだが、これらの〝心理的〟なものと〝生理的〟なもののあいだに関連があるのは面白かった。これで「病は気から」という諺《ことわざ》が実地に裏づけられた。

血圧も平均して二〇ミリメートル（水銀柱）ほど低くなった。便通も悪くなった。

毎日一回という人は少なく、三日に一回、中には四、五日に一回という人もあった。これほど体のすべてが〝冬ごもり〟をしている中で、神経だけがピリピリしていた。これほどまでに、太陽はわれわれの体に影響していたのか。

中野の治療法は一風変わっていた。中野式と言うべきか、「病は気から」を地で行く、ある種の精神療法である。西洋医学を過信することなく、なるべく薬品を用いない、自然療法を至上としていた。神経がピリピリし、不平や不満が隊員の口から出てきたとき、中野はよくその隊員と酒を飲みながらそれを聞いていた。皆は中野に話すと、不思議に気持ちがおさまった。ときどき腹痛を起こす隊員が出た。中野は、重々しく赤ちんをヘソの周りに塗り、

「これはマーキュロと言いまして、大変よく効く薬なんですよ」

と真面目《まじめ》な顔をして説明する。まさか、と思うがこれで腹痛が治った。

自分自身も、これに似たような経験をした。あとで述べるが、カブース（移動観測小屋）の火事を引き起こした朝、「事」がすっかり片付いたあともなかなか眠れなかった。考えると、その前日の朝、七時に起きてその夜は徹夜でオーロラ観測をしたのだから、もうかれこれ三〇時間も寝ていないことになる。いつもなら、徹夜明けの朝は午前六時ごろ眠りにつき、一二時ごろ起き出すのが常だった。その日は、火事のために神経がたかぶってピリピリしていた。そこで中野が鎮静剤なるものをくれた。こ

れを飲むと、気分が軽くなるからよく眠ることができるという。飲むと、なるほど気分がすっかりよくなり、夕方までぐっすりと熟睡した。それは睡眠薬だと思っていたのだが、「あれはビタミン剤だった」とあとで中野が言っていたと佐伯が教えてくれた。普通なら、こんなことは医師への不信につながる。だが長髪先生は別だった。実際それで熟睡できたし、腹痛が治った。これは、患者が医師を心から尊敬し、信頼していたからであろう。長髪先生にはそういうところがあった。このような効果は西洋医学でも定義されている。擬似薬効果（プラシーボ）と。

健康は概して良好だったが、歯は大なり小なり全員一様に悪くした。正確に言うと、西堀隊長だけがその例外だった。それは西堀隊長の歯が、総入歯だったからだ。七月の末のある日、砂田が歯痛を訴えた。猛烈に痛むらしい。痛い痛いと大変な訴えようである。中野が診察して、歯茎の一部を切開することになった。中野の専門は解剖学と人類学である。だから、歯の手術などしたことがないと言う。だが、中野にとって、歯の手術くらいなんでもなかった。

中野は天草の、ある村の医家に生まれた。そして本渡《ほんど》の中学校に進んだ。中野の生まれた村から本渡へは、現在なら車で一時間ほどだが、当時は恐らく一日がかりであったろう。村から本渡の中学校へ初めて入学したというので、村中で祝ったというから、当時は相当に草深いところであったらしい。そうした環境が、中野をして、都会的なものより、自然のままに生きる環境を好ませることになった。このことは、中野の素朴《そぼく》な人柄にも現れ、また、中野の医学に対する態度にも現れていた。

大学は北海道大学の医学部に入った。入学と同時に山岳部に入り、春も夏も秋も、そして一番難しい冬にも、大雪山系の山々を歩き回った。そのころとしては珍しく、髪を長く伸ばしていたので、〝長髪〟というニックネームで後輩に慕われていた。中野は医学部を卒業すると同時に、第一解剖学講座の助手に任命された。そして樺太《からふと》の豊原《とよはら》(現・ユジノサハリンスク市)に国立医科専門学校が設立(昭和一七年ごろ)されると、開校と同時に選ばれて赴任し、教授となった。

やがて終戦。学校閉鎖、現地での混乱。そこでは医者が少なく、医学校の先生というだけで患者が殺到した。中野は解剖学専門で、臨床は経験がないなどと言っても通じるはずがなかった。最後の人たちの引き揚げが終わるまで、市中の病院で働いた。内科、小児科、皮膚科、果ては産婦人科までやらされたという。

あるときのことだ。マムシに嚙まれたという女性がかつぎ込まれてきた。その人は奥の部落から引き揚げてきたのだが、すでにマムシの毒は骨髄にまで回っていた。一刻を争う。もはや、脚を切断するしかない。だが、病院には脚を切断できるような、本格的な外科医はいなかった。皆尻込《しりご》みする。そうした中で、一番近い専門が中野の解剖学だというので、この手術を引き受けることになった。中野はそのとき、少しも動ずることなく、手術台の傍《かたわ》らに外科の教科書を置き、看護婦にページをめくらせながら、ゆうゆうと、手術をやってのけたのであった。患者の手術後の経過は順調で、松葉杖《まつばづえ》の世話にはなったが、無事帰還できたという。

最初の南極越冬には、恐らく何の設備も持ってゆけないだろう。そんなところの医者は、何はなくても、まず隊員の精神的な拠《よ》り所となり、そして外科はもちろん、内科、その他のあらゆる医学分野をこなす人物でなくてはならない。そうしたことから、中野が越冬隊員に任命された。

太陽の再来

太陽と別れて四三日ぶりに、再び陽光を仰ぐ日が来た。この太陽のない、暗黒の日々の期間の長さは、その場所の緯度によって決まる。極のほうへ行くほど長くなり、極点では半年、太陽の出ない期間が続き、あとの半年は太陽の沈まない日々が続く。地平線下に太陽が沈んでも、ある程度は薄明が続くので（天文学上では、地平線下一八度までを薄明という）、極点でも、実際に暗黒の日々が続くのは四～五カ月である。

昭和基地では、七月一三日が太陽再来の日であった。その日はどんよりとした曇りで、ついに陽光は見られなかった。この日、休日。太陽を迎える喜びと、中野（七月七日）、村越（七月九日）両名の誕生日と、それに七月の越冬記念日をまとめて、盛大な祝宴が張られた。これで冬ごもりを終え、いよいよ春。これから大陸への旅行の準備が始まる。

去る三月のブリザードで割れたオングル海峡の海氷は十分に厚くなり、雪上車の重さに対してもビクともしない厚さになっていた。冬ごもり明けとともに、基地はにわかに忙しくなった。食堂では航空写真をにらみながら、西堀隊長、中野、立見らが春の南極大陸旅行の計画を立てる。この航空写真は、一九三七年（昭和一二年）にノルウェーのクリステンセンが撮ったものと、一九四七年（昭和二二年）にアメリカのハイ・ジャンプ作戦の際に撮影されたもの、さらに宗谷停泊中に「サチ風号」が撮影したもので、全部合わせると三五〇〇枚にも及んでいた。その中の一枚には茫漠《ぼうばく》とした白い砂漠の真ん中に一つの山が屹立《きつりつ》していた。ボツンヌーテンだ。そして、その先の地平線に、拡大鏡で見なければわからないほどだが、かなり大きい山脈らしいものが写っていた（あとで思えば、これが「やまと山脈」であった）。

工作室の隣のガレージでは、雪上車のエンジンの交換が始まった。立見や佐伯が、機械主任の大塚を助けて作業をしていた。犬小屋では、その通路を工作室として、犬ゾリの修理が行われていた。ガレージも犬小屋も、外気温と同じでマイナス三〇度。防寒具に身を固めての作業だ、それでもすぐに手足がしびれる。そのたびに食堂に飛び込み、手を暖めた。そこで飲む一杯のインスタント・コーヒーのうまかったこと。

私たちの旅行目標は、大きく三つに分かれていた。

その一つは、昭和基地の南二〇〇キロメートルにあるボツンヌーテン。そして、もし可能ならば、さらにその数百キロメートル奥の彼方に広がる未知の山々。

その二は、長頭山（ラングホブデ）から南、リュツオ・ホルム湾奥へ広がる露岩地帯。

その三は、昭和基地の東北に広がるプリンス・オラフの未知の海岸の地域。

そして、このほかにリュツオ・ホルム湾を隔てた西に位置するクック半島も、訪れたい地域であった。これらの目標地域のうち、最大の目標は、なんといってもボツンヌーテンであった。だれもが、ボツンヌーテンへの旅行に参加することを熱望していた。ボツンヌーテンへは雪上車で出かけることになっていた。

コースは二つ考えられていた。一つは、基地からオングル海峡を渡って、大陸に登り、長頭山地区の裏側を経てボツンヌーテンに至るルート。もう一つは、基地から海氷上を南下してカエル島に至り、さらに南の対岸の上陸点を探し、そこから大陸上をボツンヌーテンに至るルートであった。

去る四月の長頭山地区への予備旅行は、この第一のルートを探る意味合いをも含んでいた。しかしこの予備旅行や航空写真による調査の結果、第一のルートを取ることは、いくつかのクレバス地帯や奥の大氷河（白瀬氷河）を横切らねばならず、でなければ大迂回《うかい》ルートを取ることになり、不利であることがわかった。残るはカエル島ルートのみである。

カブースの火事

ところで基地の主屋棟や居住棟から二〇メートルほど離れた所に、カブース（移動観測小屋）が設置されていた。その中には、机と小さい本棚、それに石油ストーブが一台置いてある。小さいながら、わが〝オーロラ観測所〟だ。オーロラの饗宴《きょうえん》は、普通、夜の一〇時ごろから始まって朝の四時ごろには終わる。しかし、時には六時ごろまで活動を続けることもあった。

その日（七月二四日）は、朝の四時までオーロラ観測に忙しかったが、五時近くになって活動も一応終わったので、かねて西堀隊長に借りていた、モーソンの『嵐の故郷』を読み出した。本の中では、モーソン、ニンニス、メルツの三人が、オーツランドのクレバスの多い地帯を犬ゾリで旅行している。先に立ったメルツが、ここは危険地帯だぞ、というサインを後続のニンニスに送り、前進を続けている。とそのとき、後ろの異様な物音にメルツが振り返ると、そこには大きな穴がぽっかりと開いているだけで、ニンニスとソリ犬たちの姿はどこにもない。ヒドン・クレバス（雪などでその表面が覆われているクレバス）に落ち込んでしまったのだ。さあ大変だ。どうするか。物語の面白さに眠気はすっかり吹っ飛び、頭は冴《さ》えていた。

ポンポンポン……。物音一つしないしじまの中で、発電機の始動の音がした。ふとわれに返る。時計の針は六時を指していた。大塚が起き出したらしい。眠くはないが、体のためにはそろそろ眠らなくてはならない。それにしても何だか少し煙い。ふと見ると、煙が軽油ストーブの煙突の継ぎ目から少し噴き出していた。このストーブは、去る三月のブリザードでカブースが吹き飛ばされたときに、一緒に被害を受けたものである。そのとき、燃料のコントローラが壊れてしまったため、手動で軽油の量をコントロールしなければならなくなっていた。だから、ときどき不完全燃焼を起こし、そのときに出る猛烈な油煙のために煙突が詰まるので、いつも気をつけて、絶えず掃除する必要があった。煙突をこづいてみる。ゴンゴンゴンと鈍い音がした。

「ハハァ、詰まっているな……」

私は燃料コックを閉じ、煙突の底蓋《そこぶた》をはずして、煙突をコンコンコンと叩《たた》いてみた。すると、ガサガサガサッと洗面器に一杯ほどのススが落ちてきた。カブースの中はもうもうたるバイ煙。煙突をもう一度叩いてみる。コンコンコンと澄んだ音を出した。煙突内のススがすっかり取れたのだろう。そこで底蓋をはめ、火をつけた。ほんの一〇秒ほどたったとき、突然、ゴーとストーブがうなり、ものすごい勢いで燃え出した。煙突の引きがよくなったからだ。

そうこうするうち、どこから出たのかわからない（と、当時の日記に記してある）が、突然に火の粉が飛び出してきた。その火の粉が、以前から床のゴムシーツにこぼれていた油に飛び散った。悪いことには、その油を吸い取るための紙がその油の一部の上を覆うように置いてあった。その紙は、油をいっぱいに吸っていた。アッという間にその紙はメラメラと燃え出し、たちまち床のゴムシーツの油に燃え移っていった。

だが、まだあわててはいなかった。傍に消火器があることを知っていたからだ。さっそく、その消火器を取り上げ、安全ピンを抜きレバーを押した。が、ホースの先からほとばしり出るはずの化学泡沫《ほうまつ》が出ない。消火器を逆さに振っても、ウンともスンとも働かない。あわてたのはこのときからだ。燃料タンクからストーブ本体への燃料パイプには、普通、銅管が使ってある。去る三月のブリザードでカブースがゴロゴロと転がったとき、この銅管がねじ切れてしまったので、その代わりにビニールチューブを使っていた。今、火はそのビニールチューブの下で燃え広がりつつある。ビニールチューブが熱のために溶けて、中の燃料が流れ出たら大変だ。

このときすでに、気が動転していたらしい。燃料タンクのコックを閉じることを思いつかなかった。床に這《は》った火を踏み消そうと、必死でやったが駄目。そこで大塚に助けを求めに走った。だが、発電棟の消火器を三つ抱えて戻ってきたときには、火勢はもはや手に負えないほど大きくなっていた。大塚が皆の応援を求めに走った。全員が起き出してきた。そのとき、燃料タンクからのビニールチューブが溶け、中の燃料が床に流れ落ちたらしい。一段と火の勢いが増した。カブースは、ブリザードのためにひしゃげたものを整形したものだった。ワイヤーロープで両側に引っ張り、その先端に軽油の入ったドラム缶をくりつけて、重しの代わりにしていた。火はゴーゴーと燃えさかり、勢いはますます強くなっていった。一〇メートル離れていても、顔が熱い。

西堀隊長は火に近づくことを禁じ、皆は遠巻きに燃えるカブースの姿を眺めているばかりだった。慚愧《ざんき》、悔恨《かいこん》……そういったものが自分の背筋を貫いて走った。そのときである。ゴボッ！　という妙な音がした。重しの代わりにしていた軽油のドラム缶が、熱で膨張したために起こった音であった。再びボコッという音がした。ドラム缶がますます膨れる。これは危ない。今にドラム缶は破裂してしまう。あれが破裂したら、中の軽油に引火し、火は飛び散って主屋棟に燃え移るかもしれない。どうしよう。犬たちも火が大きくなるのを見て狂ったように吠《ほ》え続けていた。ドラム缶が爆発したら犬たちも危険だ。菊池が犬たちを移動し始めた。と、中野が大きい雪のブロックを抱えてドラム缶に近づいていった。そのドラム缶は、まるでラグビーのボールのようにイビツに膨らんでいた。

「長髪つぁん、危ない！」

私は叫んだ。西堀隊長も何か叫んでいる。中野を制止している声だ。だが中野はずんずんドラム缶に近づいていく。膨れ上がったドラム缶の上に雪のブロックを置いて冷やそうと考えたらしい。しかし、それは危険だ。ドラム缶は今にも爆発するかもしれないのだ。

「長髪つぁん、やめてくれ！　戻れ！　戻ってくれぇ！」

止めに走ろうと思っても足が前に出ない。

「なんだ、北村、ダラシがないぞ！　自分の不始末ではないか！　行け！」

頭のある部分ではそう叫んでいるが、心の別の部分では、

「行くな！　爆発するぞ！」

と止めているものがあった。中野は火の勢いに一度は追い返されたが、隙《すき》を見て再び突進した。大塚もこれにならって、雪の大きい塊を抱えて火に突っ込んでいった。中野の横顔が、火を映して真っ赤に見えた。伸びた髭が、鍾馗《しょうき》様のように逆立っていた。三メートル、二メートル……。そして、ついにドラム缶の上に雪のブロックを載

せた。ジューと音がしたように思った。

私は中野の剛毅《ごうき》さに驚嘆した。中野こそ本当の勇者だと思った。私は自分自身をそれほど臆病《おくびょう》だとは思っていない。山で滑落したこともある。まさにカミソリほどの馬の背中の稜線《りょうせん》、その両側は目もくらむ深い谷に落ち込んでいるところを、さほど恐ろしいとも思わずに渡ったこともある。黒部《くろべ》で深い滝壺《たきつぼ》にダイビングしたこともあった。そのいずれも、あまり恐ろしいとは思わなかった。宗谷が出航するとき、ひょっとしたら、自分はこの旅で命を落とすことになるかもしれないと思い、心の準備はしていた。だから、その心構えができていたはずであった。それが、あの火勢を見て足がすくみ、どうしても前に出ることができなかった。

中野には、かねて〝剛胆の人〟との評判があった。だが、平常の中野の表情は穏やかで、それがどんなものであるかは、その表面からはうかがい知ることはできない。この火事のときの中野の姿を見て、私は中野がその評判どおりの人であることを知った。

なお、消火器が働かなかったのは、次のような理由による。三月のブリザードの後、消火器が壊れていないかテストをするために、その消火器を一度作動させてみた。泡沫は勢いよく噴出し、消火器が正常であることを確認した。だが、この種の消化器は、一度作動させると、その後は自然にボンベの圧力が抜けて、使えなくなることをそのときは知らなかった。「確認テスト」がかえって仇《あだ》となったのである。

ペンギン・ルッカリー探査

冬ごもり前になって、やっと犬の訓練に専念できるようになった。シロがまがりなりにも先導犬として役に立つ気配を見せてきた。しかし、まだソリ・チーム全体がうまく行動したという実績はない。ボツンヌーテンへは、雪上車で行く予定になっているが、犬ゾリも行動をともにすることになるかもしれない。そのときに、また犬たちが不様な姿を見せないようにしなければ……。そのための訓練は、漸進的にコースを延ばしてゆくのが一番いい。まずオングル島一周。そして、次第に南下を始め、ルンパ、シガーレン、ユートレなどのリュツオ・ホルム湾内の小島を偵察することにした。

宗谷停泊中に、「サチ風号」がリュツオ・ホルム湾を偵察飛行したとき、たまたまある小島にペンギンが群棲《ぐんせい》しているのを藤井が目撃した。それがユートレ島かどうかは、必ずしも明らかではなかったが、犬ゾリ訓練旅行としては、このペンギン・ルッカリー（群棲地）の探査はまことに適当な目標であった。

冬ごもり明けの犬の訓練再開は、まず、犬ゾリの掘り出しから始まった。冬ごもり中の何回かのブリザードで、基地のあちこちに吹きだまりが発達していた。吹きだまりは、まったく思いがけぬところにできるものだから、不用意にその辺に置いた物資は、どんどん雪の下に姿を消した。雪に埋まると、いかに記憶というものがあやふやであるかがよくわかった。雪が積もると付近の風景は一変し、それまでの、物が置かれた位置についての記憶はご破算となる。

そんなとき、思わぬ能力を発揮したのが、〝トンコ〟こと佐伯であった。トンコは立山《たてやま》の麓《ふもと》の芦峅寺《あしくらじ》という小さい村で育った。冬が来ると雪が降り積もり、すべてのものが雪の下に埋もれた。そこで、小さいころから、雪が降る前に、すばやく物が置いてある場所を覚える習慣が、知らず知らずのうちについたという。この、小さいときから培われた能力が、思いがけず昭和基地で威力を発揮することになった。

「おい、トンコ。あれはどこに置いたかなあ」

トンコに相談を持ちかけると、トンコはしばらく現場のあちこちを歩き回った末、「この辺だ……」と指摘する。そして、大抵の場合はそこから出てきた。ソリや多くのものが、彼のお陰で掘り出された。

犬の食糧

犬の食糧は、大きく分けて基地食と行動食が用意されていた。

基地食は〝ドッグ・フード（馬肉・小麦・トウモロコシを主にしたもの）〟で、一食分ずつ一・三キログラムの缶詰になっていた。犬たちはこれが一番好物のようであった。基地では、時間が十分あるときにはこのドッグ・フードを与えたが、一九頭分の缶詰を開けるだけでもちょっとした労力を要した。基地食にはもう一つ、〝ドッグ・ミール〟というものがあった。これはドッグ・フードと成分はほぼ同じだが、四五〇グラムの粉末状でポリエチレンの袋に入れてあった。一袋一・五頭分に相当した。朝、このドッグ・ミールをバケツに入れ、湯を注いでおくと、夕方にはふやけ、ちょうど食べごろの硬さになっていた。

行動食には、〝ドッグ・ペミカン〟というものがあった。これは旅行用に用意されたもので、乾燥させた鯨肉に牛脂で練った小麦粉をまぶしてビスケット状にしたもの。一食分六〇枚で、重さは六八〇グラムであった。

犬の体重は、越冬開始以来低迷を続け、稚内当時より二キロも減っていた。これではいけない。犬の牽引力《けんいんりょく》は、自己の体重の約二分の一が目安だといわれている。つまり、体重が重い犬ほど荷をよく曳くことになる。冬ごもり明けの訓練再開に当たって、彼らの体重を増やしたい。犬たちだって、腹が減っては戦さができないだろう。そこで、食餌《しょくじ》を五〇パーセント多く与えることになった。

冬ごもり中に南極大学が開かれ、各人が得意とするところを講義した。西堀隊長の推計学、中野の人類学、藤井の社会（経験）学、立見の地質学……といった具合にである。中でも圧巻は西堀隊長の推計学で、長講六回に及び皆を悩ました。推計学とは、原因が何であるかを推計する学問である。

ところで犬の食餌量を増やすに当たって、西堀隊長のこの推計学を応用しようと考えた。そしてドッグ・ミールを与えるもの、ドッグ・ペミカンを与えるものなど、一つ一つ記録を残していった。しかし、食餌量を増配すると、あとのことが心配だった。犬たちの食糧は宗谷停泊中に流されたりして、絶対量が不足している。その分は、アザラシを捕獲して、どうにか一年のめどをつけていたが、ここで五〇パーセントもの増配をすると、あとの食糧計画に狂いが生じる。

菊池が隊長のところに相談に行った。意外にあっさり西堀隊長は了承し、そのうえ、不足したら人間の残飯や食糧で補うという保証も得られた。きっと、推計学を使うというのが隊長の気に入ったのかもしれない。

結果は上々の出来ばえであった。一カ月のあいだに、極端なケースだがゴロは七・四キロ、ヒップのクマは七キロの体重増加となった。それにはドッグ・ペミカンが、推計学でいうところの有意な原因であることがわかった。犬たちの体重は、一挙に平均三キロも増加した。このペミカンなら、長期の旅行にも体力を保持できそうだ。

訓練再開

八月一日からまた訓練を始めた。犬たちは、基地の風下の吹きだまりの上につないでいた。ソリに曳き綱をつけ、一頭一頭曳き綱に配置する。このときが大変であった。犬たちはハヤりにハヤッているし、うっかりすると用意ができないうちに人間を置いて駆け出してしまう。菊池がソリのブレーキを踏み、犬たちを睨《にら》み回す。

「クマァ！　ブラァイ！」

少しでも動く気配があると叱《しか》り飛ばす。この犬の係留地から、緩い、しかし不整な下り坂が海氷に続いている。朝出発するときは、犬たちはエネルギーがあふれているから、ソリも軽い。おまけに、道は緩い下り坂で、しかも不整地。そこを猛烈な勢いで駆け下る。だからソリを倒さないように、ブレーキを踏み、ヨットのように身を右に左にのけぞらせてバランスを取る。まるでソリの曲乗りである。訓練を再開したものの、犬たちは冬ごもり前に覚えたことをすっかり忘れていた。再び、「トウトウ、カイカイ」から始めなければならなかった。

訓練は、八月二日のオングル島一周（走行一八キロ、平均時速七・二キロ）を皮切りに、八月八日の島めぐり（走行三四・七キロ、平均時速六・四キロ）、九日ルンパ島行（走行四二・〇キロ、平均時速六・〇キロ）と急ピッチに距離を延ばしていった。

われわれ二人に、砂田、作間、村越など、日ごろ旅行に出かける機会の少ない人たちが交代で荷物代わりにソリに乗る。こうして常に三～四人が乗った。衣服を含めた平均体重を、一人当たり七〇キログラムとして、総重量三〇〇キログラム前後の荷重を常にかけたことになる。それで平均時速六～七キロメートルだから、まあまあの成績であった。

日がたつにつれてシロは次第に調子を上げていった。ルンパ島にもどこにも、ペンギンの気配はなかった。一日行程の訓練行動は、このルンパ島までが限度であった。これ以上は一泊しなければならない。

ところで、訓練中には、よく風が吹いた。それをまともに受けると嫌なものだが、なんとか利用できないものだろうかと考え、菊池の発案で帆を作ることになった。八月一二日、いよいよ犬ゾリ初めての一泊旅行と決まった。

ユートレの嵐

八月一二日朝、いつもの東北風がかなりの強さで吹いていた。この風なら帆がかけられる、と期待していたのに、出発するころになると、ほとんど風は沈静化してしまった。空は曇り空。午前九時、全員の見送りを受け、中野をリーダーに、佐伯、菊池とそれに私は、一台のソリ、一五頭の犬とともに基地を出た。ユートレ島にペンギンのルッカリーを捜しに行くのが目的であったが、そのほかに、春の旅行に備えて、テント、装備、食糧のテストなど、多くの課題を抱えていた。

オングル島の南端まで快調に飛ばす。今まで何度も訓練で走った道なので、先導犬のシロは迷うことはない。だがまだ長い距離になるとまっすぐに走れず、右へ右へと曲がる傾向がある。だが、大して大きく曲がらないから、この程度なら概して良好。

天気は次第に悪くなりつつあった。オングル島の南端を離れるころ、視界も悪化し始め、長頭山系もかすみ出した。走るほどにガスはますます濃く、ルンパ島もその姿を消し始めてきた。この様子だと、間もなく先がほとんど見えなくなりそうだ。

「今のうちにコンパスを読んでおこう。目標はシガーレン」

中野が指示する。B島を過ぎ、E島に着いたころは、すっかりガスが本格化し、何も見えない中を、ただコンパスを頼りに進んだ。自分はソリを降り、シロの前方十数メートルのところを走った。何も見えないので、自然にルートが右へ、左へとそれる。

「北チャン、もう少し右！　よし、それでＯＫ」

菊池が大声で修正する。南風が吹き出した。小雪まじりの風に顔面が痛い。シガーレン島の一キロメートルほど手前で昼食。寒いので食事もそこそこに出発した。雪面は次第にやわらかくなり、くるぶしを埋める深さになる。シガーレンは東側に緩い傾斜をもって海氷に接していたが、西側は三〇〜五〇メートルの絶壁になっていた。島の周囲にはタイド・クラック（海の潮汐《ちょうせき》によってできる海氷の割れ目）があり、あちこちに水がしみ出している。プレッシャー・リッジを越え、島の西側の絶壁の下を進む。プレッシャー・リッジとは、圧力がかかって海氷の割れ目が盛り上がり、川の堤のようになったものである。小さいものは楽にまたげるものから、大きいものは、それこそ川の堤防ほどのものもある。

ノルウェーの地図では、シガーレンは二つの島で成り立っているが、実際には三つまたは四つの小島から成り立っているように見えた。そこにはペンギンが棲息《せいそく》している気配はまったくない。あたりは老化した氷山が密集し、まるで氷山の墓場のような観を呈していた。台状氷山の角は取れ、丸くなり、明らかに年月を経ているのがわかる。

ここで風が次第に南から東北に変わった。視界は一〇〇メートルくらいだろうか。針路を南西方向に取って進むと、間もなく行く手に島影がおぼろに見えてきた。ユートレ島だ。島の手前、五〇〇メートルくらいのところにアザラシの穴が数個あった。シロがそこを嗅《か》ぎ回ったが、アザラシがいる様子はなかった。ユートレもシガーレンと同じように、東側の地形は緩やかだが、西側は四五〜七〇度の傾斜の断崖で、二〇メートルくらいの高さから一気に海へ落ちていた。

視程がほとんどない中を、方位を失わないようにしながら、この絶壁に沿ってソリを南へ走らせた。ユートレの南西にある小島は、地図上では二つあり、便宜上F、G島と呼んでいたが、眼前のF、G島は、実際には三つあるように見えた。やがて絶壁は終わった。東のほうへ回り込んで湾内に入った。

ブリザードに巻かれて

午後二時四五分、もうあたりは薄暗い。雪が静かに舞っていた。無気味なほど静かであった。そろそろキャンプの時間だ。中野がキャンプ地の偵察にひと足先に進む。そのときである。湾の奥の方に雪煙が上がるのが見えた。何だろう。と、その雪煙は積もった雪を巻き込みながら、どんどんこちらへ迫ってくる。まるで、灰色の巨大な土手がこちらへ向かってくるように見える。

「?？……」

「ブリザードだ！」

菊池が叫んだ。犬ゾリは湾の中ほどにかかっていた。周囲には何一つ風を防ぐものはない。この場所は不利だ。少し戻れば岩がある。その岩陰を利用しよう。ソリを戻そうとしたとたん、一陣の風がさっと吹いた。アッ、と思う間もなく、ブリザードに巻き込まれた。もう何も見えない。

ソリの上のマットが瞬間的に風下に飛んでいった。ゴーゴーという風の音とともに、雪が吹きつけ、顔も上げられないほどだ。ほんの五分前までは、静かに雪が舞っていた。それが今は雪嵐の修羅場と化している。一〇メートル先は、もう見えない。

中野がやっと帰ってきた。よかった。テントを張ろうとしたが、下は蒼氷《そうひょう》で硬く、ペグ（テントの張り綱を大地に固定するための大きい釘様《くぎよう》のもの）を受けつけない。やっと五〇メートルほど進んで、雪が少しでもありそうなところを選び、キャンプすることにした。犬たちは、早々と丸くなって雪中に姿を没してしまっていた。ヒップのクマなど、もはやどこにいるのかわからない。

この間ほんの一〇～二〇分。ものすごい風の中で、飛ばされないように押さえながら荷をほどく。それでも押さえている手を振り切って、何か袋のようなものが飛んでいく。

テントを張り始める。バタバタとものすごいハタメキようだ。ペグが利かないので、佐伯がまず中に入り、自らを重しとしてテントが飛ばないようにした。雪のすぐ下が氷で、普通のペグが受けつけられず、有効なペグは四本しか打ち込めなかった。荷物を放り込み、四隅を押さえ、やっと風上のみにステイ（固定用の張り綱）を取る。風はますます強く、テントの支柱は、今にも折れんばかり。菊池がオーバー手袋を飛ばしてしまった。やっとのことで皆がテントにもぐり込み、なんとかストーブに火をつけた。ストーブのゴーゴーという音にホッとする。テントは今にも張り裂けんばかりだ。今夜一晩もつだろうか。風は強いが、気温が低くないので助かる。もし気温がマイナス二〇度以下でこの風だったら、助からないだろう。

夜中に、万一テントが裂けてもいいように、手袋をはめ、完全装備で寝袋にもぐり込んだ。あとでわかったことだが、このとき昭和基地では、西堀隊長が無線で中野隊をしきりに呼んでいた。そうだ、われわれはラジオを聞くことをすっかり忘れてしまっていた。いや、実はそれを思い出すだけの心の余裕がなかったのだ。夜半、テント地を通し、さらに寝袋を通して風が入ってきた。風上側は寒いが、風下側は暖かい。何度か寝返りを打つ。この夜、かわいそうだが、犬たちは欠食。

沈澱

八月一三日、朝目覚めたとき風はまだ吹いていた。だが昨日よりおさまった様子。皆まだ寝ている。全員無事だった。正午ごろ、風はパタリとやんだ。三時ごろ、中野、菊池、佐伯の三人は散歩に出かけたが、私は犬の番をしていた。もう、完全に無風状態で、ワイシャツのボタンほどの大きさの六花晶形の雪の結晶が、フワリフワリと静かに降っていた。雪印バターのマークとまったく同じだ。前日の激しい風と雪、それが今は大きな雪の結晶の降る不思議な世界。

　午後四時、皆テントに戻ってきた。雪原での〝沈澱《ちんでん》〟は何よりも楽しい。茶を飲み、語り、しみじみと〝幸い〟を味わう。夜七時、基地との交信の時間だが何も聞こえない。犬たちにエサ。明日もどうなるかわからぬので半分だけ与える。八時に就寝。せっかく早く寝ようと思ったのに、犬たちがワンワン、キャンキャンと騒ぎ出し、眠れない。容易におさまりそうにないので、仕方なしに起きて見に行く。するとアカがロープから離れていた。そのアカに、モンベツのクマとモクが嚙みついている。ゴロやアンコやリキが、それをとがめるように吠えたてる。アカはひとり頑張っていたが、多勢に無勢、アカの耳は裂け、血がしたたっていた。

「このバカたれ！　やめろ！」

　ピッケルの柄で殴りつけ、やっとのことで彼らを引き分ける。みんな揃《そろ》っているかな、と見回すとテツの姿が見えない。どうしたんだろうと思っていたら、テントの傍《かたわ》らの雪の塊がゴソゴソと動き出した。それがテツだった。

「おとなしくしているのだぞ」

　一頭ずつ、頭を撫《な》でて言い聞かす。体がすっかり冷えてしまった。時計は午前一時を指していた。

八月一四日、六時に目が覚めた。眠い。食事を終えた七時三〇分ごろには、また、ピューピュー風が吹き出した。地吹雪《じふぶき》激しく、視界も悪い。明るくなるまで出発を見合わす。基地ではさぞ心配しているだろうな、などと言いながら、再び寝袋に入るのは何とも楽しかった。再び目が覚めたのは、午前九時を過ぎたころであった。まだ疲れは完全に取れていない。気だるさが残っている。皆まだ眠っているが外へ出てみる。六時に起きたときより視界はよくなっていた。一〇キロメートルほどの視程はあろうか。大陸が見えたが、地吹雪のため、そのすそはかすんでいた。テントの中ではだれか起き出したらしい。ゴソゴソ人の気配がする。

「長髪つぁん、今日はどうするんだい」

トンコの声がする。日が短いので、今から出発してもすぐまたテントを張らなくてはならない。風が強く、テントがバタバタと鳴っている。

「そうだなあ。嵐が来れば、やがて晴れるに決まっている。もう一日滞在しよう」

中野が答える。そうだ、そのとおりだ。わが意を得た感じ。だから長髪さんは好きなんだ。再び寝袋にもぐり込むこの楽しさ。

いつの間にか二時間ほど眠り込んだ。目が覚めたのは昼の一一時。すっかり疲れは取れ、体中にエネルギーがみなぎるのを覚える。皆はまだ眠っている。散歩でもしようと外へ出た。すぐ目の前の斜面を登る。長頭山（ラングホブデ）系が氷原の彼方に長々とした黒い姿を見せて横たわっている。パノラマ写真を数枚撮る。歩いているうちに小広い池のようなところで、一見紙のようなものが散在しているのを発見した。正体不明。ひょっとしたら基地から飛ばされてきたものか。それにしても少し変だ。なぜこの場所ばかりにこうして固まって存在しているのだろう（この〝紙〟を基地に持ち帰り、顕微鏡で調べてみたがついに正体不明のままであった）。

午後、ユートレ島の南西にある二つの無名島F、Gに出かけた。実際に行ってみると、先日三つに見えていた島は、そのうちの二つが海面すれすれの鞍部《あんぶ》で連なっていた、やはり島は二つであった。地図は正しかったのだ。

風のみが吹き、もうドリフトは飛ばなくなっていた。暖かい。長頭山系は、その峰に雲をたなびかせている。春の雨上がりに、京都の東山に低雲がたなびいている景色をふと思い出した。風は生暖かく、今にも金木犀《きんもくせい》の香でもただよってきそうな錯覚に陥る。京都の南禅寺の家（私の育ったところ）が懐かしく思い出される。

ユートレ湾付近には、一〇余りの小島が散在していた。その小島間の海氷は明らかに一年氷で、タイド・クラックが多く、海水が絶えず氷の面まで上がっていて、ジュブジュブの状態であった。あちこちにアザラシの跡があった。F島の西方には、大きな氷塊がガチャガチャになって存在し、F、G島を結ぶ線を境にして西方は明らかに多年氷で、パドルのひどい様相をしていた。あまり遠くないところに、大きな氷山が二つビセット（パック・アイスや海水の凍結などにより、氷海に閉じ込められること）されていた。去る三月のブリザードでオングル海峡の海氷が割れ、この範囲までオープン・シーになったらしい。

G島の西方はなお氷のガチャガチャがひどく、三〇～五〇センチメートルの厚さの蒼氷がG島の岸に乗り上げ、まったく氷の魔境といった感じであった。G島から見た長頭山系の露岩地帯は、南へ延々と連なり、その先は、遥か南の果てにかすんで消えていた。あの峰々を一つ一つ踏むには何年の時間がかかることだろう。いつの日にか、再びここを訪れることがあるだろうか。

テントに帰り、また一眠りし、目覚めたときは午後四時になっていた。犬たちに食餌をやる。犬の食糧は、ペミカン五袋（五頭一食分）と人間用のペミカン（日本には前例がなく、文献のみを参考にして作ったため口に合わず、もっぱら犬たちに食べさせていた。その犬たちも時として食べないことから、〝犬も食わないニシマルペミカン〟などと、口さがない隊員たちに呼ばれていた）一〇本、バター缶詰（一ポンド缶）半分。これですべてだ。

昨日半分を与えた。一泊の予定だったからこれだけしかない。明日はどうしても出発しなくてはならない。夕方、リキ、ペス、シロ、ポチ、タロ、次々とロープより離れる。犬たちも大騒ぎ。温度高く、素手でも平気なほどだ。犬たちも楽なことであろう。

氷も緩みそうな生暖かさ。風は吹いたり、やんだり。明日は走るぞ。

リキの失綜

八月一五日、風はなお吹いていたが、視界は昨日よりよい。出発だ。今日は行くぞ、と犬たちを見回すと、リキがいないことに気がついた。昨日もリキはロープから離れた。リキッ、リキッ、と呼んでみたが、姿はない。きっと基地に帰ったのに違いない。こんなことなら、リキに手紙を持たせればよかったなあ、などと皆で話す。

午前八時二〇分、出発。ユートレ島ではついにペンギンを発見できなかった。インドレ島が最後の島だ。アザラシがあちこちにいる。犬たちの気が散って仕方がない。アザラシのほうへすぐ曲がってしまうのだ。午前九時三五分、インドレ島着。ここにもやはりペンギンはいなかった。インドレ島と長頭山までの海氷面は、これまでに通ったいかなる氷面よりも悪かった。氷山が密集し、大小の氷盤が縦になり、横に重なり、ソリの行く手を阻《はば》んでいた。思うに三月の嵐で吹き割られたオングル海峡の氷が皆ここへ吹き寄せられたのであろう。ソリが何度か横転する。ブレーキが壊れ、スレッジ・メーター（距離計）も折損した。

午前一〇時四五分、長頭山麓着。そそり立つ数百メートルの岸壁の下に硬く凍った池があった。太陽は北の氷原の水平線に低く、長頭山の山ヒダが美しい。中野、佐伯両名をここに残す。彼らはなお二泊をこの地で過ごし、徒歩で帰ることになっていた。そこから基地への帰途は早かった。風が出てきたので、かねて菊池が用意していた帆を張る。ソリは風をはらんで快走。中野、佐伯の荷物がなくなったこともあって、菊池、北村の二名を乗せてどんどん走る。基地近くで西堀、藤井、大塚の三号車に会う。ルンパ島までわれわれを探しに行っての帰りだという。基地では、このひどいブリザードに中野隊はどうしているかと、皆が大分心配していてくれたらしい。午後四時三〇分、基地着。リキは帰っていなかった。

ベックの死とリキの生還

ユートレへ出かけるとき、基地には四頭の犬が残されていた。デリー、フーレンのクマ、ベックとメスのシロ子であった。デリーとクマは、数日前に脚をくじいていたし、ベックは三月以来何となく元気がなく、ユートレへ出かける数日前には血尿《けつにょう》を出したりしていた。中野は、腎臓病《じんぞうびょう》と診断を下した。カラフト犬たちは、生まれながらにしてソリを曳くことに喜びを感ずるらしい。毎朝訓練を始めるとき、彼らはわれわれの姿を認めると、全員クサリをいっぱいに伸ばし、後脚で立ち上がって総立ちになり、自分を連れてゆけとワンワンキャンキャンやかましい。

「きょうは、おまえと、おまえと……、そうだな、おまえにしようか……」

と指名すると、指名された犬はいかにもうれしそうに尾を振り、そして得意げに曳き綱につくが、最後まで指名されずに居残りと決まった犬たちは、悲しげにいつまでも吠えていた。

ユートレへ出発するとき、ベックは自分の体調を知っていたに違いない。すっかり諦めた様子であったが、それでも、初めての旅に出かける友を激励するように、いつまでも吠えていた。ユートレから帰ってきた仲間を見たとき、ベックはうれしそうに一声、二声吠えた。しかし、ベックはそのとき立ち上がらなかった。その声は弱々しく、力はなかった。菊池がすぐ注射をしたりした。だがその甲斐《かい》もなく、その夜ベックは静かに昇天した。あたかも旅に出た友を待ち、無事に帰ってきたのを見届けて、安心したと言わぬばかりであった。

ベックは白と茶色のまじった、どちらかといえば短毛の犬だった。頭もよく、稚内時代から副先導犬として先導犬のリキを助けてきた。おとなしい性格で、ケンカなどしたことがなかった。リキが先導犬の座を降りたとき、ベックは先導犬を務めるはずであった。越冬が始まってしばらくしてから、ベックに元気がないことに気がついた。犬の健康を診断することは難しい。体重の増減が、健康診断のための科学的な唯一のデータだったし、それに加えて、外見と便と食欲くらいでしか、われわれに診断の方法はなかった。このところベックの体重は確かに減少していた。しかし、ほかの犬たちも同様に減少していたので、冬ごもりまではとくに目立たず、訓練にもときどき参加していたのに……。

これより前、各国の基地とのあいだで、犬に関しての電報のやりとりがいくつかあったが、その中で、イギリスのシャクルトン基地のフックス隊長からは、いつも犬に強い関心を持った電報が来た。彼は、ちょうど四〇年前のシャクルトンの夢を完成すべく、南極横断の壮挙に出かけようとしていたときであった。彼らもまた犬ゾリ隊を持っていた。われわれがユートレの嵐に巻き込まれていたころ、西堀隊長が犬ゾリ隊の動向をシャクルトン基地に伝えたところ、折り返し犬ゾリ隊の無事帰還を祈る旨の見舞い電報が来たという。

われわれが基地に戻ってから、菊池が礼をかねて、無事帰還した旨とともにベックの死を伝えたところ、またすぐ折り返し、病状、死因などを尋ねてきた。われわれは、ベックをそのまま葬るつもりだったのだが、シャクルトン基地に返電を打つため、中野に頼んでベックを解剖してもらった。そうしたところ、やはり腎臓病であったことが判明した。直接の死因は膀胱《ぼうこう》破裂。かわいそうに、どれだけか苦痛の日々であったろうに。ベックが一言でも、それを訴えてくれていたら、何とかできたかもしれない。

いや、何もできなくても、せめて食餌療法でもできたであろうに。犬係として、獣医学の知識がなく、力の足りなかったことが悲しかった。

　われわれがユートレから帰ったとき、ユートレのキャンプで首輪を抜いて行方不明になっていたリキはまだ帰っていなかった。リキのことだ、必ず帰ってくるに違いないと信じていたが、それでも、時間がたつにしたがって、だんだん自信がなくなってきた。犬が吠えるたびにリキが帰ってきたのかと思った。だが、翌日の朝になっても帰ってこない。リキの席だけがポツンと空席になっていた。その日の午後六時ごろ、犬たちが騒ぎ出した。またか、と思って気にしないでいたら、村越が飛んできた。

「リキが帰ってきた……」

　それっと飛び出す。リキは自分の席に戻っていた。

「いったいどこをほっつき歩いていたんだ！」

　心配していた気持ちが思わず怒声になって出た。リキは申しわけなさそうに頭を下げ、われわれを見てシッポを振り続けた。あとでわかったことだが、キャンプ地を一四日の夜ひとり離れ、どこをさまよっていたのだろうか、一五日に中野、佐伯を長頭山の麓に落としてわれわれが帰還した後、その夜ひょっこりと中野たちのテントに現れたという。中野たちは喜び、その翌日にお供をさせるつもりで残飯などを与えた。サケカンもペロリと平らげた。しかし翌一六日、起きてみるとリキの姿は見えなかった。リキはあちこち迷った末か、それともブラブラしながらか、ソリの跡をたどって基地に帰り着いたらしい。リキの帰還は、ベックの死で沈んだ基地の空気を明るいものにしてくれた。

ペンギンの巣はなかった

これで訓練の一段階は終わった。結果として、今回の犬ゾリ訓練偵察旅行の範囲ではペンギン・ルッカリーを発見できなかった。しかしそれは、実はわれわれの無知によるもので、当然といってよい結果であることが、しばらくしてわかった。

南極大陸周辺には、二種類のペンギンがいる（南極を含んだ全世界には、六属約一七種のペンギンがいる）。コウテイペンギンとアデリーペンギンだ。この二種類のペンギンは、対照的といってよいほど多くの点で異なる。まず体長は、コウテイペンギンが七〇〜一三〇センチ、アデリーペンギンは三〇〜四〇センチ、また体重も、前者は四〇〜五〇キロ、後者は二〜五キロ程度である。コウテイペンギンは堂々とした体《たい》軀《く》で氷原上をノッシノッシと闊《かっ》歩《ぽ》し、アデリーペンギンはチョコチョコと駆け歩く。

ところで孵《ふ》化《か》期間だが、前者は平均六三日、後者は三五日で孵化する。つまり、コウテイペンギンが卵をかえすには長い期間が必要なのだ。彼らの雛《ひな》が夏のあいだに十分成長するように、コウテイペンギンは七月から八月にかけて海氷上に集まって産卵する。そして、一一月～一二月にかけて、コウテイペンギンの群れは散逸し、小グループまたは個々の生活を営む。一方、アデリーペンギンは、冬のあいだは大陸から遠く離れた開氷域に生活し、一〇月になって大陸周辺に開氷域ができるころを見計らって大陸周辺の露岩地帯に群をなして巣を営み、そこで産卵する。こういうわけだから、夏の一月に「サチ風号」に乗って藤井が見たというペンギンの集団は、アデリーペンギンに違いないのである。われわれが旅行した冬期のルンパ島やユートレ島に彼らのルッカリーがあるはずはないのであった。

第四章　厳寒期のカエル島へ

運命に従って

かねてから計画されていたカエル島への犬ゾリ旅行の出発は、八月二四日と決まった。菊池は装備、私は食糧の準備にかかる。初めての一〇日間の旅行、しかも厳寒期の犬ゾリ旅行なので、靴や防寒着や食糧など、いろいろなテストをしなければならない。忙しい毎日が続いた。二三日夜半から吹き出した風は、二四日未明になって毎秒二五〜三〇メートルの風を伴うブリザードになった。二五日も一日中この風が吹いていた。二六日に風はやんだが、気圧が下がり出し、ついに九四九・四ミリバール（ヘクトパスカル）の最低気圧を記録した。また嵐だ。いつそれが吹き出すかと思って出発を見合わせたのに、とうとう吹かないまま、気圧は再び上がり出した。まるで狐《きつね》につままれたような感じであった。二八日、もうしびれが切れそうになって、今日こそはいよいよ出発したいと願う。一行は、西堀隊長、立見、菊池そして北村（私）の四人。

今回のカエル島偵察行は、八月上旬から行ってきた一連の小旅行、オングル島一周から始まり、ルンパ、ユートレ等への一泊旅行の総決算であるとともに、懸案の大陸行であるボツンヌーテンへのルートを探ることを目的としていた。

ボツンヌーテンへは、雪上車を使用し、少なくとも一〇月二〇日までには基地に帰るよう計画されていた。西堀隊長は、リュツオ・ホルム湾の海氷は、春になると間違いなく奥の氷河（現・白瀬氷河）の圧力のために割れ、雪上車が通行不可能になる時期が来ると考えていた。一〇月二〇日と決められた日限は、こうした理由によるものであった。事実、この推察は正しく、結果として〝春の小川〟が発見され、西堀隊長の卓見が証明されることとなった。

自分自身は、このカエル島偵察行が計画されてから一つのことに迷い続けてきた。七月二四日のカブースの火事で、それまで取っていたオーロラのデータがすべて灰になってしまった。以後その挽回《ばんかい》のために、晴れた夜は一回も逃さずにオーロラ観測に励んできた。犬ゾリ訓練でヘトヘトになっていても、夜は夜でまた頑張った。オーロラ観測は、晴天であってそのうえ月のない闇夜《やみよ》にしかできない、だから、この条件を満足させる観測可能な夜はいくらもなかった。また、九月になれば、日を追うにしたがって夜が短くなり、一〇月、一一月になるとほとんど夜がなくなってしまう。したがって、八月から九月前半くらいがせいぜい観測可能な時期なのである。

ところで、このカエル島偵察行の時期がオーロラ観測には最適な期間に当たっていた。この時期に旅行に出るということは、大切なオーロラ観測の時期を失うことになる。しかも、このカエル島偵察行はあくまで偵察であり、ボッンヌーテン行の前哨戦。だから、自分としては今回は旅行を見送り、来《きた》るべき本番の旅行に全力を投入したい気持ちが強かった。しかし一方では、未知の土地への憧《あこが》れから、じりじりするような焦躁《しょうそう》を感じていた。オーロラかカエル島か。ハムレットの悩みがこの数日間、絶えず自分の心を苦しめてきた。どちらかに心を決めねばならぬ。エエイままよ。運命に従おう。

西堀隊長が自分にカエル島偵察行に参加せよと命じたのは、自分にとっては一つの運命だ。運命には逆らわないでおこう。これで決まった。ちょっと、自分に都合のよい理屈のような感じがしないでもないが、この選択は正しかった。このカエル島偵察行中、オーロラは活発な活動をしなかったのである。一方、このカエル島偵察行で、自分は数々の忘れ得ぬ体験をした。

すべらぬソリ

出発の八月二八日の朝は一面の朝モヤ。視界は悪い。だが、朝モヤは好天の前触れということもある。視程五〇〇メートル。モヤの中を一五頭の犬による犬ゾリは出発した。雪は浅いが、低温のためかランナーのすべりが悪い。雪上車の三号車に藤井、大塚、佐伯が乗り、ザクロ島付近まで見送ってくれた。今日は、この一年の最大の旅行となるであろうボッンヌーテン行への前哨戦、カエル島偵察行の第一日目。スコットの、アムンゼンの、そしてモーソンのそれとは、とても規模において比較にならないが、それでも自分が夢にまで見た本格的な犬ゾリ行の第一日目なのだ。浮き立つ思いを抑えきれない。

総荷重四〇〇キロ弱。この二日間、静かに降り積もった雪がくるぶしを埋める。今朝は先導犬のシロの調子がはなはだ悪い。落ち着かないのだ。走りながら後ろを向いたり、しきりに基地のほうを気にする。数日前、メス犬シロ子に初めての春が来た。ジロ、シロをはじめ、何頭かのオス犬たちが恋を得て、夢のような日々を過ごしていた。その夢気分がまだ醒《さ》めきらぬらしい。しきりにシロ子のいる基地に帰りたがる。仕方がない。シロを先導しよう。いつものように、私が先導人となり、シロの前方を走る。菊池がブレーキを踏む。西堀隊長、立見はソリに乗ったり降りたり。

紅茶島を過ぎるころ、もう犬は疲れを見せてきた。この調子だと、予定していた一日三〇キロメートルの進行はどうやら怪しいものになってくる。無理もない、四〇〇キログラムの荷と、この寒さだ。気温はマイナス二五度前後。ランナーは低温のためギシギシときしむ。一九一〇～一三年のスコット最後の探検に参加したチェリー・ガラードは、『冬期人曳《ひ》きソリ旅行』という本の中で、ソリのすべりが一番よかったのはマイナス九度前後のときだったと述べている。なるほどと思いながら走る。

ガスは次第に晴れ出し、日光がガスの彼方《かなた》から鈍い光を投げかけてくる。ガスは氷山の下辺を這《は》い、氷山は足のない幽霊のように頭だけを出す。幽玄な風景だ。長頭山(ラングホブデ)地区も、まるで山水画を見ているよう。

ルンパ島の手前のE島付近で昼食。砂田の作ってくれた三枚のサンドイッチはうまかった。だが少し不足気味だ。甘い紅茶に元気を取り戻して出発。このあいだにも犬は一列に座り、おとなしく待つ。先導犬のシロはやっと落ち着きを取り戻したようだ。よし、その調子だ。一頭ずつ頭を撫《な》でてほめてやる。

もうガスはすっかり晴れ上がった。南西方向に蜃気楼《しんきろう》が激しい。現れたと見る間に消え、そしてまた現れる。まったく不思議だ。静かなようでも、空気が激しく動いているのだろうか。蜃気楼は二段構造で、下は正立、上は倒立しているから、空気層は二重になっているに違いない。

ルンパ島の西南に一つの傾いた氷山があって、その腹には美しい平行層が見られた。ブリザードで流されて座礁《ざしょう》したものらしい。これより北西方向に大きいプレッシャー・リッジが走り、それを境に北側は一年氷、南側は多年氷と、はっきり分かれていた。

　このプレッシャー・リッジの付近で奇妙なことがわかった。コンパスが二〇〜三〇度も偏っているのではないか、という疑問である。前にルンパ島に来たときもそうだった。この付近に来ると、決まってコンパスが狂う。とすると、この付近に何か強い磁性体の鉱物が隠されているのだろうか。この疑問は、その後ルンパ島を訪れる機会もなく、そのまま解決されずに残された。

　プレッシャー・リッジからの行程は長かった。犬たちはすっかり疲れてしまって、一〇〇メートル行っては休み、五〇メートル行っては休むという状態になった。雪面は、その表面が風のために硬くなっているものの、ときどきガサッ、ガサッと足が落ち込む。ブレーカブル・クラストという、歩行にとってもソリ行にとっても最も悪い雪面状態だ。菊池や立見も交代で先導する。午後二時過ぎ、西堀隊長は、スキーをはき出したが、ものの一〇〇メートルも行かぬうちに、かかとの皮が駄目になり、仕方なしにキャンプ地までかつぎ、そこに残しておくことにした。

　午後三時五〇分、もはや太陽は氷山の陰に低くなってきた。カエル島偵察行第一夜のキャンプ（第一キャンプ）が始まる。ただちにピラミッドテントを張る。西堀隊長が中に入り込み、荷物の受け入れ準備を整える。隊長がこんな調子だからうれしい。自分と菊池は、犬の世話、立見は方位の測定。携帯コンロのブーブー言う音、ああ、何という懐かしい音だ。熱い茶を一杯飲んだとき、この世は本当に極楽だという気がした。アンテナが張られ、隊長はラジオ（トランジスターラジオが世に出る前の試作品、ソニーが東京通信工業といっていた時代の製品）に耳を傾ける。あまりよく聞こえない。夜はぐんぐん冷え、真夜中にはマイナス三〇度を割る。

コーヒーが欲しい

八月二九日。第二日目、曇り。南方大陸方面は晴れ、蜃気楼激し。午前六時起床。気温はマイナス三〇度ぐらいであろうか。寝袋の口は、すっかり凍りついている。顔を動かすと、寝袋の口についた雪がハラハラと顔に降りかかる。冷たい。寒い。

こんなとき、朝の用を足すのに外へ出るのは辛《つら》い。しかし、出発までガマンをすることはとてもできそうにない。意を決して外へ出る。靴は硬く凍り容易にははけない。全天暗雲が垂れ込め悪天を思わせたが、南方大陸上には、地平線の上に美しい青空が帯状に顔をのぞかせている。眠い。昨日の疲れがまだ残っていて気だるい。昨夜は犬たちがワンワン吠《ほ》え、そのうえ寒くてよく眠れなかった。西堀隊長も「眠い、眠い」を連発。

朝、甘い熱いコーヒーを一杯飲みたかったが、今日はまだ第二日目。砂糖を節約しなければならない。重量を抑えるため、重い砂糖はできるだけ少なくしてきたのだ。日本茶で我慢しよう。

「ああ、コーヒーが飲みたいなあ」

立見が溜息《ためいき》をもらす。立見は大のコーヒー党。毎朝、基地ではインスタント・コーヒーにたっぷり砂糖を入れて飲むのが習慣だった。

「じゃあ、一杯だけ飲みましょうか」

思わずそう言いたくなるのを、ぐっと抑える。スコット隊は極度の寒さの中で、食糧と燃料の欠乏のため全員死亡したという。前途は長い。ここで甘い顔を見せてはならない。食糧係としては辛い立場。

午前八時四五分、キャンプ出発。雪面は昨日よりやや好転、表面は硬くなりソリの沈みも少なくなってきた。目の前の、第一氷山と名づけた台状氷山目当てに進む。そのさらに先に第二氷山があり、その右に露岩が、ぼんやりながら見える。あれこそ目指すカエル島であろう。皆大張り切りである。第一氷山と露岩との中間目がけて走る。

朝の馬鹿走り

今朝、犬たちは元気がいい。一晩ぐっすり休んだ犬たちの体にはエネルギーが満ち満ちているらしく、出発して三〇分ほどはものすごい勢いで馬鹿走りする。これを〝朝の馬鹿走り〟とわれわれは言う。まったく無駄だなと思う。もっとこのエネルギーを節約して、一日中定常的に走れないものか。しかし、この馬鹿走りは犬の健康のバロメーターでもある。

この日の朝、犬たちはわれわれ四人をソリの上に乗せ、昨日とあまり変わらぬブレーカブル・クラストの雪面をパリパリ割りながら走った。ものの二〇分も走ったであろうか、やがて歩行は正常歩に戻る。正常歩といっても、人間の足にするとマラソン程度の駆け足になる。これからまた、われわれにとって今日一日の労働が始まる。もはや四人が同時に乗っていてはソリは進まないので、だれか一人あるいは二人が駆け足でソリにくっついて走らねばならないのだ。ほとんどの場合は自分が犬の前を、そして立見がソリの傍《そば》を走り、菊池はソリの後部に立ったまま乗る。ブレーキを踏まねばならないからだ。疲れるけれども、この南極の氷原を、無我にエッサエッサと走るのもそう悪くない。

午前一一時三五分から約三〇分間、第一氷山の手前で昼飯。気温はマイナス二四度、チーズ、バターはカチカチに凍り、ナイフでさえ刃が立たない。チーズを四人分に切り分けたかったが諦《あきら》める。バターだけは何とかナイフで切り分ける。今夜からチーズは温めて、あらかじめ切り分けておこう。昼食の主役は、ハイプロタンというビスケット様のもの。〝高蛋白食《こうたんぱくしょく》〟というものすごい肩書がついているが、糠《ぬか》臭くって閉口だ。けど、そんな贅沢《ぜいたく》は言っておられず、何とか紅茶とともに喉《のど》の奥へ流し込む。今回の旅行の食糧の大部分は、日本から行動食として用意してきたものを、そのまま持ってきたのだが、一人分の絶対量としてはどうも不足のようだ。出発してから、ずっと空腹に追っかけられている感じがする。

昼食を終え、タバコもそこそこにして出発。寒いのでゆっくりしている気持ちにはなれない。やがて西方遥《はる》かにパック・アイスらしいものが見える。

「プレッシャー・リッジだろうか」

「いやいや、パック・アイスだ」

近づいてみると、やはりパック・アイスであることがわかった。去る三月のブリザードで、オングル海峡の氷が割れたが、あのとき割れた大量の氷盤がこんなところに押し詰められていたのだ。

午後一時九分、第一氷山着。これより先はパック・アイスなのでこの境界線に沿って進むことにする。ここで初めて大陸のスカイライン遥かにボッンヌーテンを望んだ。ああ、遥かなり、ボッンヌーテン！　全山雪をかぶり、雪面より数百メートル孤立しているように見える。ちょうど光線の加減がよく、はっきりした陰影とともに、その頂《いただき》が三峰に分かれていることがうかがわれた。蜃気楼のせいもあるかもしれないが、その絶壁はすごい高さで切り立っていた。心がぐっと引き締まる。

正体不明の氷山

第一氷山から四キロメートルほど行く。第二氷山だ。今まで見えていた露岩は少し前からすでに姿を隠し、目の前にとてつもなく大きな氷山がその輪郭をだんだん現してくる。

昨日から第一氷山の向こう側に、何かはっきりしない、大陸とも氷山とも見えるものがあることに気がついていた。

「いったいあれは何だろう？」

「大陸の一部じゃないか？」

「それにしても昨日見えていた露岩はどこへ行ってしまったんだろう？」

「この氷山のようなものはカエル島の一部なのか、そして先に見えていた露岩は大陸のものなのか？」

そのとき、それが氷山だとだれも考えなかった。氷山にしては、なだらかすぎた。砂丘をさらになだらかに、そして大きくしたようなものだったのだ。それは、見渡すかぎり遥か南のほうに連なっていた。ひょっとしたらカエル島だろうか。いやいや、カエル島はまだまだ先のはずだ。それとも地図が誤っているのか。いろいろな疑問が頭をかすめる。

だんだん近づいてみるが正体は依然わからない。その長さは一〇キロ、あるいはそれ以上あるであろう。これを右に迂回すると、パック・アイス帯に入ってしまう。それでは左か？　左も相当にパック・アイスが張り出しているがまだましのように見える。

「パック・アイス帯に入ってしまいましょう。犬ならば何とかいい道を選んでうまくいきますよ」

菊池が言う。

「しかし、次には雪上車で来るのだから、やはり雪上車でも通れるルートを通っておこうよ」

立見が答える。結局、西堀隊長の判断で、行きは左（東側）、帰りは右（西側）のコースを取ることになった。左（東）のほうへ大迂回《うかい》する。パック・アイス帯の東の端を回り、どうやらこの正体不明の丘々の裾野《すその》までやってきた。プレッシャー・リッジが周りを取り囲むようにして走っている。この辺のプレッシャー・リッジは規模が大きい。海氷を押す圧力が大きいに違いない。

目の前のプレッシャー・リッジは、つい先ほど割れてできたような生々しい断面を持っていた。西堀隊長は、すでに氷河の影響がこの辺まで現れているのではないかと推定する。メリメリメリ……。見ている目の前で、氷が音を立てて押し上げ割られる。氷河は動いている!

午後四時、キャンプ(第二キャンプ)。この日の走行三一キロメートル。第二氷山の東五〇〇メートルのところで第二夜の夢を結ぶ。ラジオはもう聞こえなくなりかけている。寒い。コッヘル(登山などに携帯する炊事具)から出る湯気は、テントに触れてたちまち凍りついた。ズズーン、メリメリメリ……。氷が押し上げられる不気味な、腹にこたえるような音は一晩中続いた。

円丘氷山越え

八月三〇日。第三日目、快晴、寒い。日中マイナス二八度。円丘氷山越えの日。走行二三・七キロメートル。

バリバリに凍った寝袋から起きる。寝袋の中でも手袋や靴下をはいたままだ。すべてが冷えきっている。用を足すために、外に出るのに勇気がいる。昨夜は、さすがに犬どもも疲れたのか、静かであったので、われわれも十分な眠りを取ることができた。エネルギーが体中にみなぎる。

　午前八時三五分、キャンプ出発。この日はモンベツのクマをリーダーにする。好調。昨日は正体不明の大氷山を迂回するために、かなりの距離をこの氷山に沿って南東に回り込んだ。しかしまだまだ先が続いている。これでは、どこまで迂回すればよいのか見当もつかない。このあたりで越えてしまうほうがよいかもしれない。

「この大氷山を越せば、あとはカエル島まで一直線の道だろう」

　だれもがそう思った。ただ問題は、この斜面を登ることができるかどうか、であった。荷を積んで傾斜地を登ることは初めてだ。自信はない。だからこそ、こうして迂回してきたのだ。西堀隊長が先に立って偵察に登り始める。氷山といっても、傾斜は緩く、まるで丘である。関西でいえば奈良の若草山、といった感じだ。朝、犬たちは元気がよい。しきりに西堀隊長の後を追いたい様子を見せる。もう西堀隊長の姿は豆粒のように小さくなった。目標のあるうちに走ったほうがよいかもしれない。

「よし、やってみよう」

　立見、菊池の相談がまとまる。

「おまえたち、行くぞ！」

　犬たちはその号令に一斉に身構える。おっ、今日は犬たちの調子がよさそうだ。

「それっ、トウ！」

　立見と自分が左右から、菊池が後ろからソリを押し上げる。案ずるより産むがやすし。思ったより簡単に一五度くらいの傾斜地を登りきってしまった。ところが、である。頂上に着いて向こう側が見えた。オオ、なんたることか。すぐ目の前に次の丘があるではないか。しかもそのあいだには、たった今登ってきたばかりの高さをまた降りなければならないほどの深さの谷があるではないか。それはばかりではない。さらに次、さらにその次と、延々とこうした丘が続いているではないか。

一同唖然《あぜん》とする。どうしてこんな地形ができたのであろうか。しかし今は、そんなことを考えている暇はない。とにかく目前の谷を下る。深さはおよそ四〇〜六〇メートルくらい。そして第二丘への登りが始まる。こうして、いくつかの山や谷を越した。まるで巨大な、白い怒濤《どとう》の真《ま》っ只中《ただなか》にいるような気がする。ノルウェーの探検家ナンセンのグリーンランド横断の犬ゾリの旅を思い浮かべる。

「巨大な氷の丘を越えると、その先にまた次の丘があった……」と記述していたナンセンのグリーンランド極寒の氷原の旅とは、こうしたものだったのだろうか。

一つの丘の幅は大体二キロメートルくらい、高さは四〇〜六〇メートルもあろう。人が先導し、人間が押し上げると、ソリはなんとか進む。二つ三つの丘を越したとき、もうこれはただの氷山でないことがはっきりしてきた。西堀隊長は、奥の大氷河（白瀬氷河）から押し出されてきた氷山の末端であろうと言う。一〇時三〇分ごろ、三つ目の谷への降下中、ソリが転倒した。そこはまっすぐ降りるには少し斜面が急だった

いくつもの難関、円丘氷山に挑む犬たち

ので、斜面を斜めに降りたからだ。

一一時、第四丘にて昼食。私は今日は朝から先導を続け、エネルギーの消耗が激しい。休憩の時間が終わっても、まだ疲労感が取れない。そのうえ、毎回の食事量の不足感が、疲労を助長する。重い腰を上げかけたとき、双眼鏡を落としたことに気がついた。気だるい体に鞭《むち》打って探しに戻る。きっとあのときに違いない。案の定、双眼鏡はソリが転倒した場所に落ちていた。往復四キロメートル、一時間のロス。

カエル島がよく見える。その左側に見える露岩が、大陸の一部なのかカエル島の一部かと議論が始まる。菊池はカエル島説を固持する。第七番目の谷はとくに深かった。それからさらにいくつかの丘を越えた。しかし、とうとうこれで最後の丘だと思われるところに着いた。走行はやっと二〇キロ。カエル島をもう一投足の距離にながめ、坦々とした下りにかかる。下りにかかってから五〇〇メートルほどのところにクレバスがあった。注意して渡る。

雪面は昼食のころより悪くなってきた。ブレーカブル・クラストで、大変歩きづらい。ソリは沈み、雪の抵抗が大きく、犬たちだけの力では進まない。人間がソリを押し、ようやく進む。毎秒五〜六メートルの南風が吹き、顔をときどき凍らせる。そのつど、頬《ほお》を叩き鼻をこすり、凍傷を防ぐのに一苦労だ。うっかり注意を怠ると、すぐ白くなってやられてしまう。犬も次第に弱ってくる。ゴロの弱り方がとくにひどく、停止するとただちにへたり込む。チームで一番頼りに思っているゴロにへばられては大変だ。隊長に要請して見晴らしのよいところで第三キャンプとする。この日の走行二三・七キロメートル。よくあの、登ったり降りたりの傾斜を頑張ったものだ。

風があり寒い。手が凍る。足が冷たい。早く靴を脱ぎたい。このときはいていた靴は長靴で、底のビブラム（山靴など、すべらないように凹凸《おうとつ》をつけた強化ゴム底）部分を除いて布製（ビニロン）で、内側には、羊毛《ようもう》様の繊維が張ってあった。靴下が靴に凍りつき、靴が脱げない。菊池に引っ張ってもらってやっと脱ぐ。

円丘氷山とは

食事の後、今日越えてきた不思議な地形について議論が白熱した。この氷山は、その形から〝円丘氷山〟と名づけられた。西堀隊長が説を出す。立見が修正をする。菊池が異論を出す。皆、論客ばかりだ。甲論《こうろん》乙駁《おつばく》、このときばかりは寒さを忘れた。楽しい雰囲気だ。

結局、われわれはリュツオ・ホルム湾の奥氷河（白瀬氷河）のツンゲを、斜めに横切っているのではないか、との結論に達した。ツンゲとは、〝氷河の舌端〟のことで、アルプスなどで氷河の末端が山麓の牧場まで張り出し、そこで氷河が溶け込むように自然に大地に消える様子を遠くから見ると、山がちょうど舌を出しているように見えることからつけられた名である。北極や南極では、ツンゲは海の中へ張り出している場合が多い。このツンゲが嵐などで割れて流れ出したのが氷山である。

流れ出した氷山は、状況によってはその付近でビセット（海氷の凍結等によって閉じ込められること）されて何年か何十年かを過ごすことになる。しかし、氷山がたとえ何十年たったとしても、せいぜい角が取れて丸くなる程度であって、このような丘陵地形にはならない。丘陵地形になるためには、もう一つ、積雪量が多いという条件が必要だ。

ところで、昭和基地付近の卓越風（年間を通じて吹く風の主方向）の方向は東北である。しかし、リュツオ・ホルム湾の南の大陸では南風が卓越していた。この二つの風系は、リュツオ・ホルム湾内のどこかで衝突し、そこに無風帯をつくるはずだ。その場所が、ちょうどこの円丘氷山の地域に当たっているらしい。そういえば、オングル島を出たとき、東北の向きにあったサスツルギ（風のために削り取られて波状になった氷化した雪面）は、円丘氷山に近づくといつの間にか消え、深々とした雪の積もった雪面となった。この円丘氷山域に雪が多いのは、雪がそこに多く降るのではなく、広汎《こうはん》な地域に降った雪が、風によって北と南から運ばれてくるからだろう。基地で地吹雪がひどい日、この雪はいったいどこへ流れていくのだろうといつも不思議に思っていたが、そうか、こんなところにたまっていたのだな、と納得がいった。

議論がひととおり終わると寒さがひとしおお身にしみてきた。気温はマイナス三二度。基地ではこの日、年間気温の最低記録マイナス三六度を記録した。

春の小川

八月三一日。第四日目、晴れ午後曇り。円丘氷山よりカエル島まで。

出発！　再びブレーカブル・クラストとの闘いが開始された。目標は左前方に見えるピナクル。ピナクルとは、氷河の巨大な圧力によって、厚い氷がその下にある岩峰の上に押し上げられたもので、あたかも氷の塔のように見える。ゴボッゴボッともぐる雪面に苦しみながら犬を先導する。冬山でいえば、軽いラッセル（雪道を除雪することから転じて、冬山登山などで深い雪の中を行進するとき、先頭に立って道を踏み固めることをいう）だが、早歩きの速さなので体力の消耗が激しい。四キロメートルほど進んだところで、一段と低い場所に降り立った。もうそこは海氷上かと思えたが、よく見ると、まだまだ低いながら丘が連綿と連なっていた。しかし、もはや峠は越したようだ。

円丘氷山の末端とカエル島とは、幅が一〇～一〇〇メートルくらいの細い帯状の浅い谷で隔てられていた。その谷に降りようとしたが、どこも五～一〇メートルの断崖《だんがい》をなしていて、うまい降路は見当たらない。わずかに、雪の吹きだまりが断崖を埋めている地点を捜し当てた。西堀隊長が先に立って犬を先導、立見と自分がソリを両側から転倒しないように支える。菊池がブレーキを踏む。まっすぐには降りられず、斜めに降りなければならないからだ。

「そろそろと降りろよ」と犬たちに言い聞かす。

「じゃ行くぞ、ソレッ！」

だが、たちまち転倒。ソリの足に無理がかかり、少々内股《うちまた》になる。どうにかこうにかソリを起こし、一本プレッシャー・リッジを渡る。小休止の後、出発。もうここまで来ると坦々たる氷原、それがピナクルへ続く。

一〇時五五分、ピナクル着。今朝のキャンプ地からこの地点まで九・四キロメートル。ここから斜面は再び緩やかな下降となる。やがてカエル島の東南岬が見えてくる。このあたりでちょうど一一時二〇分、ここで昼食と決める。気温マイナス三三・五度。気温は低いが、風がないので比較的暖かい。立見と菊池がもう一つ先のプレッシャー・リッジを偵察に出かけているあいだ、食事の用意をする。間もなく二人が帰ってきた。

「プレッシャー・リッジの向こうに幅五〜八メートルの広いクラックがあって、海水が顔を出している。その海水から湯気が出ている」

と言う。これは驚くべきことだ。マイナス三三度という気温なのに凍らないというのはどういうわけか。しかしそれはすぐ理解された。つまり、氷河の圧力によって海氷に〝ズリの応力〟がかかっているのだ。せっかく氷が張っても、その〝ズリの応力〟のためにすぐ破られてしまい、この気温でも凍らずにいられると考えられた。暖かそうに湯気を出しているそのさまから、これは〝春の小川〟と名づけられた。

昼食もそこそこにして、春の小川に至る。なるほど水面から湯気が立ちのぼっている。まるで温泉のようだ。手を入れて、本当に湯であることを確かめたいような衝動に駆られる。海水はマイナス一・八度で凍る。だから、暖かそうに見えても、せいぜいこの程度の水温であろう。外気はマイナス三三・五度もあるのだから、蒸気はただちに氷粒となる。この付近は、氷河の圧力のために割れた氷盤や氷塊が乱立し、海氷にかかる力の複雑さを物語っている。氷河は冬でも絶えず動いているだろうという西堀隊長の推測が、ここでも立証されたわけだ。

汗は大敵

薄い表面氷が張っている場所があったので、思いきって渡る。ソリが乗ると氷がたわみ、割れ目から海水がどっと噴き出す。犬ゾリならではの芸当だ。雪上車ならとてもできない。あとはもはや何の障害もない坦々とした海氷上を、カエル島の東南岬目指して一気に進む。相変わらず雪面は踏むとゴボッと沈むブレーカブル・クラストだ。

気温はマイナス三三度なのに、一汗流す。登山でも汗をかくことは禁物。汗をかかぬよう、ゆっくり行動するのが常道だ。ましてや南極で汗は大禁物だ。一汗かいて下着が湿ると、休憩のたびに必ず寒くなる。湿った下着が一度冷たくなると、それを再び暖めるのに、また相当な体熱が必要だからだ。

手には二枚の手袋をはめていた。内側には、分厚い毛糸の五本指手袋、外側にはオーバー手袋として、ミトン式の手袋をしていた。運動が激しくなると、掌《てのひら》からさかんに発汗する。手からの発汗は、初めのうちは、そのまま内手袋とオーバー手袋のあいだに細かい氷となってたまる。ときどきオーバー手袋を脱ぎ、氷をはたき落とす。犬の先導など、激しい運動をすると、手の温度が上昇してこれが解け、内手袋の毛糸の網の目に入る。オーバー手袋を脱ぐと、ただちにこれがまた凍り、今度は手袋が硬くなる。これを繰り返すうちに、内手袋の指の部分は、硬く冷たい物質で作ったようになり、はめるときは、まるで氷の中に指を差し入れる感じになる。

衣類も同様だった。額からしたたり落ちるような汗は別としても、体からは絶えず発汗している。そうした汗は、普通衣類を通して外気に放散されるが、外気がマイナス三〇度にもなると、汗は外気に触れる前に、衣類の内側のどこかで凍結してしまう。一日や二日なら、それは目に触れるほどにはならないが、五〜六日もたつとこれがだんだん無視できなくなる。われわれの場合、カエル島に着いたころから、次第にヤッケが凍結してゆくのを感じた。

テントの中では氷は解けて、湿った状態となっているが、外へ出たとたん、ゴワゴワし出し、ヤッケに吸着している水分が凍結するのがよくわかった。とくに自分は犬ゾリの前に立っていつも先導し、運動する量も多いので、日中発汗する量も多かったに違いない。ヤッケの下に着ている羽毛チョッキの背中が凍り、まるで背中にボール

犬たちとともに、いくつもの旅に出た著者

紙か板を背負っている感じをいつも意識していた。

シロがへばったので、先導犬をモンベツのクマに代える。クマはシロほど直線に歩くことはできないけれど、チームをぐんぐん引っ張っていく力があるので、人間が先導する場合には素晴らしい犬だ。空はだんだんと曇ってくる。カエル島の露岩か、大陸のそれかと議論していた露岩は、今やはっきりと大陸のそれであることがわかる。

午後一時二〇分、犬も人間も疲れを見せ始めたころ、キャンプ(第四キャンプ)と決まる。この日の走行一七・七キロメートル。ただちにテントが広げられる。風が少々出だした。

温泉発見?

第四キャンプ地と決めた前方に妙なものを見つけた。数百メートル先のカエル島の緩い斜面の中腹に、雲かと思えるものが立ちのぼっているのだ。

「湯気だ!」

しかし、こんな場所で湯気が上がるのはまったく理解できない。そこは、海面より明らかに高い場所なのだから。

「温泉だろうか?」

もう大騒ぎ。期待にわくわくする。茶を飲み元気をつけて、ただちにその〝温泉〟を見に行く。キャンプより北西約二〇〇メートルの地点。行ってみると大きなクレバスが口を開け、そこからさかんに湯気を出していた。クレバスの幅は五～八メートルもあろうか。よく見ると、その場所からだけでなく、湯気はクラックに沿ってずうっと立ちのぼっていた。

菊池がロープを腰に結んで降りる。私は菊池を確保する。一〇メートルほど降り、気温マイナス二二度との報告だ。このとき外気温はマイナス三五度、湯気はどこからともなく出ている。しかし、硫黄などの異臭はない。私も降りる。湯気はさらに深く、真っ黒な底のほうから出ている。何も見えない。側壁の氷には一五～二〇センチの厚さのはっきりした層がある。その氷のサンプルを取る。努力の甲斐《かい》なく、ついに湯の存在を確認できなかった。

食糧の慢性的な不足が、ジリジリと気持ちを圧迫し出した。年配の西堀隊長や、立見、菊池には、量に不足があるように見えなかったが、私には毎食が不足で、食後の満足感はなく、いつも空腹感が残っていた。夜はますます冷える。ヤカンから出た湯気は、たちまち出入口のナイロン生地に触れて氷となり、テントの内側を真っ白にする。携帯コンロのプリマスを二個空だきする。それでも背中と腰のほうは深々と冷える。テント内でも手袋をつけ、ヤッケを着たままのことが多い。靴はまるで木靴のように硬く凍り、脱ぐのに一苦労。寝るころ風が出だす。明日はブリザードか?

凍傷

九月一日。第五日目。大陸への日。晴れ時々薄曇り。寒さに辛い思いをした日。ハタハタとテントを叩く風の音に夢を破られる。昨夜は寒さと空腹のため、何度か目が覚めた。今日は空ゾリで大陸へ往復する日だ。荷物はテントの中に置いておく。食器も何もかもすっかり冷え切って、素手ではつかめない。いちいち手袋をはめるわずらわしさ。しかし、たとえ素手でつかめると思っても、金属を素手で直接持つことは厳禁だ。そのときは気がつかなくても、一日たち、二日たつと、それが凍傷の原因となってくる。

だが、炊事係としては、いちいち手袋をはめるのがわずらわしいので、つい素手で、熱いものも冷たいものも直接持ってしまう。十分気をつけていたのだが、出発して三日目から手の全指先が痛み出した。それが四日目には白くなり、五日目の今日は水泡さえ出だした。二度(凍傷の程度を表し、四度が最高)の凍傷だ。

靴は凍って木靴のように硬い。その冷たい靴に足を無理やり突っ込む。自分は脂足だから、人一倍靴下が湿る。日本の冬山では、自分はいつも靴下を三枚はいていた。

しかし、南極で支給された靴にはそんな大きい靴はなかったので、靴下は二枚しかはけない。内側にパイルの靴下、その外側には毛の厚い靴下だ。

立見や菊池は、厚手の靴下を一枚しかはいていなくて、そのほうが足にゆとりができてかえって暖かいという。そこで自分も今日は内側のパイルの靴下を脱ぎ、厚い毛糸の靴下一枚で靴の中で足にゆとりを持たせることにした。実はこれが失敗のもとで、そのためにその後数日間、足の指先の凍傷のため非常に辛い思いをすることになった。

午前八時五分、ハイヨッ！　トウッ！　の掛け声とともに大陸へ向かって一目散。目の前に〝四つ目〟と呼んでいる岩が黒々と見える。

この〝四つ目〟は、西堀隊長らがノルウェーの航空写真からすでにその存在を知っていたもので、露岩が四つ並んでいるのでそう名づけたものである。大陸氷はこの〝四つ目〟の露岩の上までのしかかり、その〝四つ目〟の岩によって、かろうじてなだれ落ちるのを支えられているようであった。〝四つ目〟の上にのしかかっている大陸氷の綿帽子は、今にもくずれ落ちそうな割れ目の多い大陸氷であり、それが遠目ながら、われわれにすごい威圧をかけて迫っていた。

朝、出発時にかなりの風が吹いていたので帆を張る。空ゾリなので四人乗ろうと思えば乗ることもできたが、乗るとたちまち手足が凍ってしまうので、私はソリの脇《わき》についていて一緒に走ることにした。雪面は次第に硬くなり好調。もうソリも沈まない。相当なスピードで大陸に近づく。

このあたりの大陸氷は、オングル島対岸の大陸のような緩い傾斜ではなく、海岸よりぐっと急傾斜で高度をかせいでいるために、近づくと、それがますます大きな威圧感をもってわれわれの頭上に迫ってくる。大陸まであと一キロメートルほどに迫ったとき、足下の氷面はもうテラテラの蒼氷《そうひょう》となり、ソリはカラカラと軽快な音を立てて走った。

大陸の端は、ほとんどのところが高さ数メートルから数十メートルの氷の崖になっている。その中で一カ所だけ、尾根が緩やかに海氷まで降りているところがあった。そこなら雪上車が進めそうだ。しめた！　この場所を次回ボツンヌーテン行の上陸点と決める。大陸に沿って蒼氷の上を進む。風は少々あったが、空は紺碧《こんぺき》。それが大陸の雪線をくっきりと浮かび上がらせて、絵のように美しい。ああ、こうした光景を今まで何度夢見たことであろう。それが今、現実に目の前にあるではないか。

相変わらず気温は低い。カメラを取り出すのに強い意志が必要だ。ここで撮らねば……と思いつつも、一度オーバー手袋を脱いだら、それを再び暖めることの辛さについつい意欲が鈍る。気温がマイナス三〇度、風が少々あるので、体感温度はマイナス四〇度以下だろう。やがて氷の乱立した氷丘地帯に入る。五〜八メートルの高さの氷塔の乱立。足の下は青く透き通る氷、そのところどころに色の黒く変わった帯状のクレバスが横たわる。何度も横切り、幾度か踏み抜くこともあったが、それらの表面は硬く、氷化していて、大抵の場合は足の根っこまで落ち込む程度ですんだ。

だんだん慣れると、人は横着になる。あとのほうでは、もはやクレバスを気にすることはなくなった。上陸地点に差しかかる。相変わらず右側の大陸氷壁は威圧的だ。少し登ってみようということになった。寒いのでただちに出発。目の前の比較的緩い斜面を登る。二本ばかりクレバスが入っている。落ちるかと思ったが、案外硬い。雪面は深さ二〇～三〇センチのサスツルギで、その下には蒼氷がのぞいていた。風は毎秒一〇～一五メートルもあろうか。真南から吹いている。尾根を左に巻いて行くと、目の前に次第に奥の大氷河（白瀬氷河）の、氷がズタズタに裂けた、ものすごいクレバス地帯が開けてくる。

一一時、行進を中止して食事。気温はマイナス三〇度。風強く、止まると直《ただ》ちに手足が凍り始める。足を踏み鳴らし、体を絶えず動かしながら食べる。今朝靴下を一枚脱いで、毛糸の靴下一足しかはいていないので、足の指先は冷たさを通り越して、その痛さは言いようがない。食事もそこそこにする。

とかく、何もせずにじっとしていたい無気力感に陥るのを、やっとの思いで振り払い、一連のパノラマ写真を撮る。四〇分ばかりの時間を食事に費やした。ここを折り返し点としてすぐに下降にかかる。足を暖めるために、ソリに乗らずに駆け降りる。

海氷上に出た。少し先の露岩に行くために、再びテラテラの海氷上を行く。風があるので帆をかける。立見、菊池が露岩地帯へ地質調査に出かけたので、西堀隊長と自分が犬の番をする。犬たちも停止すると寒いのだろうか、ちょっとしたことで騒ぎ出す。

「こら、おまえたち、静かにせんかい！」

と叱るためにソリを離れたとたん、左手（南）からの風のために帆ゾリは転倒した。起こそうにも二人ではどうにもならない。テルモス（魔法瓶）の蓋《ふた》が、氷上をカラカラいいながら風下に転がっていき、たちまち見えなくなってしまった。立見、菊池が帰るのを待ちかねてキャンプ地（第五キャンプ。第四キャンプと同じ）へ。大陸から離れて、海氷上を三〜四キロメートル行くと、どうやら風もおさまった。夜はますます冷える。足の指にはついに水泡が出だした。凍傷三度に入る。

ゴロよ、あっちを向け

今回の旅行では、日本で用意された〝行動食〟をそのまま持ってきた。一食分ずつパックされているから、大変便利だ。しかし、旅行が始まってすぐ、この毎食の量が、自分にとって少しずつ不足であることに気がついた。その〝不足感〟は日を追うにしたがって積み重なり、円丘氷山を越え始めるころからは、毎日空腹感にさいなまれるところまで来ていた。一日が終わり、疲れ果ててテントに入っての食事、一日の飢えと疲れを癒《いや》すはずの夕食にも満足感はなかった。一食ずつパックされているので、自分の分を食べ終わると、あとは融通が利かない。西堀隊長や立見、菊池の様子をそっとうかがうが、そんな様子は見えない。するとこの空腹感は自分だけだろうか。

昨日犬たちに食餌《しょくじ》を与えていたとき、ふとペミカンに手が出かかった。ビニールの袋を破ると、ビスケット状のペミカンの香ばしい匂いが鼻をつく。ペミカンは鯨肉に小麦粉をまぜ、油脂で炒めて固めたものである。犬の食糧といっても、人間が食べられないことはない。が、そのときはかろうじて踏みとどまった。

南極点を目指したイギリスのスコット隊に〝水兵エバンス〟と呼ばれる男がいた。体の大きいエバンスは、それだけ力も強く、スコット隊長にその力を買われて極行進に加わった男である。体は頑健で、一行の中では最も落伍《らくご》する危険率の少ない隊員と思われていた。スコット一行は極到達（一九一二年）の後、飢えと寒さのために全員死亡するという痛ましい運命に見舞われるが、このとき意外なことに、この最も頑健だと思われたエバンスが最も早く弱り始めたのである。エバンスはひどい凍傷にかかり、早い時期から、肉体的、精神的なバランスを失った。そして氷河を下降中に転倒し、頭を打って精神に本格的な異常を来《きた》し、行進中に靴を脱ぎ捨てるなどの振る舞いののち、ついに衰弱死したという。

エバンスの死の原因についてはいろいろと取《と》り沙汰《ざた》された。彼は自分の〝力〟を買われたことを知っており、いつもそれに応《こた》えねばならないという観念につきまとわれていた。それにエバンスは大男だ。それだけに多くのエネルギーを消費する。食糧は慢性的に不足しており、ビスケット一枚、それにペミカン（人間用）と一杯のスープという日が続いた。昼間、満身の力を込めてソリを曳《ひ》くエバンスは、当然エネルギーを多く消費する。そうでなくても、大柄なエバンスは、つねづね人より多くの量を必要とした。つまり、大食漢だった。だが、極への行進中の食事はエバンスも年配のスコットも、ともに同じ量しか配られなかった。それでも、当分はそれまでの蓄積で耐えられたが、その蓄積がなくなりかけるころから体は弱り始めた。といって、エバンスは下級隊員であり、彼以外の者はすべて幹部隊員だったので、腹が減るなどという、〝下俗〟なことを訴えられる相手はいない。鬱々《うつうつ》とした毎日が続く。これが、エバンスの精神のバランスを狂わせた理由であったという。

本人を除いてすべて幹部隊員。力を買われた。凍傷で体調が悪い。大食漢。そして空腹……。あまりにも自分と似過ぎているではないか。エバンスの立場はそのまま、現在の自分の立場ではないか。エバンスはああした末路をたどった。とすると……。

だがここで自信をなくしてはいけない。弱ってはならない。手の中のペミカンはますますいい匂いを放つ。犬たちにはペミカンを体重に応じて一五枚から二〇枚くらい与えていた。

「二〇枚もあるんだから、そのうちの一枚くらい、いいじゃないか」

「だが犬だって腹がすいているんだぞ。その犬たちの上前をはねるとは、犬係の風上に置けない奴だ」

「しかし、このままいくとエバンスの二の舞いかも……」

もう恥も外聞もない。

「皆テントの中にいる……」

悪魔の声が耳もとでささやく。フーレンのクマが下を向いてペミカンを食べているあいだに、すばやく一枚口に放り込む。焼いた魚粉の味がした。うまいとかまずいとか、そんなことを味わう余裕はなかった。とにかく口の中に入れればよかった。一枚放り込むとあとは同じだった。ヒップのクマとジャックの分も一枚ずつ召し上げる。四枚目はゴロの分だった。ゴロの分から一枚取り上げる自分の手を、ゴロの赤目はうらめしそうにじっと見上げていた。

「そんな目で見るなよ」

ゴロに背を向け、最後の一枚を口に放り込んだ。

半年の後、苛酷《かこく》な運命がこの犬たちを待ち受けていた。第二次観測隊を乗せた宗谷は、前年とは打って変わった悪い氷に阻《はば》まれ、ついに越冬を断念した。そして、犬たちは無人の昭和基地に残された。さらに一年の後、第三次越冬隊員として私が再び昭和基地を訪れたとき、思いがけなかったタロジロとの再会を喜んだことと逆に、ゴロを含む七頭の犬たちが死んでいるのを発見して、胸がつぶれる思いをした。ゴロはたまたま、空の犬ゾリにつながれており、その一〇メートルほど先に古いアザラシの調理場があった。ゴロは渾身《こんしん》の力で、そのアザラシ調理場までソリを引きずっていった。そして、そこでクサリが届くかぎりアザラシ肉を食べつくし、ついに死亡したものらしかった。解剖の結果、胃の中から消化されないビニールの布地が一枚出てきた。カエル島のゴロの赤目を思い出した。そのときの慙愧《ざんき》の念は、今でも消えていない。

強風地帯

九月二日。帰還の第一日。カエル島より〝春の小川〟第六キャンプまで、走行三五・二キロメートル。

午前八時四五分、第五カエル島キャンプを出発。真北からの風がかなり強い。方向は真北。これより一路基地目指して進む。昨夜、一日停滞しようかという案が出たが、一日も早く帰り、来るべき本番に備えようという意見が勝って今朝の出発となった。カエル島を離れるころ、風はますます強く吹く。毎秒二〇メートルくらいはある。

やがてカエル島の雪面を離れ、蒼氷地帯に入る。ひどい風、サスツルギは次第にその深さを増してくる。サスツルギの波長（山と山との間隔）は一〜二メートル、深さは五〇〜七〇センチもあろうか。谷の底は蒼氷が出ている。こうしたサスツルギの発達している様子から推察すると、この辺は、いつも強い風の吹く強風地帯であろうか。ここで帆を張ったが、風が強すぎ、そのうえサスツルギのために思うように走れず、ついに転覆。結局帆をはずす。

気温が低いうえに風が強いから、寒さはこの上ない。このサスツルギ群を写真にしたいという欲望は強くあったが、どう頑張ってみても手を出す気がしない。オーバー手袋の上から、靴の底から容赦《ようしゃ》なく凍えてくる。休んでも、だれもタバコを吸おうとさえしない。ただ、手を叩き、足踏みするだけだ。

やがてカエル島とも別れを告げ、針路をやや東北に変える。このころは、もはや先ほどのようなひどいサスツルギも消え、割合に平坦な雪面。足下を間断なくドリフト（漂雪）が走り、やがて〝春の小川〟に至る。これに沿って数キロ走り、〝大砲氷山〟と称する氷山にて昼食。いつものことながら、昼食もそこそこにして出発する。この辺から〝春の小川〟が次第にその数を増す。

午後〇時ごろ、まず第一のプレッシャー・リッジを渡る。不思議なことに、あの〝円丘氷山〟はどこへ行ったのか全然見えない。よほど離れてしまったのであろうか？

このあたりは一面、〝春の小川〟地帯。雪上車のためのルートを探しに来たが、これでは全然通れそうにない。

南極スウィミング・クラブ

走行二〇キロメートル余りで第二の〝春の小川〟地帯に遭遇する。あちこちに薄い氷が張っていた。菊池が止めるのを聞かずに、西堀隊長が氷の厚さを試そうとして、下半身海中に落ち込む。気温マイナス三〇度、すわ凍傷かと案じたが、ご本人は案外平気であった。

南極海で泳いだことのある人々（実は南極海に落ちたことのある人）が集まって作っている会に、〝南極スウィミング・クラブ〟というのがある。宗谷の停泊中、何人かの人が会員になった。厳寒期の南極海の洗礼を受けた西堀隊長は、きっと名誉会員に迎えられるに違いない。

次の〝春の小川〟を渡るとき、ゴロとペスが海中に落ち込む。幸いすぐにほかの犬により引き揚げられたものの、彼らの毛はたちまち氷でガラガラとなり、まるで氷の甲冑《かっちゅう》を着ているような有り様になった。氷の重さのために毛が抜けないかと心配したが、手の施しようがない。九本ほどのプレッシャー・リッジ、そして数えきれないほどの〝春の小川〟を渡った。午後四時四〇分ごろさすがに犬も疲れを見せてきた。夕日も傾くころ、最後の〝春の小川〟を渡ったところで第六キャンプと定める。

乱氷地帯を行く

九月三日。海氷上第七キャンプまで、走行三二・四キロメートル。

ブリザードと間違えるような、テントのはためきと風の音に夢を破られる。体がだるい。まだ疲れが残っている。もう少し眠りたい。寝袋の外で西堀隊長と立見の声。

「立見さん、気圧は?」

「九八二ミリバール（ヘクトパスカル）、少し下がってきましたが、まだまだ大丈夫です」

まもなく立見は朝の小用に出ていった様子。こちらは狸《たぬき》寝入りをする。やがて立見が戻ってきた。

「天気は上々です」

と言う。ガッカリだ。もう狸寝入りも続けておられぬので、ゴソゴソ起き出す。サラサラと雪粒がテントに当たる音。バタバタとテントがはためく音。外は相当な地吹雪らしい。食事の後、菊池が一番に飛び出す。今日は寝過ごしたので、食後もゆっくりしていられない。外は風が強く、雪が地を這って走っていた。出発！　九時五分、足下を地吹雪が走る。

氷の靴をはき、氷の手袋をはめる。右足の親指、両手の指先は、いずれも数日前から凍傷のため、白い水泡ができている。痛む。右親指に力がかからないように走る。しばらく体を休めると、足も手も感覚がなくなってしまうので、寸時も休めない。オーバー手袋から手を出すとたちまち凍り始めるので、オーバー手袋を脱がないようにする。

気温マイナス三〇・六度、風は毎秒一〇〜一五メートルはある。寒いが風景は素晴らしい。地平線は地吹雪のためかすみ、まるで絵のような美しさ。長頭山系も遥かにかすむ。基地まであと五〇キロメートルくらいであろうか。ハイヨッ！　トウ！　帆の力もあって、まるで飛ぶように走る。

往路、右手（西側）に見えていたパック・アイス地帯と思われる第一の乱氷地帯に差しかかる。大は五〜六メートルほどの大きさの氷塊、小は小石ほどの氷塊が、互いに重なり合い押し合い、行く手遥かに延々と続く。歩きにくいことこの上ない。西堀隊長と立見が先導し、なるべく通りやすいところを選んで抜ける。針路東、ソリをうまく操縦。やっとのことで乱氷地帯を抜ける。その幅二・四キロメートル。後は坦々とした道を歩む。昼食。相変わらず風が冷たい。

どこまで行っても、雪と氷の世界

昼食を終えてからの道程も長かった。第二の乱氷地帯、第三の乱氷地帯。往路には、こうしたガサガサ乱氷地帯は、一度オープン・シー（開水面）になって割れた氷が風に吹き寄せられ、そこに凍りついたものと考えていたが、この付近の様子を見ていると必ずしもすべての乱氷地帯がそうであるとはかぎらないようである。なぜなら、乱氷地帯は何本もの帯状になっていて、そのあいだには平坦な普通の海氷があるし、また、乱氷地帯といっても、氷の大きさなどいろいろあって、その様子がまちまちであるからだ。氷河の圧力で盛り上がって破壊された氷の跡が随所にあった。奥の大氷河の影響でできる乱氷地帯もあるに違いない。

〝春の小川〞を渡ることさらに幾度か。もうすっかりそれにも慣れてしまった。もはや渡るのに、気持ちの上で苦労しない。海氷が顔を出し、インド洋の底なしのドス黒さが続いていることも気にならなくなった。夕日は傾き、北方に暗雲が垂れ込めてきた。急げ！　嵐が近い。それから小一時間、犬も疲れを見せてきた。第七キャンプが間近になって、先導犬をクマに代える。キャンプ。

手も足も感覚がない。犬の飯。ステイ（犬を氷上に固定するための杭《くい》）……。やっとテントに入る。プリムスのゴーゴーという懐かしい音。この音を聞くと疲れを忘れる。もしプリムスが音を出さなかったら、キャンプはもっと寒々としたものになっただろう。ああ、この音があってよかった。この夜、前途の見通しがついたので、制限していた食糧を緩和する。この旅行で、初めての〝満腹〟。たちまちエネルギーが体中にみなぎる。夜半より雪。

犬を放つ

九月四日。小雪、視界悪し。暖かった日。基地帰着の日。

今朝は暖かい。午前三時の気温はマイナス二二・三度だった。マイナス二〇度台だとまったく暖かく感じる。ちょっとしたことならもう素手でできる。朝、用を足すことも、億劫《おっくう》ではない。テントも凍らず、すぐ湿るだけだ。マイナス二〇度台と、マイナス三〇度台とでは、こうも違うものか。

今夜は基地だというので、西堀隊長やたらと張り切る。隊長も疲れたことであろう。起床から出発までの時間短縮の記録を作ろうと言い出し、隊長自身あまりあわてたので寝袋に羽毛服を巻き込んでしまい、結局時間がかかってしまった。

出発。視界は悪いように感じるが、実際は五キロくらいはある。雪面の凸凹《でこぼこ》もわからない。九〇度方向、ルンパ島とおぼしき方向目がけて先導する。素手にオーバー手袋一つですむのがありがたい。目標がまったくないので、後ろから右とか、左とか指示を受けながら進む。まっすぐに歩くことは、難しいことである。第一キャンプ跡着。往路に置いたスキーがひとりさみしく立っていた。気温マイナス一七度、すぐに汗ばんでくる。この旅行を始めて以来、初めて足に冷たさを感じない。

やがて悪い視界の中に、朦朧《もうろう》とルンパ島が見え出す。進んできた方向は正確だった。ルンパ島の手前のプレッシャー・リッジを渡ったところで昼飯。暖かい。デリーが足に故障を起こしたので、ここで彼を自由にする。心得たもので、あとからヒョコヒョコついてくる。ポチ、アンコ、さぼり気味なのでしばしば後ろから叱《しか》られていた。ルンパ島と基地の中間くらいにあるB島の手前に来たあたりから、前方にポツンと黒点が見え出す。雪上車か。やがて大塚、藤井、佐伯の元気な顔。

「やあ、帰ってきました」

そうか。全部放《ほう》
と挨拶《あいさつ》をかわす。荷物は全部雪上車が持ってくれた。犬たちをどうしよう。全部放

「大丈夫か」

と西堀隊長が心配する。リキは五〇キロの距離を一人で帰ってきた。ここから基地までは、せいぜい一〇キロだ。まして、今はわれわれがここにいる。ついて帰れないはずがない。

「大丈夫ですよ」

菊池が太鼓判を押す。自分もそう思った。犬を全部放した。氷原に一五頭の犬たちが散った。壮観である。喜んでふざけるもの、ブラブラするもの、思い思いに過ごしている。

「さあ、行くぞ！」

雪上車に全員乗り、犬ゾリを曳く。ジャック、クロ、モク、シロ、ジロ、フーレンのクマなどは、雪上車にぴったりついて走ってくる。ほかの犬たちは遥か後方に遅れる。まもなくジロ、フーレンのクマをはじめ、モク、シロが落伍し、最後までついてきたのはジャックとクロのみであった。基地で待ち構えていると、犬たちは、マラソン選手のように、一頭また一頭、と帰ってきた。帰ってきた犬たちの頭を撫で、労をねぎらう。犬たちもうれしそうに尾を振り、自分の席に戻る。夕方までに大部分の犬

たちが無事に帰ってきた。まだなのもいるが、なんの不安も感じない。夜食には、ご馳走《ちそう》を振る舞ってやった。ご馳走といっても、いつものドッグ・フードだけだが。

夜が更けた。寝る前に見回りに行く。ゴロ、アンコそれにヒップのクマがまだ帰っていなかった。意外であった。

アンコ帰る

翌朝、ワンワンという犬たちの声。飛び出すとゴロが帰っていた。

「なあんだ、アンコと一緒じゃなかったのか?」

ゴロとアンコは同腹の兄弟である。だからゴロが帰ってきたとき、当然アンコも一緒だと思った。フーレンのクマが父親のゴロは、その父親ゆずりのふさふさした黒い毛を持っていた。目は赤目で、鼻すじに沿って白い毛がはえている。チーム一番の巨漢で体重四二キロ、当然ソリを一番よく曳いた。曳いているときは、背中を丸め、四肢《し》を踏んばり、見ていても精いっぱい頑張っていることがわかった。サボったり、仲間とケンカしたりすることがなく、真面目《まじめ》な忠実な犬であった。旅行中は、ほかの犬なら疲れると適当にサボるので心配はいらなかったが、ゴロは倒れるまで曳くタイプなので、絶えず注意をしていなければならないほどであった。

犬たちを放して二日間が過ぎた。まだアンコとヒップのクマが帰らない。雪上車の跡もあるし、仲間の足跡もある。普通の状態なら帰れぬはずがない。きっとその辺をブラブラし、自由を楽しんでいるのだろう。一日目はそう思った。だが、二日目になるとだんだん不安が増してきた。腹も減っているはずだ。基地へ帰りたいと思っているに違いない。とすれば、どこかで迷っているのだろうか。食餌をやるとき、ヒップとアンコの二つの席がポツンと空いているのを見るにつけ、その感が強くなった。

三日目の朝、西堀隊長が二頭の犬の捜索を提案した。せめてオングル島内を徒歩で探そう、というのである。それに対して、菊池が楽観論を述べた。犬たちがそのような近くにいるなら放っておいても帰ってくるはずだというのである。それは一理だ。そんな近くにいたら帰ってくるに違いない。自分もそう思う。しかし、これは〝気持ち〟だ。駄目であっても、探すだけ探してもよいではないか。菊池はどういうわけか、頑張る。そんなこと、無意味に近いと言う。作間がその態度に腹を立てる。

「まあまあ、皆さん。そうおっしゃらずに、手空き有志の人だけでも探しに行きましょう」

藤井が仲裁案を出し、どうにかおさまった。西堀隊長、藤井、中野、私（北村）の四人が砂田の作った弁当を持ってオングル島周辺を探しに出かけた。シロとジロがお供をした。四人は距離を取って平行して歩いた。西堀隊長と藤井は島内の中央部分を互いに数百メートル以上も離れ、中野は海岸を、そして自分は海氷上を歩いた。

西オングル島の「N基地」まで来たときである。藤井が動くものを認めた。向こうはこちらに気がつかない。声を出して呼ぶとやっと気がついた様子で藤井目がけて飛んできた。アンコだった。藤井は弁当のサンドイッチを与えた。アンコはガツガツ食べた。西堀隊長の分もアンコはペロリと平らげた。食べ終わると、海岸を歩いている中野を認め、そのほうへ走っていった。アンコは中野からもさらにサンドイッチをせしめた。

アンコの父親もフーレンのクマであったが、アンコは父親に似ず赤茶けた、というより、セピア色の美しい毛を持っていた。目も金色であった。あどけない少女のような感じを持っており、甘えて人々の人気を集めていた。性格は従順で、めったにケンカなどしなかった。兄のゴロと並んでソリの位置につき、ともによく曳いた。係留位置もゴロ、アンコと並んでいる仲のよい兄弟だ。このアンコ発見の成果に意を強くし、残る地域を探した。しかし、ヒップのクマはいなかった。それでもその日は、アンコを見つけただけで捜索の目的を達し、満足して帰った。

ヒップ帰らず

翌八日、日曜日ではあったが、修理したばかりの二台の雪上車の試し乗りをかねて、立見、中野、藤井、作間、砂田そして私（北村）が捜索の続きをした。途中、中野の発案でアザラシの肉などをパラパラと雪原にまいた。ルンパ島まで行く予定であったが、雪上車が故障し、途中で引き返す。岩島まで帰ってきたとき、そこまで多くついていた犬の足跡のうち、一頭のトレース（足跡）が東北にそれているのを見つけた。そのまま追跡をしようと考えたが、その日は時間も遅かったので、帰ることになった。

翌九日、菊池と二人で、昨日見つけたトレースをたどる。菊池は今度は捜索行に反対しなかった。足跡は南のほうからやってきて、大部分の跡が左へ折れて基地へ向かっているのに、一つのものだけが右（東方）、つまり大陸の方向へ向かっていた。ここまで来れば基地も見え、風向きによっては犬の鳴き声、発電棟の音が聞こえる距離である。ヒップのクマのものらしい足跡をたどる。それは大陸へ続き、そして大陸の蒼氷の彼方に消えていた。

ヒップはなぜ基地へ戻らなかったのであろうか？　戻ろうと思えば戻れる距離から突然方向を変えて大陸に向かったのは、ヒップの方向感覚が狂ったからだとは思えないのだ。そう考えるには、あまりに基地に近いところで反転しているからである。そこには彼の意志、つまり基地に帰りたくないという気持ちが働いたとしか考えられない。もしそうだとしたら、なぜ彼は帰りたくないと考えたのだろうか。

　ヒップはチーム中、最も野性味の強い犬だった。どちらかといえば黄色く見えるその目は、いつも鋭くランランと輝いていた。鼻から額にかけ鋭く立ち上がり、いかにも精悍《せいかん》な面構えに見えた。性格は、その犬を叱るときによくわかる。カラフト犬を叱るときは、尋常な叱り方では効き目がない。鼻のツラを思いきり打て、と言われている。頭や背骨を打たれて傷を負うと働けなくなるが、鼻のツラは彼らにとって最も痛い部分であるにもかかわらず、そこに傷を負っても全体の健康にあまり支障がないからだ。

　犬たちの鼻ヅラをムチの柄のようなもので殴るとき、大抵の犬は顔を右、左に避け、悲鳴をあげて逃げ回る。弱い犬だと殴らぬ先から顔を避け、ヒーヒー悲鳴に似た叫び声をあげる。少々強い犬でも、一、二回は辛抱していても、やがてキャンキャンと悲鳴をあげる。ところがヒップは、いかに叱られても殴られても、悲鳴をあげたことはなかった。顔を避けても、じっと耐えている様子だった。これ以上殴ると鼻の骨がどうにかなるのではないかと思えるほど強く打っても、降参しなかった。

　体重三八キロ、四肢ともに均整が取れ、その面構えと性格の強さから、隊員たちも彼には一目置いていた。七月になってメスのシロ子に〝春〟が来た。シロ子のムコを、どの犬かに決めようというとき、われわれはもちろんのこと、すべての隊員によって異議なく推薦されたのが、このヒップのクマであった。

「彼ならばよい子犬が生まれる」

だれもがそう思った。ヒップはシロ子の傍《そば》に居を移された。武骨ものの彼は、とまどいを見せながらも求愛を始めた。しかし、どういうわけかシロ子は彼の愛を拒んだ。二日目もヒップの求愛は続けられた。しかし、ついに彼の愛は受け入れられなかった。二日、三日とたって、一緒にいてもどうにもならないと悟ったとき、ヒップの気持ちは焦りから、やがて消沈へと変わってゆくように思えた。

やむを得ずシロ子に相手を選ばせることにした。シロ子のクサリを持ってオス犬を戸別訪問するのである。やはり犬にも相性が合うものと、そうでないものがあるらしい。シロ子は、ある犬には一瞥《いちべつ》だに与えず通り過ぎ、またある場合には牙《きば》さえ剝《む》いて醜悪な顔つきでオス犬を追っぱらった。モンベツのクマもフーレンのクマも落第組だった。わずかにジロ、シロに見込みがあるように思えた。ジロがシロ子の初恋の相手に選ばれた。恋は成就した。そのあと、シロ子が何かのことでクサリから離れたとき、今度はシロを相手に選んだ。犬の世界のことながら、こうしたことは越冬生活に時ならぬピンク色の雰囲気を醸し出した。毎夕食後、その日のシロ子のことで話題がにぎわった。

シロ子はそのあと、クロと一緒になった。そしてついに老犬テツまでが老いらくの恋を拾った。ひょっとしたら、まだまだあったかもしれない。こうなると、乱脈、ご乱行である。ヒップはこの有り様を横目で見ていた。

彼の心は千々に乱れていたに違いない。シロ子がたった一人の相手しか選ばないなら自分も諦めよう。しかし、あれはなんだ！　だれでもよいという態度ではないか。仲間にも一目置かれ、人間さまからも推薦され、自他ともに認めるこのおれが、なぜ駄目なのか。

「シロ子よ、答えてくれ！」

ヒップはそう心の中で叫んでいたに違いない。カエル島旅行に出かける、すぐ前のことだった。

ヒップは基地の見えるところまで帰ってきたとき、苦々しいその日々のことを思い出したのかもしれない。基地へは帰りたい。しかし、そこにはシロ子がいる。ああなった以上、なんでおめおめシロ子のいる基地に帰れよう。性格の強い犬だけに、屈辱の日々に耐えるより、別の世界を探そう。そう考えて踵《きびす》を返したに違いない。ヒップの足跡らしいものが、基地のほんの少し手前から、急に大陸のほうへ転じているのを見て、私はそうとしか思えなかった。

犬の気持ち

稚内で、犬を訓練する指導を受けたときから、労働用の大型犬であるカラフト犬を御すのは〝力〟である、と教えられてきた。言うことを聞かぬときは徹底的に懲罰《ちょうばつ》を加え、主人がだれであるかを力いっぱい込め、と言われてきた。具体的にどうしたかといえば、手ごろな棒で鼻ヅラを力いっぱいぶん殴った。人間の社会でもそうだが、叱責《しっせき》はいつも妥当なものとはかぎらない。時として叱責する側の気持ちや感情が多分に入る。叱られる側も、自分が犯した罪に見合う罰は甘受するが、それが度を超すと反抗的な気持ちになる。犬もそうだった。

ヒップのクマなどは、もし彼が本気になれば、人間など嚙み殺せるかもしれないほどの力を持っていた。しかし、ヒップが失敗をしたとき、私が叱りつけるとヒップは黙ってそれを受けていた。ときどき、ヒップがうなり声をあげ、反抗の様子を見せるときがあった。そのようなときは、決まって私の叱り方がしつこすぎたり、度が過ぎたりした場合であった。ほかのことでイライラしているその気持ちを、ヒップにぶつけているようなときだった。

こうしたことを経験しているうちに、心の動き、感情などは、犬も人間も何ら変わるものはないのではないか、と思うようになってきた。

そして、このヒップの失恋と失踪《しっそう》事件である。私はこの事件で、犬たちの心の動きが人間と少しも変わらないことを確信した。そしてこの確信は、この後に起こるさらにいくつかのことに出合うに及んで、ますます強まっていった。

第五章　ボッンヌーテン犬ゾリ行

雪上車準備

カエル島偵察行をもって犬ゾリ旅行の計画は一応終了した。ボッンヌーテンへは雪上車旅行が予定されていた。だが、雪上車にはいろいろ厄介な故障が続出した。まず、始動時エンジンがかかりにくかった。内地でも起こるような故障はもちろん起こったが、それらはあまり問題にはならなかった。やはり寒さによる故障が一番厄介であった。

やっとのことでエンジンが始動しても、走っていくうちにだんだん馬力が落ちて、やがて停止してしまうことがたびたびだった。不思議だ。野外の吹きさらしの氷原では細かい作業はできないから、不調の雪上車をだましだましどうにか基地に持って帰って調べてみると、燃料パイプの中にぎっしり氷が詰まっていた。ガソリンを光に透かしてみると、何かキラキラ光るものがある。ガソリンの中に含まれている、わずかな水分が凍ったものであった。ちょうど高層大気中に浮遊する氷の細片のようなものである。燃料フィルターには、まるでシャーベットのような状態で、これらの氷の細片が詰まっているが、なおそのフィルターを通り抜ける氷片があるらしい。細かいパイプにその氷片が詰まってしまうのである。だがこれは、西堀隊長がアルコールをガソリンに混合させることによって解決した。

雪上車のキャタピラーを止めるピンが折れたり、また、はずれるはずのない動輪を止めるシュプロケット・ナットが、旅行中に取れて落ちたりしたこともあった。これも低温のため、金属がもろくなって、シュプロケット・ナットを止める金属が振動で折損したりしたのが原因だった。原因はすべて〝寒さ〟であった。なんとか克服せねば。

いよいよボツンヌーテンへ行動開始だ。目指すは基地から約二〇〇キロメートル南のボツンヌーテンと、そのさらに南二〇〇キロメートルの彼方《かなた》に広がっているであろう、まだ名もない一大山脈だ。基地に活気がみなぎる。出発は一〇月七日と決まっていた。ところが雪上車の調子がまた悪くなった。何度も修理が試みられた。雪上車という近代文明の産物の極地での不調に、越冬隊だけではどうすることもできなかった。

一〇月一一日、ついに雪上車によるボツンヌーテン旅行計画が放棄された。菊池が隊長に呼ばれていった。さては犬ゾリ出動か。

カンが当たった。計画は犬ゾリに切り変えられた。

タバコは煙にして持ってゆけ

ボッンヌーテン犬ゾリ隊は、リーダーに中野、それに菊池、北村（私）の三人と決まる。この人選には、隊長としての苦しみがあったに違いない。立見にも藤井にも佐伯にもボツンヌーテンへ行かせたい。もちろん自分も行きたい。だれもがこのボツンヌーテン行を夢見て、今日までの長い道を来たのではなかったか。

しかし犬ゾリで行くとなると、荷物はそう持てない。三、四人がせいぜいだろう。そして期間も、一カ月弱くらいかかることを予定しておかねばならない。今から出発すると帰着は一一月中旬になる。

隊全体の仕事のバランスから考えるとき、大勢の人間がボツンヌーテンばかりに貴重な時間を費やしておれない。一〇〜一一月は、いわば最良の旅行シーズンだ。長頭山（ラングホブデ）地区も調査しなければならない。オラフ海岸、さらにクック半島にも手をつけたい。立見をボツンヌーテンに行かせると長頭山地区の地質調査ができなくなる。菊池、北村を犬ゾリから離すわけにはいかない。佐伯をボツンヌーテンにつけると長頭山の立見組を支援する者がいなくなる。これはどうしても中野、菊池、北村がボツンヌーテンへ、それに並行して立見、藤井、大塚が長頭山系へ、そしてオラフ海岸へは、もし事情が許せば自分が菊池、北村とともに行こう……。西堀隊長の

大活躍の犬ゾリ隊

胸にはこんな計算がなされたに違いない。

　犬ゾリ隊は一〇月一六日に出発と決まった。さあ急がねばならない。犬係としては予想し得ない結果ではなかったが、いよいよボツンヌーテン犬ゾリ単独行となるといろいろ問題がある。往復五〇〇キロメートル、一カ月弱の旅行を、デポなしに犬ゾリ単独でやれるだろうか。その成否のカギは、もっぱら〃重さ〃にかかっていた。西堀隊長からは、連絡用のラジオと一六ミリの撮影機、それにウィルド（スイス製の高級測距儀。天測をするのに必要なもの）を持っていくように指示された。ラジオは、旅行隊の安否を気づかって、文部省が持っていけとやかましく言ってきているものだ。ウィルドはボッンヌーテンの位置測量のために必要だ。一六ミリ撮影機は頑張れば持てないことはないが、どうしても必要というものではない。やむを得ないときはスチール写真でもよい。結局、中野の判断で、ウィルドは持参、一六ミリ撮影機は重すぎるので代わりに八ミリ撮影機を持っていく、ラジオはどうせ聞こえぬから持っていかない、と決まった。

さあ、一グラムでも軽くしなければならない。個人装備は、肌着一枚まで制限がつけられ、チリ紙は枚数を数えられた。食糧は私の責任だ。何度も何度も計算した。缶詰は今までの経験から、すべて缶を捨てた。幸い中身は凍っているので、そのままポリエチレンのシートで包んだ。缶のままだと、いったん湯に入れて溶かし、そのうえでやっと缶を開けられるが、こうすると直接料理できるから、燃料や時間の節約にもなって一挙両得だ。チーズやバターのボール紙の箱さえ捨てた。傍《そば》で見ていた佐伯が冷やかした。

「どうだ、タバコも煙にして袋に入れて持ってゆけよ」

これ以上、切り詰められない限界ぎりぎりを一日分ずつの袋に詰めた。今までの経験から、自分はこの限界を正確に把握している。番号を打って、すぐ取り出せるようにした。こうすると、番号でその日がわかる便利さもある。北村方式である。

初日に立見、大塚、佐伯の三人の支援隊が、できるだけ先まで犬ゾリ隊の荷物を雪上車で運んでくれることになった。出発の前日、立見がボッツンヌーテンの頂上に埋める銅板に、一一人の名前を彫りつけていた。ボッツンヌーテンを断念した立見が、思いをその銅板に託しているように思えた。

ボッツンヌーテンへ

一〇月一六日の朝は一面の濃いガスで明けた。一キロほど先の岩島も見えない。犬ゾリ隊の出発が危ぶまれたが、次第に天候が好転の兆《きざ》しを見せてきたので、思い切って出発に踏み切る。午前六時三〇分、西堀隊長、藤井、村越、作間、砂田の見送りを受ける。

「中野さん。心配しないから、心ゆくまでやってきてくださいよ」

と西堀隊長。これより先、立見、大塚、佐伯の支援隊は、その日一日、犬ゾリ隊を支援すべく一足先に雪上車のエンジンの音を残して出発していった。

出発して間もなく、青空が広がり始め、視界も好転して対岸の大陸も見え出した。一時間もたったころ、ガスはすっかり消え、雲一つない快晴となる。太陽の周りにはハロー（幻の太陽）が輝き、空からは細かい氷片がキラキラ舞って落ちてきていた。気温マイナス一二度。雪面は適度に硬く、犬たちは快調で、ソリは猛烈なスピードで走る。まずは、幸先のよい出発であった。

この日の荷重は人間を含めて三五〇キロ強。ルンパ島を昼食前に過ぎる。依然快調。過ぐる八月下旬のカエル島犬ゾリ偵察行のとき、まるで砂のような雪面に苦しみながら進んだことなど嘘《うそ》のようだ。暖かさのためにソリ面がすべりやすくなったことと、支援隊が雪上車で大部分の荷を一〇キロメートル先の地点まで運んでくれたお陰である。

カエル島旅行では、靴が凍って足の指に凍傷を受け、苦労した。今回は、思い切ってフェルトの靴に。これは強度が問題で、果たして長い旅路に耐え得るかどうかが心配であったがフェルト靴も快調。

ルンパ島も過ぎ、やがて午前一一時三〇分、カエル島偵察行のときの第一キャンプ地跡を右方一〇〇メートルほどに見たところで昼食。

もうそろそろ雪上車隊が現れてもよいはずだと思ったころ、前方にポツンと黒点が現れた。その黒点がいったん第一氷山の陰に隠れたが、再びその左に現れたときはまぎれもなく雪上車と確認できた。午後一時四五分に立見、大塚、佐伯と会う。ここから先は雪が深いと聞かされた。握手をして、やがて出発。

「じゃあ、行ってきます」

「元気でナ！　頑張ってやってこいよ」

立見のさりげない顔に、チラッと寂しさが走る。

「立見さん、あなたの分もやってきますよ」

まもなく軟雪地帯に入る。基地より四五キロメートル。午後二時三〇分、ペンギンの通った跡を横切る。コウテイペンギンが一羽、南へ向かった跡だった。春を感じる。あたりは風もなく、雪は静かに降り積もっていた。一〇センチの深さ。きっとこの辺が東北卓越風の最前線で、これから無風地帯、つまり深雪地帯に入るのではないかと思われた。走行距離四七キロメートルのところで第一キャンプ。季節が進んで、夜でもなかなか暗くならない。八時就寝。

翌一〇月一七日、午前六時起床。すごい蜃気楼《しんきろう》。前夜はゴロがクサリから離れ、アンコとモンベツのクマやジャック、そのほかの犬たちがやかましくてよく眠れなかった。予定より三〇分早い七時三〇分出発。朝の馬鹿走りで、一挙に第一デポ地へ。走り出して六・五キロのあたりから、雪面に次第に南風の跡が見られ始めた。積雪は五〜一〇センチ、ソリはまだ快調に三人を乗せたままで飛ばす。途中、またペンギンの通った跡と交叉。第一デポ地に着く。荷物を満載して再出発。〝春の小川〟を二本渡る。初めのものは特に幅広く、渡河点に苦労する。雪の深さは一〇〜一五センチとなり、くるぶしを埋める。第二の〝春の小川〟を渡り、最初の円丘氷山の裾《すそ》を巻く。雪は一五〜二〇センチ。徐々に雪は深くなっていった。

斜面をときどき横へずり落ちながら行く。アザラシが二頭、眼下に長々と横たわっているのを見る。のどかな風景だ。まもなく円丘氷山を降りきったところで昼食。出発。ラッセルが深くなってきた。犬たちがあえぐ。

「よーし、ブラァーイ！」

疲れきった犬たちは、すぐに雪の中にへたり込み、長々と寝そべってしまう。いつになないことだ。人間が先導しなければ、もはやソリは前に進まなくなっていた。雪はますます深くなり、二〇〜三〇センチの深さとなる。極地に来て、このような深雪に遭遇するとは想像もしなかった。犬たちと人間の苦難はここから始まった。荷重は五〇〇キロを超えていただろうか。

目の前に見えていながら、キャンプ地はなかなかやってこなかった。もはやラッセルは五〇歩行っては休み、五〇歩行っては休むという有り様。人間も犬も、まったく疲れ果ててキャンプ地に着いたのは午後四時二八分だった。犬たちも今日はおとなしい。疲労で吠《ほ》える元気もないらしい。空は次第に曇ってきた。

円丘氷山との闘い

一〇月二八日。第三日目。八時出発。気温は、マイナス一二・三度。温度が高いとこうも違うものなのか。一カ月前のカエル島偵察行のときは、何かをしようとするとき、いつも強い意志を必要とした。寒さのために行動力は鈍り、何もせずにただじっとする方向に流れた。それが、今は仕事をするのに何の抵抗もない。風さえ弱ければ、素手でも全然冷たくない。日照時間も長くなり、旅行にはまったく快適だ。

私たちの行く手には二つの難関があった。一つは、これから越えようとする円丘氷山群。高さはせいぜい五〇～一〇〇メートルではあるが、越えても越えてもなお尽きない。この雪と氷の丘陵地帯は、重荷にあえぐ犬たちにとって決して容易なものではない。もう一つは、カエル島偵察行で発見した上陸点から大陸への登り道である。そこは、過去二回の偵察行から判断して、その付近では最良の登り道で、最も傾斜の緩い穏やかな場所であることがわかっていた。しかし、もっと大陸の奥のほうでは、どこにクレバス地帯があるかわからなかった。それに、緩くはあるがあの長い傾斜の道のりを、果たして重い荷を曳いた犬たちが耐えてくれるかどうかということについても、私の心の中では五分と五分であった。

この日の仕事は、まず目の前の雪深い円丘氷山を登ることから始まった。雪はスネの深さとなり、時として長靴の口から入り込むほどになってきた。例の朝の馬鹿走りもこの日はまったく勢いがなく、キャンプ地より二〇〇メートルほどのところでたちまち第一休止。無理もない。犬たちは腹まで、時として背中までもぐってしまう。ソリ荷の下半分が隠れるほどの雪なのだ。そのうえ、五〇〇キロを超す重い荷に、さらに加えてこの傾斜。速く進めというほうが無理だ。私たちは長期戦を覚悟した。雪の深さは三〇～四〇センチ、時として五〇センチもあろうか。まるで浅い塹壕《ざんごう》を、押し掘ってゆくようなものだった。

ハッ、ハッ、ハッ。

犬たちの吐く荒々しい息の音を聞くだけでも哀れである。一〇歩行っては休み、五歩歩いては停止する。犬たちは、頭を垂れ、懸命に曳けど進まず、ただいたずらに時間とエネルギーを費やすばかりだった。中野はラッセルを第一円丘氷山の上までつける。あの年齢（五三）で、あれだけの肉体力と精神力は、若い自分にはまったくよい手本だ。

第一円丘氷山をやっと乗り切る。山頂は、雪はやや浅いといっても、なおスネの深さ、ときどき長靴の中まで入る深さがあった。目の前には、第二円丘氷山がそびえる。そのあいだに五〇メートルの深い谷を越さなければならない。ウヘー！　それから一歩一歩、四〇メートル、二〇メートル、と遅々としたアリのそれにも似た苦しい労働が始まった。ただ黙々とラッセルし、一〇メートル、五メートルと距離計の目盛りが増していくのを唯一の支えとし、時には犬たちを叱《しか》り、時には愛撫《あいぶ》し、越えても越えてもなお延々と連なる白い雪と氷の丘陵地帯を、犬たちとともに闘った一日であった。

人と犬たちがこのときほど一緒になったことはない。はなはだしいときは、一〇メートルごとに休んだ。

「ブラァーイ！」の声で犬たちは待ちかねたようにその場に座り込み、ハッハッハッと機関銃のような息を吐く。二、三分の休憩の後、「そーら行くぞ！」と掛け声をかけると、あれほどダラリとしていた犬たちが再び一斉にシャンと立ち上がり、身構える。そして、やがてかかる「トウ！」の掛け声で、再び渾身《こんしん》の力をもって荷を曳き始めるのであった。

かくして第二円丘氷山を越え、第三円丘氷山を降り、第四、第五円丘氷山……と、アリの歩みが続いた。その姿は、あたかも、乗り切っても乗り切っても、後から後から押し寄せる白い巨濤《きょとう》に、もまれ漂う一隻《せき》の小さな小舟にも似ていた。そして数時間、カタツムリの歩みもやがては千里の途《みち》を行くのたとえ、陽もやや傾きかけるころにはどうやら前の旅行のときの第三キャンプ地跡に到着したのであった。

それから三〇分ばかり行ったところで第三日目の夢を結ぶ。犬たちは、すっかり疲れ果て、いや人間も、しばらくは口もきけなかった。テントのペグを打つハンマーさえ、両手を使わねばならなかったほどであった。犬たちにペミカンを与える。ご苦労だった。今日はゆっくり寝てくれ。楽しい夕食が始まる。茶を飲み、楽しい語らいの後、身も心も満ちて寝袋にもぐり込んだのは午後八時三〇分。ああ天国かな。空は次第に曇ってくる。

蒼氷の故郷

ゴーゴーと鳴る風の音に一〇月一九日の朝の夢が破られた。いまだ夢うつつ。今日はブリザードかな、などと一日寝て暮らす楽しさを、覚めやらぬ頭脳に朦朧《もうろう》と浮かべる。が、意に反して外は快晴。朝日がカンカン照っている。昨日の高曇りもすっかり吹き払われ、太陽がまぶしい。

時計は午前八時。ハイヨ！　トウ！……今朝もまたラッセルから一日が始まる。風強く、ときどき地吹雪《じふぶき》が走る。カエル島の西北岬の少し東寄りを目がけて一直線にラッセル。

「トウトウトウホラァー、トウトウトウホラァー」

後ろから中野の犬たちを追う声が、ときどき風に消されて、途絶え途絶えに聞こえてくる。

「トウトウトウホラァー、トウトウトウホラァー」

足下を走るドリフト。紺碧《こんぺき》の空。かぎりなく続く雪原に、腿《もも》までもぐる雪を、一歩一歩深いラッセルをしながらふと幻想に陥る。あたかも現実から魂が抜け出して、ひとり白い砂漠を行く感じがしてきた。遠くを、羊《ひつじ》を追う遊牧民が行く。夕日がかげり出した。早く家路に着かねばならない。

「トウトウトウホラァー、トウトウトウホラァー……」

どれほど時間がたったろうか。ハッと現実に戻る。振り向くと、後ろから来る犬ゾリの下半分は飛雪に隠れ、逆光を背にシルエットとなって浮かんでいた。わずかずつの歩みでも、それを重ねていると、いつしかこんなことにと驚くほどの道程を進むものである。

昼過ぎ、〝春の小川〟に到着。この〝春の小川〟も西寄りを難なく通過。ここで昼食。アザラシを一頭発見。帰途ならば生命のないものを、と言いながら進む。やがてカエル島の岩の縞目《しまめ》も見えるころ、海氷が顔を見せ始める。サスツルギがひどくなる。西北岬に着く。

この地域の海氷には、大変複雑な力がかかっているらしい。あちこちに一～二メートルの厚さの、時として三メートルもある氷がのし上がっている。その様は、世界中の蒼氷《そうひょう》をここで生産しているような感じで、まさに〝蒼氷の故郷〟だ。それらの氷は、氷塔となり、あるいは氷の洞窟《どうくつ》を作る。それはまた永年のあいだに角が取れたり、逆に薄く刃物のように研ぎすまされていたりする。それらの蒼氷が午後の太陽の光を受け、キラキラ輝く。その色は千変万化する。自然の工匠の素晴らしさに、しばし感嘆。

ある露岩の上に銃をデポする。

クレバスにはまる！

そこから西南岬までの道ははかどった。下は海氷でツルツルしているので、ソリは三人乗っても大丈夫だ。すぐ西南岬に着いた。雪がまた深くなった。吹きだまっているらしい。再びラッセルにかかる。膝《ひざ》くらいの深さだが、足下の雪は硬い。しばらく歩いたとき、突然足下の堅雪がガバッと割れ、腰まで落ち込んだ。両手で支えてやっと止まったものの、足は宙ぶらりん。どうやら空洞らしい。心臓の鼓動が一瞬止まる。両手で支えている堅雪が割れたらおしまいだ。しばらく動かずにじっとする。それと気づいた菊池がソリを止め、中野が走ってくる。

「長髪つぁん、止まれ！」

声にならない声が出た。今体を支えている堅雪も、二人の重さには耐えられないと、とっさに判断したからだ。

「どうした？　大丈夫か？」

中野が数メートル先から心配そうに聞く。

「大丈夫かどうかわからんが、やってみる」

そろそろと身を動かし、雪の上に這《は》い上がる。幸いに雪面は硬い。これなら大丈夫だ。それでも、接地圧を低くするために体をゴロリと横に寝かせる。穴は深く、中は暗くてよくわからない。中野の差し出すピッケルの柄をしっかりつかむ。もう大丈夫だ。匍匐《ほふく》前進でそろそろ進む。やっと中野の足下までたどり着いた。ああびっくりした。にわかに心臓がどきどきしてきた。

こんなところにクレバスがあるはずがない。ここは海面に近いはずだ。ついさっきまで海氷の蒼氷の上を走っていたではないか。この穴は、結局タイド・クラック（海の干満によってできる海氷の割れ目、島の海岸に沿ってできる）の大きいもの、ということになった。八月のカエル島偵察行のときには〝温泉〟を発見したが、あれは、海氷近くの吹きだまりのような緩斜面に深さ一〇メートル以上の割れ目があって、その底から湯気が出ていた。きっとあの割れ目の底は海水に連なり、そこから湯気が出ていたのに違いない。

菊池がテントを張ろうと言うのに、中野はもう二キロ進もうと言う。中野は明日のことを心配していた。中野自らラッセルを始めた。夜九時就寝。

一〇月二〇日の朝も風が強く、バタバタとテントが揺すられる音で目が覚めた。朝日がテントを照らす。快晴。今日は、大陸まで行けたらよいほうだ。出発まで一時間四五分、暖かいから準備もはかどる。八月に来たときは、マイナス三〇度という低温だったから、歯の根も合わぬほど震えたが、それがウソみたいだ。

例により、ラッセルが始まる。しかし、昨日ほどではなく、せいぜいくるぶしくらいまでだから大したことではない。二キロメートルほど進むと、雪は目に見えて硬くなってきた。もう一、二センチメートルしか沈まない。今朝は犬たちも調子がよく、一人がラッセルすると、ほかの二人はソリに乗れる。なんとか先導人なしで犬たちだけで歩けぬものかと、リキを先導犬にしてみたり、クロ、モンベツのクマ、そのほかを先導犬にするが、やはりシロに勝る犬はないようだ。

昼はソリの陰に風を避け、快適な昼食となった。大陸の四つ目岩に覆いかぶさっている氷は吸い込まれそうな青さだ。パチリ、パチリと写真をしきりに撮った。やがて左にプレッシャー・リッジが見え、上陸地点が近いことを知る。大陸がぐんぐんのしかかるように追ってきたと思ったら、蒼氷地帯に出た。三人ともソリに乗りっ放しで走る。上陸地点に着いたのは早かった。ただちに食糧配分。砂糖と味噌《みそ》はうんと持つことにする。今日の快走で一日まるもうけ。明日は休日の予定であったが、今日半日の休養で十分なので、明日は出発ということにする。犬たちにバターをやったり、ピーナッツをやったり。犬たちも栄養たっぷり。

よく曳いたなあ！

一〇月二一日、第二次観測隊を乗せた宗谷《そうや》が日本を出る日だ。早一年が過ぎようとしている。来し方を振り返ってみて、今さらながら月日の流れの速さを感じる。午前六時三〇分起床。朝は快晴、無風。いよいよ第二の難関へ挑戦する日だ。しかし私は第一の難関であった円丘氷山群をなんとか越えた経験から、この第二の難関についても自信をもって臨める。とはいうものの、今日一日で一〇〇〇メートル近い高度を登らねばならないことになるので、心配は心配だ。気温はマイナス一六・二度、暖かい。昨日十分に休養を取った身には、すがすがしい朝だ。

午前八時四五分出発。ただちに眼前の斜面を登り出す。私は例によって先導し、中野、菊池はソリを押す。雪が硬いので、はじめのうちは快調。もう春よりも暑く感じる。風がないので、ヤッケを脱ぎラクダのシャツ一枚。それでも暑いので、網シャツ一枚になった。ぐんぐん高度を稼ぐ。眼下に広がる光景をなんとたとえればよいのか。リュツオ・ホルム湾最奥の大氷河、白瀬氷河の荒々しい光景。海氷はその力の前に、まるで紙のように裂かれる。地の果ての凄絶《せいぜつ》な景観だ。

風がない。昼になって、気温が上がりマイナス九度。雪がいつの間にか再びくるぶしを隠すほどになっていた。午後二時ごろから、高層雲が広がって、天候悪化を思わす。ボツンヌーテンは今日も見えない。心配していたクレバス地帯にも遭遇せず、午後三時には台地らしいところにたどり着いた。これで心配していた第二の難関も九割方通過したことになる。

「よく曳いたなあ！　おまえら」

一頭ずつ頭を撫でる。越冬を始めたころはこの犬たちに手こずって、何度絶望感に打ちひしがれたことか。そのとき、今日このように難関を乗り切れるまでになろうとは、どうして想像できたであろう。それがどうだ。あのときの手に負えない犬たちは、今一列に並んで行儀よく座り、次の命令を待っているではないか。いとおしさが込み上げてくる。

あとは坦々たる緩い登り傾斜が大陸内部へ連なる。

そしてボツンヌーテンが見えた！　次第に雲が切れ、太陽がときどき顔を出すようになった。深入江丘で大陸第一夜の夢を結ぶ。空はすっかり晴れてボツンヌーテンがよく見える。空が晴れているので、天測をする。気温マイナス一七・三度。もう真夜中でも真っ暗にはならず、若干の残光がある。そのため一等星以上の星しか見えない。北半球では馴染《なじ》みの薄いスピカ、ケンタウルス、カノープスなど、いずれもキラキラと美しく輝いている。頭上にコロナ（オーロラの一種）が出ているが、あたりが明るいせいか迫力がない。夜半から風が強くなる。旗がパタパタと鳴り、久しぶりに背中が寒く、夢が何度か破られる。

二二日、快晴だが風が強い。気温マイナス一七・三度。もう午前一〇時ごろかと思うほどテントの中は明るい。が、時計を見たらまだ六時だった。朝はビスケットとコーヒー。砂糖をたくさん持ってきたので、この前のカエル島偵察旅行のときと違って、甘いものに苦労することはない。

不思議に空腹も覚えない。空腹を覚えないのは、単に食料の豊かさだけによるものではなさそうだ。どうも寒さに関係しているようだ。この前のカエル島偵察旅行では、寒さと闘うだけでも相当なエネルギーを消耗したように思える。

雪はくるぶしまであったが、やがて少しずつ硬くなってゆく傾向にある。朝は風強く、地吹雪が走る。ヤッケを着たがそれでも寒い。しかし、先導して走ると、すぐに体がほてってくる。ときどき手袋を取って素手になる。汗ばんだ手に冷たい風が心地よい。朝からの地吹雪は相変わらず強く、地平線がかすんで見える。ボツンヌーテンは見えたり隠れたり。はるか北に長頭山（ラングホブデ）やシェッケ山が見える。左（東）は奥氷河へ、右（西）は外海へ緩やかに落ちていく、だだっぴろい、上り下りのほとんどわからない平坦な尾根状のところを行く。風は強いが温度はマイナス一五度くらいで、大して冷たくないのがありがたい。

氷原の日蝕

一〇月二三日、ひどい地吹雪で目覚める。気温マイナス一五・五度。昨夜半よりテントのパタパタという音、雪がテントをこするサラサラという音が激しくなる。真南から風が吹きつけ、地吹雪のために地平線がかすんで見える。テントの両脇から風下へ、犬たちのいる方向に吹きだまりが延びていた。テントの近くに寝ていたテツやジャック、アカなど、すっかりその吹きだまりに埋もれてしまっている。

テツは七歳。年老いた犬である。体重は三〇キログラムを前後していた。小柄なので、行進のときは同類のアカとともにほかの犬たちと歩調が合わず、いつもマイナスに働く。それに彼はとくに寒がり屋だ。冬ごもり中も、ほかの犬たちは皆屋外で頑張っているのに、このテツだけは「小屋に入れろ、小屋に入れろ」と鳴き続けた。クサリを解いてやると、ほかの犬なら一番にエサのところか、基地唯一の女性、シロ子のところへ飛んでいくのが普通であるのに、このテツは、そんな色気も食い気もあったものではなく、真っ先に行くところは、暖かい犬小屋の中であった。もっとも、色気についてはまだまだ衰えてはおらず、先のカエル島偵察行の前には、チャッカリとシロ子のお情けをいただいていた。

ともあれ、テツは寒がり屋で、その日も、アカやジャックはかぶさった雪を払って起き上がり、私に挨拶《あいさつ》をしたのに、テツだけはズルけて知らぬ顔の半兵衛、ぬくぬくと雪の中で狸寝入りを装っていた。

「今日は沈澱《ちんでん》しよう」

と中野の声。犬たちを休めるためだ。犬たちも理解のあるリーダーを持って幸せだ。旅行中の思いがけない沈澱は、何よりもうれしい。

今日は日蝕《にっしょく》の日だ。予想どおり午前七時ごろから日蝕が始まった。肉眼でも太陽が欠けているのがわかる。ウィルド（測距儀）を持ち出して、日蝕を観察しようとしたが、風が強く、粉雪が舞い、大変寒いのでその気をなくしてしまった。テントの入口から首だけ出し、色つきのアイピース（望遠鏡などの接眼鏡）で日蝕を眺める。七時四〇分ごろ最大蝕。外界は黄金色に包まれ、その黄金色の雪面を地吹雪が走る。昼ごろ、地吹雪はおさまり、テントの中はまるで温室のように暖かい。

この日は天測三昧《ざんまい》に暮らす。計算の結果、この場所の位置は南緯六九度二四・八分、東経三七度五五・九分であった。夕方からまた地吹雪。太陽はすでに地平線に低く、ただ地吹雪のみ、この無の世界を瓢々《ひょうひょう》として這う。このドリフトの走る世界に、生きている者はわれわれ三人と一五頭の犬たちのみ。私たちが去ったあと何年も、あるいは何十年も、いや何百年も、ただ自然のままにブリザードが吹きまくり、地吹雪が走り、見る人もなく自然の営みを繰り返すかと思うと、何か一種異様な、不思議の感に打たれた。そして、テントを叩く風の音、地をこする飛雪の音に、スコットを思い、モーソンを偲《しの》び、その今昔の感と運命に思いを馳《は》せた。

一〇月二四日の朝は再びテントのハタメキに目を覚ました。今朝もひどい地吹雪。地平線は遥《はる》かにかすみ、ボッンヌーテンは見えない。昨日の天測結果によると、今日は八〜一〇キロメートルほど進めば南緯七〇度線を突破する。昨日からの風で雪面はすっかり好転。気温はマイナス一八度くらいだが風が強いので冷たい。休憩なしにぐんぐん進む。午前一〇時三〇分ごろにはもう一九キロメートル走っていた。そこにテントを張り、少し早いが昼食を取る。

正午に天測した結果、予想通り七〇度線を突破し、七〇度六分にいることがわかる。午後は風もおさまり、断然暖かくなる。このあたり、南緯七〇度辺の、大陸が内陸へ向かって高度を増していってる様子はなかなか面白い。連続的に次第に高度を増してゆくのではなく、不連続に階段のように高さを増していっている。段と段のあいだの水平距離は二〜三キロメートルあって、一つの段を越すと、もう一つ奥にまた段が現れる。いわば段々畑に似た様子で高度が増してゆくのである。

午後三時、一段と高い段を登ったとき、私たちはついにボッンヌーテンの容姿に間近に接することができた。ああ、よくぞ来た。ご苦労だった、犬たちよ。

このボッンヌーテンのスケールに関して一つの議論があった。ノルウェーの地図によると、これは一つのヌナタ一ク（氷面より露出する孤立独立峰または孤立露岩）であるらしいが、カエル島偵察行その他からの考察では、あるいはもっとスケールが大きいのではないかとも考えられていた。だから、こうしてごく間近にその容姿を見たときでさえも、まだ見えぬあの下にはいったい何があるだろうという期待を、どうしても捨てるわけにはいかなかった。

このボツンヌーテンの近くに、私たちは奇妙な別のものを望見した。ボツンヌーテンの北西約二〇キロメートルにある大氷瀑《だいひょうばく》である。それはカエル島からもしばしば望見され、私たちはそれを〝クシ〟と呼んでいた。遠目ながら、クシのように見えていたからだ。

久しぶりに静かな夜を迎えた。

大氷瀑〝クシ〟

一〇月二五日、夜半からの風がテントを叩く音で目が覚める。相当強い。先日来の経験から、この風は夜半から吹き出す定期的なもので、日中には穏やかになることがわかってきた。この風を避けて、今日は出発をやや遅らせる。快晴。朝日に照らされた〝クシ形〟は凄絶なまでの圧迫感をもって迫ってくる。昨日、これを望見したとき、その距離を推量したところ、遠くに見積もっても一〇キロメートルほどと考えていたのが、実際は二〇キロ余りもあった。これほどに南極のスケールは測りがたい。南極の氷原には、比較するものが何もないからだ。

〝クシ形〟は一大氷瀑のようなもの。大百貨店のビルほどの大きな氷塊が、いくつもいくつも重なり合い、まるで崖《がけ》から崩れ落ちそうな姿でやっと支えられていた。その丘の南には延々と吹きだまりが続いているが、これが遥かカエル島から望見されたものであった。このあたりからサスツルギが次第に激しくなり、時折は四〇～五〇センチほどの波長の脈を持ち、犬たちの行進を妨げた。

さらに何段かの段を越したとき、もうボツンヌーテンは目の前であった。ボツンヌーテンに着いたのは、午後四時ごろ、基地を出て一〇日目、ようやく日も傾くころだ。ボツンヌーテンの岩壁は立派だ。真っ青な大陸蒼氷から四〇〇～五〇〇メートルも、ところによってはオーバーハング（九〇度以上の傾斜を持つ岩場のこと）さえ交えてそびえ立っている。その姿はまことに勇壮でさえある。赤い夕日に照らされた岩肌と、紺碧《こんぺき》の空との明るいコントラストは、われわれをして、ここが陰鬱《いんうつ》さと、この上ない非情さを持つ南極の地であるということを忘れさせた。

食事を終えた午後六時半ごろ、日はすっかり山ひだに陰り、遥か彼方の雪原のみが美しく夕日を照り返していた。

クシ形の大氷瀑を背に

オーバーハング

一〇月二六日の朝は携帯コンロのラジウスの音で目覚める。中野がさかんに手をあぶっている。写真を撮ろうとして手の指先をやられたという。幸い白くなっただけで事無きを得た。すでにテントは朝日に明るい。起き出して外に出る。ああ、朝日に輝く岩壁！　大陸の蒼氷からぐっとそびえる岩壁、紺碧の空、黄色い小さなテント、すべてが絵のように美しい。これなら未踏の奥地にいるというより、アルプスあたりに楽しいキャンプに来ている感じだ。朝、飯盒《はんごう》に冷たい水を汲《く》みに出て、すがすがしい空気を胸いっぱいに吸い、ふと輝く岩壁を見上げたときのあの感じに似ている。

相変わらずの風。犬たちはこの風にすっかり寒がり、小さく丸くなって寝ている。今夜はいい穴を掘ってやるぞ。午前中は例の〝定期便〟(毎日定期的に強く吹く風のことをこう呼んでいた)が強かった。

午後、風がおさまるのを待って、犬ゾリでまず周囲を一周、大体のルートを偵察した。ボツンヌーテンの周囲は、氷雪が風のために削り取られ、深い谷を形成していた。周囲およそ六キロのボツンヌーテンは、どこも絶壁で取り囲まれ、そう簡単には登れそうになかった。

帰幕後、ただちに、偵察したルートのうち、私たちのテントから望見できるルートをまず試みた。目前の雪渓《せっけい》を登り詰め稜《りょう》線《せん》を行く。キャンプ地から見たところでは、頂上直下のわずかな垂直壁が悪場のようであった。急な岩場と氷の斜面であったが、岩も氷もしっかりしていて不安はなかった。中野がトップに立つ。中野の後ろ姿は若さにあふれる青年のように見えた。二時間の闘いの後、そこに着いてみると、案の定、それは登ることの困難なオーバーハングであった。他に登路はない。ついに登頂を断念しなければならなかった。高さはせいぜい数メートルだが、このオーバーハングを登るための道具もなく、時刻も遅い。高度はテントから三〇〇メートル余り。高さこそあまりないが、下の大陸氷まで一二〇〇メートルの絶壁となっているのでなかなか雄大だ。ひょっとしたら見えるかもしれないと、淡い希望を持っていた奥の氷の連山はついに見ることができなかった。中野の断によりただちに下降にかかる。

ボツンヌーテン初登頂

一〇月二七日、外はガスで視界が悪く、雪の凸凹《でこぼこ》もわからないほど。午前中はテントでゆっくり休養。午後二時、いよいよ登頂に出発。犬たちのステイをしっかり打ち込み直す。今日は犬たちだけで留守番だ。ひょっとしてこのステイが抜けたら、犬たちはそのままオングル島へ彼らだけで帰ってしまうかもわからない。犬たちだけを残すことに若干の不安があるがやむを得ない。

「われわれが帰ってくるまでおとなしく待っているんだぞ」

と、言い聞かす。そうだ、マジナイをしよう。彼らの鼻の頭にツバをプッと吹きかける。犬たちはそれをペロペロなめる。これは私と犬たちとの、いわば〝秘密〟だった。こうすると、犬たちはその人をよく覚える、とだれかが私に教えてくれたのだ。越冬以来、それを何か事があるたびに続けてきた。こんなことは、犬たちをかわいく思っているときしかできないので、犬たちもそれを感じるのだろうか、私が彼らの鼻ヅラに顔を近づけると、彼らは尾を激しく振った。ときには顔を近づけたとき、突き出した唇をペロリとなめられることもあった。このマジナイをすれば大丈夫だ。われわれを置いて彼らだけで帰ってしまうことはないだろう。

登高にかかる。アイゼン（登山靴につけてすべらないようにする爪《つめ》状の道具）をつけ、今度は南側へ回る。昨日見ておいた中央峰と東峰のあいだのクロアール（樋《とい》を立てたような岩山の部分）が登路としてよさそうだ。かなり急な上に雪がついている。雪崩《なだれ》の心配はないか、と見回してみるが、どこにもそれらしい跡はない。アンザイレン（互いに身をロープで結び合うこと）し、用心してクロアールの端の崖との境を登る。菊池がトップに立つ。

「行くぞ！」

ボツンヌーテンを目の前にキャンプ

と掛け声をかけて一歩を踏み出す。五〇～六〇度のすごい傾斜。菊池はピッケルをふるって大きなバケツ（足場）を掘ってゆく。この傾斜では、一度すべると止まらないだろう。失敗は許されない。ザイルを確保する手に力が入る。雪は半ば氷化していた。力を込めてアイゼンをつけた足を踏み下ろす。アイゼンの刃の根元まで入り、安定感を持つ。これなら、この傾斜でも大丈夫だ。ピッケルの切れ味が素晴らしい。このピッケルは友人のMさんの山好きの父君が、スイス留学中に入手されたのを、餞別《せんべつ》にもらったものだ。力を入れると、氷がスパッと切れる。氷の破片がカラカラという音を立てて下へ落ちていく。じっとりと手に汗がにじんでくる。気温は高いが、ゆっくり動作するので汗もかかず、適度の暖かさだ。一時間。傾斜が少し緩くなったと思ったら、そこはもう頂上の近くだった。

午後四時、頂上に立つ。頂上は小さい石がゴロゴロしているかなり広い頂《いただき》であった。互いに無事登頂を喜び合う。視界が悪く、南のほうは何も見えない。ただ奥行きの知れない乳白色の空間がそこに見える。遥か下に黄色いテントと、一列に並んでおとなしくしている犬たちが小さく見えた。基地を出て一二日目、ついに私たちはボツンヌーテンの頂上に立つことができた。ケルンを積み、一一人の越冬隊員の名前を刻んだ銅板とともに託された品々を埋める。何年後かに、この銅板が再び日の目を見ることがあるだろうか。去りがたい思いを残して下降にかかる。

犬たちはおとなしく待っていた。きっとあのマジナイが効いたのだ。夜、とっておきのウイスキーで乾杯。一仕事終えた安堵《あんど》に安らかな夜となった。

一〇月二八日、地吹雪で目覚める。登頂を果たしたので、あとは天測をして現在の位置を正確に決めるだけだ。到着した日、すぐ天測をしたが、そのときは太陽も低く、精度がいいとは言えない。正午ごろに天測をしたい。

太陽が出ない。ウィルドでのぞくと太陽は見えるが、雲があるので輪郭《りんかく》がはっきりしないのだ。これでは測れない。早く帰途に着きたかったが、位置を測らないことにはこのボツンヌーテン行の価値は半減する。食糧もあと二、三日は大丈夫だ。二九、三〇日とガス雪の日が続き、食糧が限界に近づく。三一日、正午、太陽がチラリと顔を出したので、すかさず天測。これで万事オーケー。もう思い残すことはない。

帰路

一一月一日、雪まじりの風がテントをバタつかせる。午前九時出発。十分休養を取った犬たちは、素晴らしい速さで走る。往路、サスツルギはちょうど南北方向に走っていたが、この数日間の荒天が南東の風を吹かせたので、古いサスツルギの上に新しいサスツルギが組み合わさっていた。シロの方向感覚はよく、古いサスツルギに正確に沿ってゆく。

昼ごろ、コースを右（東）寄りに取り過ぎたらしく、往路には見なかった新しい懸《けん》垂《すい》氷河（非常に急な斜面に引っかかるように垂れ下がっている氷河）の〝クシ形〟に出合った。前方にクレバスが見える。あわてて左寄りに転進し、かなりな傾斜を下る。二〜三メートルの幅のクレバスがあちこちに見えるところを注意して下る。往路には一本のクレバスも見なかったので、このコースにはクレバスがないのかと思っていたが、思えば往路は最良のコースを取ったのだった。

往路のシュプールはすっかり消えてなくなっていたが、午後三時ごろ、旧キャンプ地に立てた旗を発見し、正しいコースを通っていることがわかった。雪は次第に軟化。終日粉雪が降った。走行距離計はアームが破損してしまったので、ボツンヌーテンのキャンプ地に記念として残してきた。だから、正確な走行距離はわからないが、推定三五キロメートル。気温マイナス一二度。

一一月二日、テントをバタつかせる風の音で目覚める。久しぶりに地吹雪が激しい。午前七時一五分出発。風で雪面が好転した。雪面が適度に硬くなったので、ソリは沈まない。三人ともソリに乗り、快調に飛ばす。

「ハイハイ、トウトウ」

鼻歌まじりで行く。いつもこの調子だといいんだが……。ソリ旅行の楽しさを味わう。ソリの下を地吹雪が走る。シロはサスツルギを一定の角度で横切ってゆく。午前一一時ごろ、眼前に大クレバス地帯が現れ、ギョッとする。少しコースをはずれるとたちまちクレバス地帯だ。左（西）へコースを修正。

雪面が次第に軟化し、深くなってくる。三〇センチくらいの深さになり、もはやソリに乗ることは許されなくなった。雪はこの一週間ほどの荒天中に降ったものらしい。サスツルギとサスツルギのあいだを埋めるようにして積もっている。ソリを先導して走るときは、サスツルギの峰から峰へ飛び渡るようにして走らねばならない。ときどき谷に落ち込むと膝の深さまで雪があった。往路の大陸第一キャンプ地跡より一〇キロメートルほど南でキャンプ。

ホワイト・アウト

一一月三日、気温はマイナス一六度。北のオングル島方向は黒い雲で覆われている。後方の大陸方面の地平線にのみ青空が見える。全体としてどんよりした曇りだ。午前七時三〇分出発。現在地がはっきりしない。カエル島も見えない。いやな感じがする。雪は深く膝を没するようになってきたが、緩いながらも下り坂なので楽だ。午前一一時三〇分、往路のキャンプ地跡を発見。コースは誤っていなかった。ここで航空標識を設置。八×一六メートルの黄色い布を雪上に設置した。宗谷がやってきたとき、航空写真を撮って地図を作るからと依頼されていたものだ。役に立つとよいのだがと念じながらそこを後にした。

空はますますどんよりしてきて、あたりのすべてが判然としなくなってきた。雪面の凹凸《おうとつ》や傾斜の度合いがわからない。日本の冬山で、夕方日が沈んでから雪上を行進するときに味わうあの感じがする。下っているはずなのに、登り坂のように感じるのだ。目標とする奥氷河の露岩もはっきりとらえられない。まるで白濁の中にいるよう。ホワイト・アウトという現象だ。空中に漂う細かい氷滴のために光が散乱して、すべてのものの影がなくなってしまう。そうなると遠近感がなくなってしまうのだ。もはや雪眼鏡をかけていては見えにくい。雪眼鏡をはずし、かがんで雪面の凹凸を見極めながら歩く。後ろにぼんやり見える中野、菊池の二人の姿と犬たちだけが、今の自分の相対的な位置を知る座標系になる。

遠くにぼんやり奥氷河の対岸の露岩らしいものが黒い点として見える。それは海面に近いところにあるはずなのに、どう目をこらしても、現在地より高いところにあるように感ずる。その方向へは下り坂であるにもかかわらず、上り坂に感じるのだ。それを中野、菊池に質《ただ》してみると同様であった。これもホワイト・アウトのなせる業だ。

午後四時三〇分、見覚えのあるプレッシャー・リッジを遠くに認め、坂をまっしぐらに下って、やっとデポ地を探し当てる。助かった。デポには食糧も燃料も豊富で、久しぶりに豊かな気持ちになる。

その夜、目が痛み出した。中野も菊池も目を押さえている。ホワイト・アウトの中で、目をこらして雪面を見るために、つい雪眼鏡をはずして行動したのが原因だ。とくに菊池はひどそうだ。しきりに痛い痛いと訴える。

一一月四日、快晴。朝から半日休養。目の痛さをこらえて菊池はソリの修理、自分は食糧の整理をした。午後三時出発。大陸に沿って西方に走る。〝四つ目〟に到着。気温がマイナス一五度なのに、〝四つ目〟の岩角には清水がこんこんと湧《わ》き出していた。岩が太陽熱を吸収し、氷を解かしている様子。清水に口をつけて飲む。何とおいしい水だろう。南極へ来て、自然の湧き水を飲もうとは思いもしなかった。

菊池は目がひどく痛むという。岩石の標本を取るのに苦労をする。中野の目も痛むようだ。自分が一番軽傷。中野が菊池のためにタバコのピースの缶に巻いてある紙を利用して遮光眼鏡を作る。この日は海峡の途中でキャンプ。

一一月五日、快晴、地吹雪。喉《のど》の渇きに、ふと目覚める。午前三時。用足しにテントを出る。ちょうど日の出のときであった。カエル島はバラ色に輝き〝四つ目〟は地吹雪のために、かすんでいた。菊池の目はますますひどいことになった。もう、ほとんど目が見えない。菊池は沈澱を希望していたが、犬の食糧のアザラシを取る必要があるので、カエル島まで頑張ることとなった。菊池をソリ荷の上に乗せ、カエル島へ。往路デポしておいた鉄砲は無事にそこにあった。

ペンギンを狙う犬

鉄砲を置いていたそのすぐ傍《そば》に、ペンギンが一七羽来ていた。小石を丸く並べ、その中に二羽のペンギンが向かい合って立っていた。互いにガァガァ鳴きながら上を見上げ、そして最敬礼をするように頭を下げる動作を繰り返していた。何かを語らっている様子だ。きっと恋人同士なのであろう。しかし、その声のなんと不粋なことよ。もう少しロマンチックな、やさしい声でやればよいのに。付近の吹きだまりを見つけて、キャンプ。食事をしていると、アカとジャックが曳き綱から離れた。アカは一目散にペンギンのところへ駆ける。

「あっ、やったな!」

急いで靴をはき、ピッケルを持ってペンギンの傍へ行ったときはもう遅かった。アカはペンギンの周りを二、三回回り、襲いかかろうとしていた。彼らのガァガァいう声に一瞬躊躇《ちゅうちょ》したが、隙を見てガブリとやってしまった。

「アカ! アカ! 放せ!」

と言っても聞こえるものではない。ピッケルで二、三回背中を殴ったが、それでもアカはペンギンを放さなかった。それで、もっと力を入れて殴ったら、ピッケルの石突きのところからポキリと折れてしまった。アカは一瞬ヨロヨロッとする。自分も内心ヒヤリとした。力を入れ過ぎた！

アカは風采《ふうさい》の上がらぬ犬だった。赤茶の長毛で覆われた、胴長で脚の短い、まるでダックスフントのようであった。そのうえ鼻はぺちゃんこで、耳は大きく垂れ下がっている。どうしてこんな犬が、チームの中に入ってきたのだろうと不思議に思えるほどだった。深い雪のところなどでは、ほかの犬は自然に先の犬が踏み固めたところを踏んで、自分は沈まないように歩いているのに、アカだけは脚が短いためにほかの犬と歩調が合わず、ゴボリゴボリと沈んで歩いていた。だから、ソリを曳くどころではなく、行進についてゆくのがやっと。うっかりすると逆に引きずられるような始末で、ほかの犬のお荷物になった。

愛のがなりたてをするペンギン

「アカ！　だめじゃないか！」

アカはそんなとき、菊池によく叱られていた。

アカは足を引きずり引きずり逃げてゆき、何と思ったかちょうど出くわしたジャックに嚙みついた。そこで、ものすごいケンカになった。どちらかが傷つくと思い、再びピッケルで殴りつけてやっとのことで二頭を分ける。アカは悲鳴をあげ、足を引きずりながら一〇〇メートルほど離れているテントのほうへ逃げ去っていった。あとには、横腹を無残に引き裂かれた瀕死のペンギンが一羽、雪を血に染めて横たわっていた。そのすぐ横に、まったく他人事のように瀕死の友を眺めている数羽のペンギンがいた。これはどういうことだろう。テントのほうで声がする。見ると中野が、ムチを手にアカとジャックをつかまえようと走り回っていた。アカもジャックもムチを恐れて逃げ回る。

「長髪つぁん、ムチはダメだあ！」

とどなると、やっと中野もムチを使うと犬たちは恐ろしがってかえって逃げることに気がついたらしく、ムチを捨て、ようやく彼らをつかまえることができた。ヤレヤレ、ひと汗かいた。キャンプ地を変えようかとの話も出たが、アカはきっと腹がすいていたからやったのだろう。アザラシを取りに行こう。

アザラシはキャンプ地から二〇〇メートル離れたところにいた。いつものように、無心にこちらを眺めている。逃げない。ナンマイダー。ズドーン。ロープをかけ、キャンプ地へ中野と二人で曳いて帰ろうとするが、これが容易なことでない。ところが不思議なことに、曳いているとき、雪面の状態が同じであるにもかかわらず、スーッと軽くなるときと、たいへん重いときがある。元来アザラシは〝シール〟といって、毛並の順方向には大変すべりやすいはずだ。だから山スキーによく使う。

「毛を立てているのかもしれん」

と中野が言う。曳かれることに必死で抵抗しているのだろうか。ゾーッとする。そこで立ち止まってもう一度合掌《がっしょう》し、成仏を祈る。犬のためだ、かんべんしてくれ。そうしたら気のせいか軽くなった。中野の鮮やかな手により、一時間の後、アザラシはすっかり片づく。一頭当たり二キロ以上の生肉を与えた。みんなガツガツ食べる、モクがあまり急いで食べたせいか、たちまち戻してしまった。よく嚙めばいいのに。隣のジャックが自分の割り当ての肉を食べた後、モクが戻したその肉をペロリと食べる。あきれた奴だ。

そのうちに、フーレンのクマがソリに積んであったペミカンの箱を探し当て、アンコと共謀してペミカンを引きずり出した。かんべんならぬ。ムチで殴る。それに対してクマはじっと耐えているのに、アンコはヒーヒー悲鳴をあげる。情けない奴らだ。あれだけ肉を食べてもまだ足りないのか！

菊池は目がひどく痛むらしい。心配だ。中野によると、自然回復を待つより方法がないと言う。やっと犬たちも落ち着いたので、菊池をテントに残してペンギン見物に出かける。二、三組のペアをピッケルで巣から追い出してみた。彼らは乱れ逃げるが、必ず自分の巣へ間違えずに帰る。何回かやったが、同じ結果だった。

午後七時三〇分、やっと夕飯を終える。忙しい一日だった。菊池の目は依然よくならない。夜、何度も犬の声に起こされた。そのつど、外へ出たが、異常はなかった。

一一月六日、午前九時ごろゆっくり起きる。快晴。暖かい。気温マイナス六・二度。テントの中は暑くて出入口を開け、風を入れなければ我慢ができないほど。菊池の目は今日も痛むらしい。もう一日ここで沈澱だ。

中野の目も自分の目も完全に治った。菊池は留守番。カエル島の位置を天測するためにウィルドをかついで頂上へ出かける。海抜三〇〇メートル弱の低い頂上だが、広い島なので、三時間を費して午後一時に頂上着。カエル島の露岩は氷河の擦痕《さっこん》が歴然としていた。幅一〇センチ、深さ二〜三センチくらいの小さい樋のようなものから、幅一〜二メートル、深さ五〇センチくらいのものまで、いろいろな大きさのものがあった。方向は東南、つまり、当然のことながら奥の大氷河を向いていた。

氷河の擦痕とは、何百年か何千年か前、まだカエル島が氷河で覆われていたころ、氷河の底が岩を擦《こす》ってできた跡だと言われている。擦痕の岩の表面は、ツルツルしており、氷河が擦っていった痕《あと》だということがよくわかる。擦痕には美しい玉ジャリに似た小石がいっぱい落ちていた。

気温はマイナス六・五度だが、風が強く寒い。太陽がギラギラとまぶしい。絶好の天測の機会だが、風が強いためウィルドがビリビリ動くので、精度のよい測定はできなかった。

幻の小屋

下りは快適だ。太陽がやや低くなってきたので、擦痕に陰影ができ、素晴らしい。何枚も写真を撮る。のんびりした気分で海氷上に降りる。そこはまたプレッシャーによる氷の乱立地帯だった。乱れ立つ氷塔の向こうに変なものを見つけた。大きい屋久杉か何かの木の根っ子のようでもある。目をこらして見ていた中野が、どうも小屋らしいと言う。そういえば出入口のようなものがあって、そこに布がかかっており風でヒラヒラしている。歩を止めて見つめているうちに、だんだんと小屋らしい感じが強くなってきた。だれかが漂流してたどり着き、ここに小屋を建てたのだろうか。馬鹿な！　ロビンソン・クルーソーでもあるまいし、仮に漂着した人間の小屋であるとしても、人間がまだ生きているとは思われない。だが、それは確かめてみないことには……。

「ヤッホー」

声をかけてみる。

「…………」

きっと中の人間は死んでいるに違いない。ふっと一八四五年にカナダ北極海で消息を絶ったイギリス海軍のフランクリン探検隊のことが頭をかすめる。彼らは飢餓のため死んだ仲間まで食べた。そのキャンプ地跡には人の骨が散乱していたという。この小屋にも人骨が転がっているのではなかろうか。中野にその話をすると、中野も、そうかもしれん、と同意する。恐怖が背筋を走る。あらぬ想像が次から次へと頭をよぎる。背筋がゾクゾクする。二人してそろそろと近づく。何か飛び出してこないかと、柄の折れたピッケルを握りしめる。

「なあーんだ」

近寄ってみると、それは、かなり年月を経たと思われる鯨の残骸《ざんがい》だった。大きなアバラ骨が梁《はり》のように見え、そこから垂れ下がった干からびた皮のようなものが風にヒラヒラしていた。出入口の布に見えたのは、これだったのだ。まったく人を驚かせるのもいいかげんにしろ。こっちは、短い時間にせよ、フランクリン探検隊の悲劇まで思い浮かべ、必死に恐怖をこらえたのに……。やはり、この地は無人だった。ここはクジラ岬と名づけられた。

　一一月七日、快晴、朝のうち風。菊池はもう一日滞在したいと希望したが、中野の診断で、ソロソロ行けば大丈夫ということで、出発することになった。昨夜は鯨の話、ペンギンの話で思わず夜更かしをしてしまった。午前一〇時、出発。気温マイナス五・五度。

　犬たちは皆下痢《げり》をしている。アザラシの肉のせいだ。犬たちは食事が終わると決まって下痢をする。ひょっとしたら、食べ過ぎなのかもしれない。キャンプから一キロほど進んだところで風はハタとやみ、無風状態となる。この前のカエル島偵察行のときも、確かこのあたりで風が弱くなったはずだ。どうも時間的にやむのではなく、場所的なものらしい。今まで通ってきたカエル島の西北岬のルートは、本当にひどい風の吹く場所であった。

　〝春の小川〟に着く。往路のときよりずっと広くなっていた。これでは〝春の大川〟だ。雪上車では到底渡れそうにない。ペンギンが一羽、好奇心を体いっぱいに表して私たちを眺めていた。犬たちが乱れそうになるので追っ払う。どうにか渡れそうなところを探してやっと渡る。〝春の小川〟を渡るとにわかに雪が深くなってきた。もう暑くてシャツを脱ぎ、網シャツ一枚で走る。

苦闘再び

一一月八日、快晴、無風。いよいよ円丘氷山との闘いだ。雪はますます深くなってきた。再び苦しいラッセルが始まる。目の前の円丘氷山の登りに差しかかる。今朝は犬たちの調子がはなはだ悪い。みんな昨日から下痢が続いているのだ。〝朝の馬鹿走り〟もいつもの生彩を欠き、一五分でもう停止してしまった。それにしてもゴロやモンベツのクマでさえ、背中の半分が隠れるほどの深さの雪だ。テツやアカなど、背の低い犬たちは雪を押し掘るように歩かねばならない。犬たちの息づかいもゼイゼイと荒く、停止するとすぐ深い雪の中に横たわってしまう。「それ行け！」と立ち上がらせて歩かせても、すぐまた止まる。とうとう一〇分歩いて五分休み、五分歩いて三分休む、というカタツムリのような行進になってしまった。カタツムリ行進でいくつかの円丘氷山を越えた。円丘氷山はまだまだ続いている。昼食を取り犬たちを休ませる。いつもなら、休憩時間中も必ず一、二頭の犬が立ち上がっているのに、今日は皆雪の中にへたり込んだままだ。休憩時間が終わる。

「さあ、行くぞ！」

菊池が声をかけるが立ち上がろうとはしない。

「こらっ！　おまえたち怠ける気か！」

と叱られる。それで犬たちは、やっとのことで立ち上がる。元気がない。私はいつものように先導ラッセルを始める。犬たちはなかなかついてこない。菊池がイライラして声を嗄《から》す。そこで菊池が報奨制度を考え出した。バターやチーズを取り出して犬たちに見せ、円丘氷山を乗り切ったらチーズを与えるという方法だ。しばらくはそれで動いた。しかしすぐ駄目になった。

雪は相変わらず深い。まるで雪の中を泳ぐようにして、重いソリを曳かねばならなかった。もう、一〇メートルずつの行進だ。一つの円丘氷山を登るのに一時間三〇分もかかった。コースが往路のそれからはずれたのであろうか。地形が複雑になってきた。ある円丘氷山を迂回したとき、目の前に、今までで一番高く、そして急な斜面が立ちはだかっていた。

菊池が声を嗄してても、もはや犬たちは動かなかった。動けなかった。深雪にソリが食い込むから、犬が動き出すときソリを揺すってハズミをつけなければ、発進しなかった。そのタイミングが難しい。ソリが止まるとただちに犬たちは深雪の中に横たわり、まるで精気がない。目の前の、この急な長い坂はとても登れそうにない。

戻ろうかと菊池が言ったが、戻るにしても大変だ。人間様も疲れている。疲れた体にムチ打って、円丘氷山の頂まで偵察に行く。その向こうには、なお円丘氷山が続いていたが、それらはいずれも低い、この目の前の円丘氷山さえ越せば、あとはなんとかなりそうだ。こんどは自分が号令をかけることになった。頂上まで道を踏み固める。こういう傾斜は一気に登ってしまわなければならない。一度停止すると、おそらく再び動けないだろう。一発勝負に賭《か》けよう。荷物を五〇キログラムほど降ろす。自分があとから取りに来よう。ソリの前を入念に除雪し、踏み固める。動き始めるとき、ソリの抵抗をなるべく少なくするためだ。用意ができた。あとは犬たちの気持ち次第だ。

「さあ、頼むぞ」

出発の前に一頭ずつ頭を撫でて言い聞かす。

「なあ、クマよ、ゴロよ、頼むぞ。この丘を越えないと基地へ帰れないんだ。この円丘氷山を越えたらあとは楽になる。基地へ帰ったら、きっとおいしいアザラシを腹いっぱいご馳走《ちそう》するからなあ。なんとか頑張ってくれないか」

一頭ずつ頭を撫で、犬たちの目を見ながら話しかける。

「うん……」

うなずいているような気がする。うまくいきそうだ。用意ができた。菊池が先に立ち犬たちを呼ぶ。ソリの後ろに回り、

「そら、行くぞ!」

と大声をあげる。どうだ! 犬たちが一斉に立ち上がったではないか。今だ!

「トウッ!」

中野が、すかさずソリを揺さぶり押す。犬たちは一歩一歩踏みしめるようにして目の前の大円丘氷山を登り出した。ゼイゼイいう犬たちの息。五分も行かぬうちにソリが止まる。犬たちが座り込まないようにして息を整えさせる。

「さあ行くぞ！」

再びエッサエッサと登り出す。ここで動けなくなったら大変だ。必死でソリを押す。何度か小休止を繰り返し、とうとう頂上に着いた。ここまで来たら、あとは迂回ルートもあるし、乗り越えるとしても円丘氷山の高さも低い。よくやってくれた、犬たちよ。ありがとう、おまえたち。このとき、私は犬たちが私の気持ちに応えてくれたことを感じた。

すねたテツ

もう菊池の目の痛みはすっかり治ったようだ。菊池がラッセルを続ける。だが犬たちはもう菊池のラッセルについていけない。犬たちの消耗が激しい。その中で、とくにテツの弱り方が目立つ。ソリを曳くどころか、反対に引きずられるようにして歩いている。これではマイナスだ。

「こりゃ、テツ！　サボるな！」

中野が叱る。遥か先でラッセルを続ける菊池の名前が徹（テツ）だ。テツ！　テツ！　と中野がテツを叱るたびに変な響きに聞こえる。おかしくなって、一人でクスリと笑う。テツは叱られると、しばらくは曳くが、間もなくまた引きずられ出す。これではいけない。せめて、ほかの犬たちの負担にならないようにしなければ。そうだ、テツを放してやろう。

「ブラァーイ」

ソリを止める。

「おまえという奴は、しょうのない奴だ。役に立つどころかマイナスだ。おまえが疲れていることはよく知っているが、おれも疲れている。仲間も皆疲れているじゃないか。サボっているのはおまえだけだぞ。おまえという奴はカラフト犬の風上に置けない奴だ。他の犬たちの邪魔になるから、あとからついてこい！　恥ずかしいと思え！」

さんざんにどなり散らしてナスカン（ロープと犬の曳き具を接続する金具）をはずしてやる。ちゃっかり者のテツのことだ。大喜びするかと思ったのに、ションボリし恥じ入っている様子だった。

「さあ行くぞ！」

気合いと同時に犬たちが立ち上がる。これでよしっ。

「トウッ！」

再び犬たちは歩き出した。しかし、テツを放したことは失敗であった。ほかの犬たちの気が散って隊列が乱れ、進まないのだ。

「エエイ。おまえという奴はまったくしょうのない奴だ。皆から見えないようにずっとあとからついてこい！」

ソリを止めて、さんざんテツをこき下ろす。私も疲れてイライラしていた。再び出発。今度はテツは座ったままでいる。おや、テツも案外聞き分けがよいな、と感心する。元来、テツは副先導犬だった。もともと頭はよい。五〇メートルほど離れた。テツは動かない。一〇〇メートル離れた。まだテツは座ったままだ。中野と顔を見合わせる。少し離れ過ぎだ。ソリを止める。厄介なテツだ。中野はこのまま、テツを放置しておくわけにはいかぬと言う。しかたがない。テツの奴め！　腹が立ってきた。テツのほうに向かうが、テツは元の場所に座ったままだ。

「この馬鹿もん！　おまえという奴はどこまで、手を焼かせる気だ。もういいかげんにせい！」

とどなり散らす。

「さあ、来い」

身振りでテツを促す。これでテツはついてくるものと思った。ところが、テツはお座ったまま、動こうとしない。

「テッ！　何をすねているんだ！　早く仲間のほうへ帰れ！　おれと一緒に来い！」

首輪を取ろうとして近づいていった。テツは立ち上がった。そしてしおしおとした様子で頭を垂れ、もと来た道へとぼとぼ歩き出すではないか。私はあわてた。

「こらテツ、どこへ行く。そっちは反対の方角だ」

テツはチラリと後ろを振り返る。私は足を速めた。テツも歩を速める。五メートルほどの距離だがつかまらない。

「そっちはボツンヌーテンのほうだ。一緒に帰らないと、死ぬことになるぞ！」

テツはますます頭を垂れて歩く。その姿が何か悲しげにさえ見える。ときどき立ち止まっては後ろを振り返り、チラリと上目づかいに見上げて、またボツンヌーテンの方角に歩き出す。その様は、

「へイすみません。私は年を取って力もなく、皆と歩調も合わせられず、何のお役にも立ちません。これ以上お邪魔しないようにこの辺でお別れ申し上げます。永いあいだお世話になりました。どうぞお元気で……」

と言っているように思えた。

「何を今ごろそんなことを言い出してるんだ。すねずに素直にこっちへ帰ってこい！」

私は本当に腹が立ってきた。しかしつかまえることができない。気がつくと、ソリは遥か後方に見えないぐらいに離れてしまっていた。円丘氷山を二つほど越えてしま

った。これ以上追いかけてゆくわけにはいかない。といって、放って帰るわけにもいかない。どうしよう……。とうとう私はテツに降参した。いまいましい。

「テツ！　まいった！　おまえに降参する。頼むから帰ってくれ。役に立たなくても、おまえがいなくては困るんだ。おまえはおまえで、精いっぱいやってくれたらそれでエエ。なあ、頼むから帰ってくれ」

テツはまたチラリとこちらを向いたが、あまり信じないふうであった。

「なあ、テツ！」

やっとテツは止まってこちらを向いた。

「テツ！　今のは本当だ。戻ってこいよ。なあ、一緒に基地へ戻ろう」

私はテツが本当に言葉をわかるような気がしていた。やっとテツがとぼとぼと私のほうへやってきた。一〇メートル、五メートル。ここでテツの機嫌を損ねたら、また元の木阿彌《もくあみ》、じっと、じっと我慢して……と自分に言い聞かせる。……一メートル。やっと手が届いた。あーあまったく手を焼かせるなあ、おまえという奴は。しかし、さっき言ったことは本当だ。もうおまえを叱ったりしないから、一緒に帰ろう。そうして頭を撫でてやると、テツもやっと安心したのか、私についてくるようになった。

ソリに戻り、テツをまた元の位置につけた。テツは再び深い雪の中を、仲間に引きずられるようにして歩き始めた。私はテツにしてやられたような気がしていた。しかし、考えてみると、テツはテツで精いっぱい頑張っていたのかもしれない。年老いて体力もなくなり、ほかの犬たちと歩調が合わないため、思うように力を発揮できなかったのだ。それというのも、元はといえば、そんなテツを南極へ連れてきた私たちが悪い。そして、ほかの犬たちの負担になるからといって、おまえは駄目な犬だ、と決めつけた私が悪かった。テツは私の言葉に大きな侮辱を感じ、自分の自尊心を守るためには死ぬしかない、と考えたのではあるまいか。きっと、そうだ。ヒップのクマといいテツといい、あの態度、あの行動は、そうとしか考えられない。

やはり、犬にも意志があり、感情もあり、そして自尊心もあるのだ。私は、ソリを押しながら、沈む夕日に長くなった犬たちの影を見て、そう考えた。

やっと海氷上に降りる。キャンプ。あ〜あ、今日はなんと出来事の多かった日か。だが、ここまで来れば、基地に帰ったも同然だ。夕方から濃霧がかかり、大陸の上の月がおぼろに見えた。

第六章　オラフ海岸の夏の旅

休む間もなく

一一月一一日に私たちは基地へ帰った。行程四三五キロメートル、二七日間の旅だった。基地はすっかり春になっていた。西堀隊長は基地にいたが、藤井、立見、大塚、佐伯はスカルブスネス地区へ調査に出かけて留守。あたりはガランとして寂しかった。シロ子はオス二頭、メス六頭の母親になっていた。八頭のかわいい子犬が、シロ子のオッパイに群がっている。一〇月二五日、私たちがボッンヌーテンへの途中、〝クシ形〟の付近を走っているときに生まれたものだという。

ペンギンが頻繁に基地を横切ってゆく。彼らは北のほうからやってきて、南へ南へと旅する。一〇羽くらいの群れもいるし、二、三羽で旅行しているのもいる。彼らは、毎年春になると通るオングル島の道筋に、見慣れない建物が建っているのが気になるらしかった。ひととき見物に立ち寄り、しきりに通路の入口から中をのぞき込んできた。その夜はそこで寝て、朝になるとまた旅に出ていった。

一一月一九日、二、三日前から続いていたブリザードがやみ、久しぶりの大快晴。太陽はギラギラ輝き、もうまぶしくて、雪眼鏡なしには外へ出られない。立見隊は、ブリザードでテント一張を風のために吹き飛ばされたそうだが、この大快晴できっと気持ちよく調査を続けていることだろう。

ゴロが重体に陥った。尾のつけ根にデキモノができて化膿《かのう》し、それがつぶれて血膿が出ていた。毛が抜け落ち、悪臭を放っている。食欲もなかった。円丘氷山で闘っているときに、そのデキモノに気がついていたのだが、ゴロはそのとき少しもそれを私たちに訴える素振りも見せず、力のかぎりソリを曳《ひ》いていた。デキモノは基地に帰ってから急速に悪くなり、昨日今日はもうゴロ自身立ち上がれぬくらいである。中野が治療する。この様子では、オラフ海岸旅行にはとても参加できそうにない。チーム一番の頼りになるゴロがいないと心細いかぎりだが、やむを得ない。この上は、どうか基地で静養して一日も早くよくなってくれ。

一一月二二日。何ということだ。雨ではないか。通路の屋根からは、トタンの上にたまった水がざあざあ洩《も》れ落ちていた。食堂から窓外を見る。ガラスを伝う雨垂れ。それは、忘れていた故国の春を思い出させるものだった。外の雪は、雨を含んで重くなっていた。春の大雪ののち、雪が解け出すあの感じに似ている。

オラフ海岸への出発は一一月二五日と決まった。最後の旅行となりそうだ。ボッンヌーテンや長頭山（ラングホブデ）地区については、そこが人跡未踏の地とはいえ、ノルウェーのクリステンセン製作の地図があったし、アメリカのハイ・ジャンプ作戦のときや、「サチ風号」が撮った航空写真があった。しかし、これから旅に出るオラフ海岸は、航空写真もなく、まして地図もない地域。正真正銘の〝人跡未踏〟の地だ。

参加者は、西堀隊長、菊池、北村（私）。そしてソリ犬たち一三頭で出発することになった。ゴロがいないのが寂しい。それにテツもデリーもボツンヌーテンから帰着後、一段と元気がない。これではとてもオラフ海岸旅行には耐えられそうにない。ベック、ヒップすでに亡く、越冬当初の曳き犬一八頭から五頭が欠けた。食糧は一五日分を用意する。いざというときには食い延ばせば二〇日間は大丈夫だ。犬たちの食糧は一二日分しか用意しないが、アザラシなど、現地調達分があるので何日でもまかなえる。荷物は四〇〇キログラム。暖かいし、海岸沿いの旅行なので、海氷が割れることと以外は何の心配もない。

ピンボケ氷山群

一一月二五日（初日）、快晴の中を、皆の見送りを受けて出発。数日前の雨が蒼氷《そうひょう》の上にたまっていた。ソリは水をはね飛ばしながら進んだ。雪はすっかりザラメ化している。宗谷《そうや》から初めて氷上に降り立ったときのあの雪質だ。これは、犬たちの足にとって最もタチの悪いものだ。旅行の成否は、犬たちの足の裏がこのザラメ雪にどこまで耐え得るか、にかかっている。パドルはすっかりその初期的様相を示し、深さ五～一〇センチメートルの水の上に二～三センチの氷が張っていた。ソリが上を擦《す》ると、氷がミシミシ音を立てる。割れそうで割れないのが面白い。

基地から六・三キロくらいのところにある剣氷山を過ぎ、秋の上陸地点を右後ろに見るあたりで昼食。午前中、毎秒一〇～一五メートルあった風もピタリとやみ、微風がそよそよと吹く。ああ、まさに春だ。

フラッツンガにさしかかる。何と氷山の多いところだろう。このフラッツンガは、リュツオ・ホルム湾奥の氷河（白瀬氷河）ほど大きくはないが、活力に満ちていて、一時も休まず氷山をつくりだしている。だからここは、数ある氷山の製造所の中でも大製造所といえるだろう。氷山と氷山とのあいだをまるでビル街の谷間の道を行くような感じで通り抜ける。

午後四時四〇分、第一露岩に着く。日は低くなってはいたが、まだ水平線からは高かった。ただちに天測にかかる。菊池の地質調査の結果によると、ここの露岩は、オングル島のそれに比較して酸化ケイ素の含有率が一様だそうだ。

一一月二六日（第二日）。朝、プリムスのゴーゴーという音で目覚める。西堀隊長がすでに起きていて、湯を沸かしていた。お客さん気分で起きがけのコーヒーを飲む。人の用意してくれたコーヒーはうまい。午前九時出発。気温マイナス六・五度。出発して間もなく、マグネット・コンパスを落としたことに気がついた。出発時のゴタゴタのあいだに落としたに違いない。もと来た道を引き返してみる。案の定、出発点付近に落ちていた。およそ六キロ、一時間の損害。

タマ岬に上陸する。急峻《きゅうしゅん》な岩場だ。驚いたことに、海氷から五〇〜一〇〇メートルの高さにある急勾配《こうばい》の岩場に、二〇羽くらいのペンギンのルッカリーを見つけた。彼らはいったい、どのようにしてこの岩場を登り降りするのだろうか。行く手に第二番目の氷山群が見える。これには〝ピンボケ氷山群〟と名づける。この氷山群の根っ子に露岩があり、それをピンボケ岩（ピンボケ写真のようにぼけて見えたことから、こう名づけられた）と呼んでいたからだ。眼前の氷山は折り重なっている。果たして通れるだろうか。迂回《うかい》するにしても、どれほど迂回すればよいのか見当もつかない。とにかく近づいてみることにした。

しかし、〝道〟はどこかにあるものである。氷山と氷山のあいだを、まるでごちゃごちゃした飲食街のような小路を行きあたりばったりに歩いていくと、急に開けたところにパッと抜け出る、という感じで通り抜けられた。ところで、この氷山群の氷山は皆切り立っていて、見るからに若々しい感じである。円丘氷山群のそれとは大違いだ。

夏のオラフ海岸を行く

このピンボケ氷山群が円丘氷山にならないのは、単に氷山が若いというだけではなさそうである。氷山群が円丘氷山になるためには、〝多雪〟が必要条件だ。

カエル島付近の円丘氷山地域は、東北卓越風と南卓越風が衝突する地域であった。雪は、東北地域からは東北卓越風に乗って、また南方大陸方面からは南卓越風に乗って吹き寄せられ、円丘氷山群を形づくった。だから、東北卓越風が吹き抜けるこのピンボケ氷山群地区では、同じように氷山ができていながら円丘氷山を形成していない。つまり円丘氷山は、どこにでもあるものではなく、たまたまリュツオ・ホルム湾の特殊な条件（氷山と、二つの卓越風系の衝突による無風地帯の存在）がもたらす特別な産物ということになる。

少し早いが、このピンボケ氷山群の中でキャンプすることにした。この付近にはアザラシが多いので、犬たちには今日は生肉をご馳走《ちそう》することにする。午後四時四〇分、ある氷山脇《わき》にキャンプ。何度もやっているうちにアザラシの皮剝《かわは》ぎも上手になった。もう一時間もかからないでできる。だが、いくらご馳走といっても、殺したばかりのアザラシの肉はあまりにもナマナマしいせいか、食べない犬もいる。まだ体温が残っているので、生暖かく、そのうえ生きているようにピクピク動く。そんな肉をシロが首を傾《かし》げて不思議そうに眺めていた。

夜、持ってきたラジオが珍しくよく聞こえた。それでテツが重体に陥ったことを知った。もう長くもたないという。ボッンヌーテンからの帰り道で放したとき、彼がトボトボと、来た道をボッンヌーテンのほうへ引き返そうとしたのは、自分が今日あることを知っていたからだろうか。そうとも知らず、テツを叱りとばしたことが悔やまれてならない。すまなかった、テツよ、帰るまで死ぬなよ、生きていろよ。

〝定期便〟

一一月二七日（第三日）。気温マイナス五・五度。九時三〇分出発。氷山群の真《ま》っ只《ただ》中《なか》にいたせいか、昨夜は〝定期便〟に遭わなかった。だが、氷山群を出たとたん、強い風が吹きつけてきた。この〝定期便〟はいわゆる陸風で、大陸と海氷との温度差によって吹くものである。夜になると、太陽からの熱の供給が止まり、昼間のうちに暖められた氷からは熱が大気へ逃げて（輻射《ふくしゃ》）、氷自体の温度が下がる。このとき海氷は、その下の海水からどんどん熱が補給されてさほど冷えないが、大陸の氷は輻射した分だけ冷える。

つまり、大陸氷に接している空気も冷却されて重くなるのである。かくして重い空気は大陸の斜面を海氷上へなだれ落ちるようにして吹き下ろす。日中、太陽の熱エネルギーを吸収して大陸氷が暖まると、当然この風はやむ。これが〝定期便〟だ（現在では〝斜面降下風〟であると理解されている）。温帯では日中から夕方にかけて、逆に海風が吹くが、そのような風はこの地域では吹かなかった。この陸風の理屈は、温帯や熱帯地域で成り立っているものだが、すべてが氷で覆われていて、太陽の熱エネルギーをほとんど反射してしまうと考えられる南極大陸でも、それらの地域同様、あるいはそれ以上に太陽の熱エネルギーのやりとりがあることが面白い。

このような〝定期便〟はボツンヌーテンでも吹いていたので、私が旅行した範囲内で判断するかぎり、少なくとも内陸一〇〇キロ、たぶん数百キロメートルの範囲で吹いているものと思われる（第三次越冬の際、内陸へ三五〇キロ旅行した際にもこの〝定期便〟を経験した）。これに反し、海氷上に吹き下ろされた〝定期便〟は、すぐに力が衰えるものらしい。

オングル島は、大陸岸からオングル海峡をへだてて五キロの距離にあるが、〝定期便〟はオングル島までは届かないらしい。おそらく大陸沿岸から数キロメートル以内の海氷上で、この〝定期便〟は消滅してしまうものと考えられる。

この日、オメガ岬の北端で第三日目のキャンプ。オメガ岬とは、遠くからこの露岩を見ると、モレーン（氷堆石）がギリシア大文字のオメガの形に見えるからである。

このオメガ岬には一五〇〇羽ものアデリーペンギンのルッカリーがあった、本日の走行二三キロ。

露岩に命名

一一月二八日（第四日目）、晴れ。出発後、すぐソリが壊れた。ソリが壊れる、といっても、もともと接合部には接着剤や釘《くぎ》は一切使わず、革でしばってあるだけなので、故障といえば革が切れるか、木部が折れる、といった類《たぐい》のものである。この種の故障なら雪上車と違って、何とかわれわれの手に負える範囲。これが犬ゾリのよいところだ。菊池がソリの修理をしているあいだ、昨日の天測結果の計算をする。修理が終わって出発。犬たちの足がだんだん悪くなってきた。とくにタロの足が悪い。初日に心配していたことが現実となりつつある。今日は出発後まだ第四日目。前途が危ぶまれる。

いよいよ地図もなければ航空写真もない地域へ入った。このオラフ海岸は、ノルウェーの地図では点線で書いてあるだけだ。地図を作りながら進まねばならない。大陸沿岸の要所要所の露岩の絶対位置を天測で決め、それを基準として、あとは地文《ちもん》測量で各露岩の相対位置を決めてゆくことになる。その前に露岩に名をつける必要がある。

昼ごろ、美しい眺めの露岩に着いた。これは〝美保ケ岬〟と名づける。西堀隊長の奥さんの名前である。

アメリカの探検家バードは、自分が探検した南極大陸の広大な地域を、妻のメリーの名前を取って、メリー・バード・ランドと名づけた。バードの奥さんの名前があんなに広大な土地につけられ、わが西堀隊長の奥さんの名前が、美しい岬とはいえこのようなちっぽけな岬ではと思う。だが、ものの本によるとこのバードは大の恐妻家だったということである。かつてバードが、なぜ南極へ行くのか、と問われたとき、思わず南極には女性がいないから、などと答え、世のウーマン・リブ女史のひんしゅくを買い、行く先々の港で女性デモ隊の歓迎(?)を受けた、という話が残っている。バードがあんなに大きな土地に奥さんの名前をつけなければならなかったのは、そういう背景があったからだ。恐妻家なるがゆえに、広大な土地に妻の名前をつけて、彼の〝姿勢〟を示さねばならなかったのではないか。まあそうとしておこう。

わが西堀隊長は世に知られる愛妻家。去る四月の結婚記念日の祝宴の際、ケーキの上にチョコレートで書かれた「栄三郎、美保子」の相合傘《あいあいがさ》を見て、感極まって落涙したほどだから、これは本物に違いない。岬は面積こそ小さいが、眼下に第三の氷山群帯を見下ろす風光明媚《めいび》の土地だ。愛妻家の隊長が奥さんの名前をつけるのにふさわしい。

こうして〝美保ケ岬〟や〝オメガ岬〟など、はじめのうちはよい名前が出てきたが、日を経るにつれて大小無数といってよいほどに現れてくる岩に、それぞれ満足できる名前を考え出すことは次第に苦しくなってきた。越冬中に死亡した犬たちを偲《しの》んでつけたヒップ岩、ベック岩などはまだよいとしても、苦しまぎれにつけたオデン岩、サカズキ岩にいたっては、後年われわれの詩的感覚を疑われそうな作品である。

ある場所に、美保ケ岬と同じように、明るく美しい風景の岬があった。

「〃タマ岬〃、これはどないや」

西堀隊長が提案する。菊池がニヤリとする。それは第一次越冬隊の全員がよく知っていて、ある青年が憧《あこが》れていた、若く聡明な女性の名であった。

この日、午後四時、〃美保ケ岬〃を目の前にした大小二つの島、親子島でキャンプ。紺碧《こんぺき》の空とまぶしい氷の世界を楽しむ。走行一八・四キロ。

後に「南極地域名命名委員会」なるものができて、各所につけられた地名を総点検して、国際的な公式承認を得る手続きが行われた。その結果、〃美保ケ岬〃は〃明るい岬〃と改名させられたが、〃オデン岩〃も〃サカズキ岩〃も現在そのまま生きている。なお、〃タマ岬〃も正式に認められている。人名をつけることを避けるというのが原則だからであるが、当事者とこうも感覚が異なるかと、私たちとしては残念に思う次第である。

犬の靴下

一月二九日（第五日）、晴れ。海岸の旅行はあまり変化がない。犬たちは、はじめ蒼氷《そうひょう》を避けて通っていたが、結果として、犬たちもすべるがソリもよくすべるので、犬たちは蒼氷の上を選んで走るようになった。彼らの足の裏のためにもそのほうがよいのかもしれない。走行二七・七キロ。碁盤目岩《ごばんめ》の前の氷山でキャンプ。

夕方、ペンギンが一羽やってきて、犬たちの係留場所に割り込み、さっそく犬たちの餌食《えじき》になってしまった。どうしてペンギンは自ら危険な場所にやってくるのだろう。もう日は暮れないらしい。夜中もテントに日が当たっていた。ラジオはもはや聞こえない。テツはどうしているだろう。

一月三〇日（第六日）、タロの足がますますひどくなってきた。足の裏が割れ、アカギレがひどくなったような状態を呈している。雪の上に点々と血がにじむ。ほかの犬たちも大なり小なり同じように割れている。痛々しい。

私が南極遠征出発準備中に稚内へ犬ゾリ訓練に行ったときのことだ。そこの犬小屋の隅に三頭の子犬がいた。タロ、ジロとサブの兄弟だった。まだ幼い感じの犬たちだったが、それでも曳《ひ》き綱の一番後ろにつけてもらって、ちょこちょこ走りで訓練に従っていた。その後、サブだけは体が弱いためにチームからはずされ、内地に残された。

あのときの幼犬タロ、ジロは今チームの中の中堅になっている。ゴロがいないこのチームでは、タロは最も頼りにしている犬だ。

あまりにタロの様子が痛々しいので、西堀隊長がガーゼをタロの足にあてがい、それをバンソウコウで止めて、その上に毛の手袋をはかせた。タロはそれを嫌がり、足を引きずり引きずり歩く。そして停止するたびに、なんとか自分の足についている邪魔物を取ってしまおうとする。しかし、二度、三度やり直しているうちにタロもそのよさがわかりかけてきたらしい。はいたまま走るようになった。成功だ。この日、走行二九・六キロメートル。アザラシを一頭捕獲した。

一二月一日（第七日）。とうとう一二月になった。宗谷はインド洋の航海を終え、まもなくケープタウンに着くころだ。

今日は日の出岬まで行く予定である。犬たちは足を引きずりながら走る。そんな犬たちの曳くソリにはとても乗っておれないからと、西堀隊長も菊池もソリから降りて走り出す。幸い犬ゾリの速さは早歩き程度。西堀隊長でも何とかついてこられる速さだ。

天気が悪くなってきた。これまで一〇日間も晴天が続いているので、もうそろそろ嵐になってもよいころだ。しかし、雨になると困る。まだ夏のことだから、ユートレのようなすごい嵐になると海氷が割れる心配がある。なるべく島の上でキャンプをしたい。しかしこのオラフ海岸では、露岩の近くに必ずプレッシャー・リッジがあり、その先の露岩までのあいだの海氷が解けて、ずぶずぶであることが多い。つまり上陸できないのだ。

日の出岬

日の出岬は荒涼としていた。これまでの中で最大の広さの露岩地帯で、大きさはオングル島ほどもあろうか。ペンギンの大きなルッカリーがあることが、その臭《にお》いでわかった。その土は濃い茶色で、踏み込むと苔《こけ》の上に足を入れたような感じがする。数十年か数百年のあいだにたまったペンギンの糞《ふん》なのだ。あたりには、ペンギンの死骸《しがい》が累々《るいるい》としていて気持ちがよくない。

すぐ傍《そば》にトウゾクカモメの巣があった。あたりと同じ土色の保護色だから、気をつけないと見逃す。彼らは肉食でペンギンの天敵である。ペンギンの死骸の多くは、このトウゾクカモメにやられたものと思う。トウゾクカモメのメスが卵を抱いていた。少しかわいそうに思ったが、その卵をいただいた。と、突然、傍にいたオスらしいのが攻撃に出てきた。舞い上がって急降下で襲ってくるのだ。それをピッケルを振り回して防ぎ、ほうほうの体《てい》で逃げ帰った。

その夜、菊池が持ち帰った一〇個のペンギンの卵で、豪勢な卵焼きをしようとしたが、そのうち一個しか食べられなかった。九個はすでに孵化《ふか》しかかっていたのだ。これを教訓として、以後、卵を取らないことにする。

一二月二日（第八日）、曇り。久しぶりの曇り空で、風が強い。休養日となる。今までたまった測量の計算をし始める。なかなか大変だ。西堀隊長も手伝ってくれたが、夜遅くまでかかってしまった。この日の計算の結果、

第一露岩
　南緯六八度四八・四分
　東経四〇度一一・四分
美保ケ岬
　南緯六八度二八・五分
　東経四一度二三・八分
二号岩
　南緯六八度一五・七分
　東経四二度二六・一分

と、決定した。明日晴れたら日の出岬を天測しよう。

ペンギンが二羽、向こうからわざわざやってきて、犬にやられてしまった。これはペンギンに来るなと言っても防ぎようがないので放っておく。犬たちも賢くなって、ペンギンがやってきても、もうあまり騒がない。彼らが十分近寄ってきたところで一挙にやっつけてしまう。レバー好きの西堀隊長のために、ペンギンのレバーを取り、残りを犬たちに与える。おいしいのか羽根まで食べてしまった。

一二月三日（第九日）。雨こそ降らないが、生暖かい風が終日ヒューヒュー吹く。テントの支柱がたわむが、ユートレほどではないから心配はいらない。午後、風が少し衰えてきたので航空標識をセットするために出かける。西方から西北にかけてウォーター・スカイ（海の色がその上の雲に映えて、遠くから見ているとその海の上の部分だけ黒い色をしていて、黒雲のように見える）が見える。あの下には、海氷の割れたオープン・シーがあるに違いない。距離はわからないが、二〇～三〇キロくらいだろう。オープン・シーの存在は幸先のよい印だ。きっと第二次観測隊は成功するぞ。

一二月四日（第一〇日）。うまくいったら空ゾリでもう少し先まで足を延ばそうと言っていたのに、駄目になってしまった。犬たちも元気がないし、予定された日に帰るためには、明日はこの地を離れなければならない。日の出岬から東を眺めると、遥《はる》か先に大露岩の岬がかすんで見える。いつの日にかこの地へ再び来ることがあるだろうか。この先に見える大露岩の岬を、このオラフ海岸の旅の終わりではなく、これから始まる将来の発展を祈念して〝あけぼの岬〟と名づけた。

猛暑

一二月五日（第一一日）。午前三時起床。昨夜、だんだん暑くなるので朝早く走って昼間は寝よう、と西堀隊長が提案する。名案だ。昨夜は天測結果の整理のため午後一〇時過ぎまで計算をしていたので、やや寝不足だ。午前五時五〇分出発。犬たちの足は悪いままだが、この三日間休息したし、それに帰還を感じ取るのか、元気がよい。蒼氷の上をよく走る。出発前、とくに足が悪化している犬たちの足に私たちの薄い靴下をはかせた。これがうまくいって、犬たちは夕方まで靴下をはいたままで走った。

空にはスノウ・ペトレル（南極ツバメ）が飛び交う。太陽はギラギラして暑い。朝のうち、〝定期便〟が吹いているあいだは何とかしのげるが、無風になると暑さはこの上ない。南極がこんな暑さになるとは夢にも思わなかった。

午後一時、往路のキャンプ地跡に着く。走行四五・一キロメートル。往路二日かかったところを一日で来てしまった。

一二月六日（第一二日）。昨日よりさらに早く、二時間時計を進ませて、午前一時起床（時計では午前六時）。三時五〇分出発、太陽はもはや沈まないので、こんな時間でも午後近いような強い日差しだ。

美保ケ岬の手前の往路の親子島キャンプ場跡の近くに〝春の小川〟があった。数百メートル先のその〝春の小川〟にペンギンの群れが遊んでいた。われわれに気がついたらしい。一〇羽以上のペンギンが、こっちに向かって一斉に走ってくる。

「こちらへ来ちゃいかん。戻れ！　戻れ！」

と叫んでもペンギンには通じない。どんどん向かってくる。あんなに多くのペンギンが、犬たちの列に割り込んできたらそれこそ大変だ。もうシロがペンギンに気づいた。リキにも見えたらしい。犬たちがペンギンのほうへ向かおうとするのを、無理やり方向を変えさせ、一目散に逃げる。ペンギンは、なおしばらく追っかけてきたが、やがて諦《あきら》めたらしく、元の方向に帰っていった。ヤレヤレ。いったい何のためにやってくるんだ、とペンギンに腹を立てる。来れば必ずやられてしまうのに。

〝ダルマ岩〟の氷山の近くで停止。今日はここでキャンプだ。ちょうど昼の一二時。だが時計は午後五時を指している。日はカンカン照りつける。傍の氷山から解けた水が、細い滝のようにザァザァ落ちていた。走行三六・五キロメートル。

痛々しい行進

　一二月七日（第一三日）。さらに一時間時計を進ませる。合計六時間早めたことになる。時計で午前六時、つまり真夜中の〇時に起床。西堀隊長がまずプリムスに火をつけて湯を沸かし出す。その音で目が覚めていたが、狸寝入《たぬきねい》り。起きたらすぐコーヒーが沸いているという、この味は捨てられない。ボツンヌーテンのときの中野といい、西堀隊長といい、山の先輩はありがたい。手がかからない上にこういう恩恵もある。

　午前二時四〇分出発。陽はすでに高い。シロは蒼氷を選《え》りながら進む。タロをはじめ犬たちの足はいよいよひどくなってきている。タロもはじめは靴下を一本の足しかはいていなかったが今日はもう四本足のすべてにはいている。靴下のよさがわかったのだろうか、もう取ろうとはしない。そうこうしているうちにアンコが引きずられ出した。

「この弱虫め、タロを見ろ」

　と叱ると、アンコが金色の目で訴えるように見上げる。アンコの目は不思議な魅力を持っている。その金色の目で乞《こ》われるように見られると、ノーと言えなくなるのだ。このおれも甘いな、と自分で思いながらアンコを放す。モク、ジロやシロまで靴下をはき出した。これでは靴下が足りない。もうあと数日の旅だから、とスペアとして取

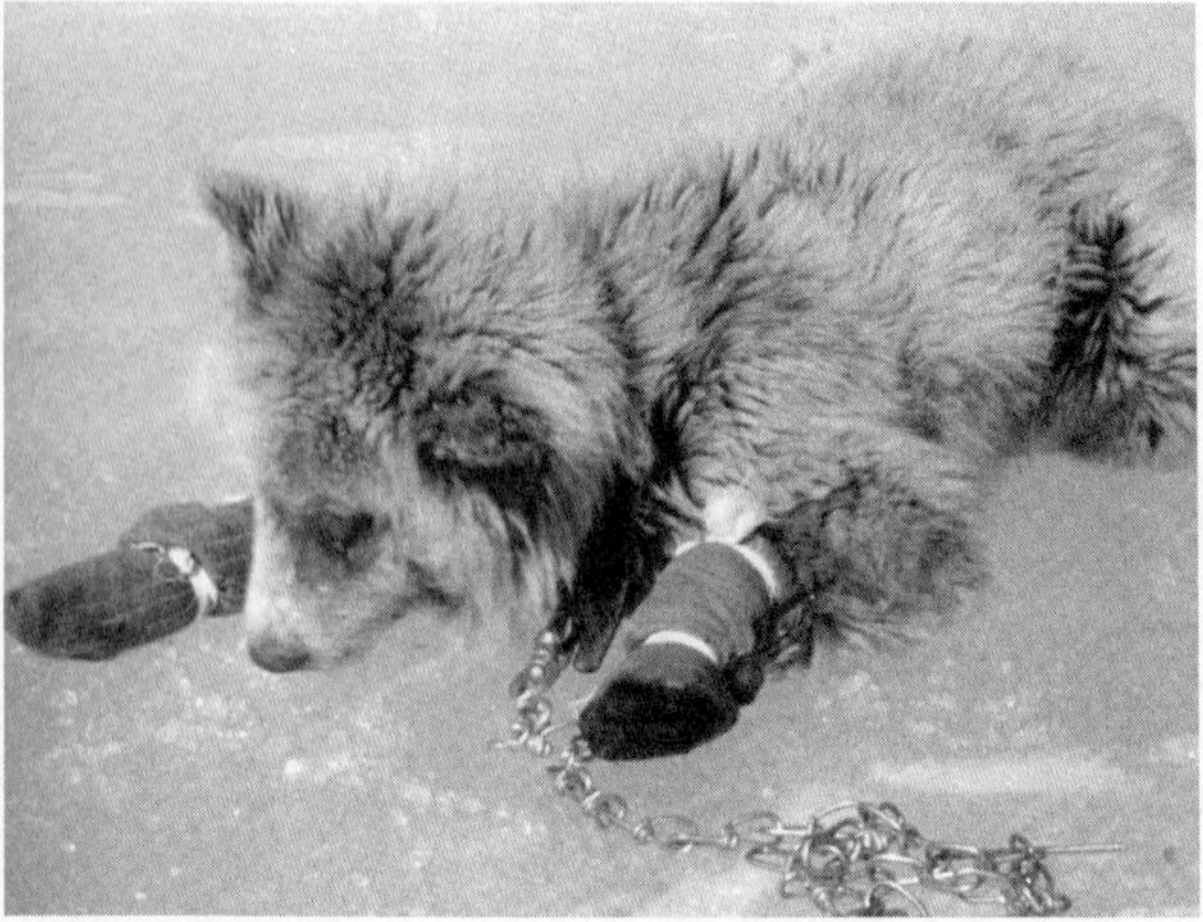

靴下をはいた犬

っておいた最後の一足をリキにはかせる。毛の靴下やパイルの靴下をはいたソリ犬など聞いたことがない。なんだか敗残部隊のような感じ。

午前一一時、往路で泊まった〝ピンボケ氷山群〟にキャンプ。往路に残したアザラシは、トウゾクカモメに大分つつかれていたがまだまだ肉は残っていた。ただ、表面が硬くなっていて干し肉のよう。南極では、腐敗はしないのだ。犬たちにとっては、血のしたたる生肉より、この程度に古くなった肉のほうがおいしいらしい。骨つき肉を残す犬はいなかった。

太陽はもう沈まない。氷山群の中でキャンプしたのは、氷山の陰に入れば、直射日光から逃げられると思ったからだ。ところがこれは失敗だった。〝定期便〟の風は氷山群の中までは入り込めないから、無風のテント内は照り返しのため、気温二〇度にも上昇し、寝袋から体を出してもなお暑くて眠れないのだ。南極へ来て、真夏の夜の寝苦しさを味わうとは思いもしなかった。走行二九・四キロメートル。

一二月八日（第一四日）。ボッンヌーテンのときに味をしめて、今回もフェルトの長靴をはいてきた。しかし暑さで雪は湿り、またときとして蒼氷にたまった水をはね上げて進むので、当然フェルトは濡れ、靴底はいつもビチャビチャで気持ちが悪い。だが眠る前に、靴下とともにそれを棒の先に逆さまに突っ込んで乾かしておくと、目が覚めたときにはカラカラに乾いていた。

この日、ある氷山の吹きだまりのところでキャンプ。犬のステイをしっかり取れるほど深い雪があるのは、氷山群の中か、こうした吹きだまりしかない。この日の夜は割合い涼しかった。この日、走行二四・一キロメートル。

最後のキャンプ

一二月九日（第一五日）。昨真夜中（？）、用を足しに外へ。太陽はギラギラとして頭上に輝き、前の氷山からはザーザー音を立てて水が流れ落ちていた。変な気分である。午後一一時三〇分起床。出発は午前一時五〇分。朝は少し気温が下がって気持ちはよいが、ザラメ雪は硬くなって犬たちの足にはよくない。シロが痛そうにしているので靴下をはかせたが、うまく歩けないのでとても走りにくそう。菊池と自分が交代で先導する。

午前五時ごろフラッツンガを通過。ここを回ればオングル島ももうすぐだ。いよいよ帰ってきた。午前一〇時、基地から六キロメートル余りの剣氷山に着く。もう一時間もかからずに基地に着く距離だ。これが最後の旅行かと思うと、このまま基地に帰るのは少し惜しい気がしてきた。西堀隊長も同じ思いであるらしい。菊池がひとり言のように、

「あーあ、いよいよ最後か」

と、もらしたのを機会に、たちまち剣氷山に一泊することに衆議一決。走行二八・四キロメートル。ひょっとしたら、もう氷上に寝るのはこれが最後かもしれない。夜、ふとテツのことが気になる。まだ頑張っているだろうか。

一二月一〇日（第一六日）。午前六時に目が覚める。今日は最後の日だ。すぐ先にオングル島が見える距離なのでゆっくりする。食糧を整理し、犬たちに十分食べさせる。これで荷がずいぶん軽くなった。午前八時二〇分にキャンプをたたみ、出発する。シロはすっかり元気がなくなり、もう前へ進もうとしない。菊池と自分が交代で先導。

蒼氷の上は湿っていて、場所によっては一センチくらいの水がたまっている。水をピチャピチャはねて進むこと六・三キロ、午前九時五〇分に基地に着いた。オングル島の雪は解け、川には水が流れていた。なんだか基地周辺は黒っぽい。雪がすっかり解けてしまっていたのだ。全走行距離三五五・二キロ。楽しい半月の旅だった。

テツの死

基地に帰ったその夜遅くテツは死んだ。オラフ海岸旅行に出かけて第二日目、作間からの無線通信でテツの重体を知ったのだが、それ以後無線が不通になったので、容体が気になっていた。基地に帰ったとき、まずテツのことを聞いた。生きているという。私は菊池とともにテツのところへ飛んでいった。テツは小屋の中で元気なく横たわっていた。われわれの顔を見ても、もはや立ち上がれなかった。横たわったまま尾を振り、低くワンワンと鳴いた。

中野によると、われわれが出発した翌日、テツは激しい痙攣《けいれん》を起こし、意識不明になったという。それで中野がブドウ糖の注射をしたりしたが、それ以上手の施しようのないままに日が過ぎた。テツはその後、奇跡的に自力で容体を持ち直し、砂田の与える米の食餌《しょくじ》を毎日少しずつ食べていたという。

われわれがテツのところへ行ってドッグフードを与えたら、普通と変わらずよく食べた。これで持ち直すかと思わせたほどだ。が、その翌日、われわれが目にしたのは息のないテツだった。

ベックもテツも、仲間が帰ってきた夜に死んだ。彼らは私たちが旅行しているあいだ、死線をさまよいながらなんとか生き抜き、仲間が無事帰ってきた姿を見とどけてから、ロウソクの最後の焔《ほのお》が一瞬大きくなってパッと消えるようにその生命を閉じた。

これは偶然だろうか。

ベックがユートレの旅から帰ってきたその夜に死んだときは、まだ半信半疑だった。しかし、オラフ海岸から帰った夜にテツが死んだときは、もうそれが偶然とは思えなくなった。そこには彼らの意志が、心が働いていたに違いない。死線をさまよう人の生死を決めるものは、その人の〝気持ち〟である、とよく言われる。生きようとする意志のあるかぎり、容易に死ぬものでないことは、人間の場合多くの例が示すところである。人間にそうしたことがあって、どうして犬にないと言えるだろう。

私は、人間と同じように犬にも気持ちがあり、感情も意志もある、と、この一年、犬たちとの生活を通して信ずるようになった。

円丘氷山との闘いに疲れ果てて動けなくなったとき、一頭一頭の犬たちに話しかけたら、それまで動きそうになかったのが、一斉に立ち上がり、ついに円丘氷山の難関を乗り越えるという大仕事を成し遂げた。このとき、彼らは、私の気持ちに応《こた》えてくれたものと今でも思っている。ボツンヌーテンからの帰り道、テツが一人とぼとぼと来た道を戻っていったのも、そのときの彼の気持ちのままの行動であったと思っている。ヒップのクマの行動を見ても、それが彼の方向感覚のなさのせいだとはどうしても思えない。彼の意志がそうさせたとしか思えない。

　犬たちにも、人間と同じような気持ちや心の動きがあるとすれば、犬たちの能力を最もよく引き出すのは、初めに教えられたような力によるのではなく、やはり〝心〟だと私は信じている。

　オラフ海岸の旅から帰った翌日冷たくなっていたテツを見て、私はやはりテツは仲間を待ち、そして私たちを待っていてくれたと強く感じた。今でもその思いは消えない。

第七章　宗谷の苦闘、犬たちの悲劇

不気味な気配

オラフ海岸の旅をもって一年の旅行計画は終わった。あとは宗谷を迎えるだけだ。宗谷はケープタウンをすでに出港し、一路昭和基地に向かっていた。基地の後片づけが始まった。基地周辺の雪はすっかり解け、あちらこちらに一年前に捨てた梱包《こんぽう》材などが散乱していた。連日たき火の煙が上がった。人々はあわただしく立ち働いていたが、一抹《いちまつ》の寂しさは覆いようもなかった。これで一年が過ぎた。楽しかった一年が……。

昨年、われわれ一一人を氷原に残して帰国の途に着いた宗谷は、途中、ブリザードに襲われ、アッという間に氷海に閉じ込められてしまった。船ぐるみの越冬をも覚悟したとき、ソ連の砕氷船オビ号によって、やっとのことで救出された。その苦い経験から、第二次観測隊を乗せた宗谷は、昨年より三週間も早く東京を出港していた。一二月一九日、宗谷は早くも南緯六〇度の地点に達した。そこで初めての氷山に出遭う。昨年は、そこから二〇〇キロメートルも北の南緯五五度の地点ですでに氷山に遭遇していたのに、今年は氷山が極端に少なかった。

一二月二一日にはエンダービー・ランドの最北端、クローズ岬の沖合一五〇キロの氷縁に到着したが、氷縁もまた昨年より九〇キロも北へ張り出していた。氷山の数の異常なまでの少なさ、氷縁の張り出し……何か不気味な気配がそこにはある。だが南極について初心者であった宗谷は、これらがいったい何を意味するかを察知する由《よし》もなかった。

ビセット

当初の計画では、宗谷は昨年（第一次遠征）と同様に、氷縁に沿ってクック岬まで西航し、ヘリコプターや小型航空機ビーバーの昭和号による氷状偵察を行い、適当な水路を見つけて氷海へ進入する予定であった。しかし、昭和基地のほぼ真北に当たる地点まで来たとき（一二月二三日）、たまたま基地の方向に延びる水路を発見したので、その後の氷状偵察を省略、この水路を南下すべく氷海への突入を開始した。昭和基地への接岸予定日は一月八日、そのときの氷状は必ずしも良好というものではなかったが、昨年より時期的に三週間も早いという気持ちもあって、この氷海突入には何のためらいもなかった。無邪気といえば無邪気であった。が……。

一二月三一日から吹き出したブリザードは、宗谷周辺の氷状を一変させてしまった。東北から吹きつける風は、それまで少しは緩みのあった氷原を、寸分の隙間《すきま》もないほどに押し詰めた。そして三日間吹き荒れたブリザードが去ってみると、宗谷は氷のぎっしり詰まった二〇キロ四方ほどの大氷盤の真っ只中《ただなか》にあって、まったく身動きできない状態にあった。

一二月二四日に宗谷との交信を開始した昭和基地では、一月八日の接岸予定を知らされ、にわかにあわただしい空気に包まれた。しかし、ブリザードによって押し詰められた氷盤にビセットされた宗谷は、一月六日になっても一向に動こうとしなかった。いや、動けなかったのだ。そして動けないまま海流に乗り、大氷盤とともに西へ西へと流されていった。一度は基地から一四〇キロの地点まで近づいたが、それ以後は基地から日一日と遠ざかるばかりであった。

毎日の交信で、その日も宗谷は動けないことがわかったとき、基地では〝宗谷そのまま〟という言葉が、しきりに挨拶《あいさつ》代わりに使われるようになった。夕食時に顔を合わせたとき、まず出る言葉がそれだ。このころの基地の人々の心は複雑であった。ある隊員は、一年が過ぎ、家族や友人との再会の一日も早からんことを願っていたし、また、ある人は、日本への帰国を希望しないわけではないが、この一年の極地での生活の印象があまりにも強烈であったので、その魅力に引かれ、もう一年残ってもよい、と考えていた。だから、前者は、〝宗谷そのまま〟という言葉で、これでまた帰国が一日延びるという気持ちのやるせなさを表現していたし、後者は後者で、〝宗谷が一日そのまま〟であったことにより、第二年目の越冬が実現する可能性が増したという、心の底の期待感をその言葉に託していた。

膠着《こうちゃく》状態のまま、一月も下旬となり、来る日も来る日も変化のない毎日に、宗谷の船内でもイライラした空気が強くなってきた。午後一一時だというのに、一向に暗くならない極地の白夜は、人々の心をいっそう不安定なものにした。この状態を危惧《きぐ》した文部省の南極地域観測統合推進本部は、アメリカに宗谷の氷海脱出のための救援を依頼した。バートン・アイランド号がこの要請に応《こた》えることになった。

宗谷の乗組員や隊員の気持ちは揺れた。松本船長も永田隊長も、日本の力だけでこの南極地域観測の事業を成し遂げたい気持ちが強かった。昨年もオビ号に救援されている。今年もこうして、氷海に閉じ込められてはいるが、まだ時間はある。外国船の援助なしに、自力で宗谷の昭和基地接岸を成功させたい。

過ぐる日、まだ第一次遠征を準備していたとき、西堀副隊長（当時はまだ越冬隊長とは定まっていなかった）から、シュロスバッハという、アメリカきっての氷海航法のベテランをオブザーバーとして迎えようとの提案があった。そのとき賛成できなかったのは、独力でやりたいという気持ちからだったし、また数日前、窮状を見かねて、宗谷の比較的近傍《きんぼう》にいたオーストラリアのテラ・ダン号が申し出てきた救援を固辞したのも、同様な気持ちからであった。

「こうなったら、外国船の援助もやむを得ないじゃないか」

「でも、まだ時間がある……」

船内の議論が沸いた。

折れたスクリュー

隊員も乗組員も焦りを感じた。そのとき、南風が吹き始めて、硬い氷もようやく緩みを見せ始めた。この機会を逃してはと、宗谷は全力で自力脱出を図った。氷塊爆破、前進、後退、そしてまた前進、とチャージング（砕氷船が、前進してその勢いで氷盤に乗りあげ、自重で氷盤を割り、いったん後退して再び氷盤を割る……といった、砕氷のための前進後退の繰り返し動作のこと）を繰り返し、夜を徹して力のかぎりを尽くした。宗谷は徐々にではあるが、北の開氷域へ向かって前進し出した。ヤレヤレ、これで何とかなりそうだと、少し明るい気持ちになり始めた二月一日の午前五時三〇分、宗谷は突然、

「ビビビーン……」

という異様な振動に見舞われた。それまでにも、何度かこれに似た異様な振動が伝わったことがある。それは氷塊がスクリューに巻き込まれ、粉々に打ち砕かれたことによるものだ。

だが今回のは、とくに異様な響きを持っていた。

「シマッタ！」

松本船長は、すぐにエンジンを停止させた。調べてみると、左舷《さげん》スクリュー四枚の羽根のうちの一枚が根元の四分の一を残して無残に折れていた。この事故によって宗谷の能力は六〇パーセントにも落ち込んだ。

「これで氷海への再突入ができるだろうか……」

だれの胸にも不吉な予感がチラと走った。この報《しら》せを受けた南極地域観測統合推進本部は、先にアメリカに依頼した〝宗谷の外洋脱出のための部分的救援〟を、〝昭和基地接岸に至るまでの全面的な援助依頼〟に切り替え、援助を再要請した。バートン・アイランド号はそのとき宗谷から一六〇〇キロの位置にあり、両船の会合には一週間余りの日時を必要とした。

二月四日午後六時過ぎ、レーダーマストの見張り台が、氷山と氷山の間に水平線を発見した。宗谷は折れたスクリューをかばいながら、ただちに前進を開始した。ヘリコプターが飛び立ち、

「北北東、約九〜一〇キロメートルのところに大小の氷山群があり、その付近から氷量五〜七のオープン・シーになっている」

と報告してきた。だが、差し当たっての宗谷の周囲は氷量一〇（一〇〇パーセント）。ところどころにクラックが走っているが、それを伝って前進できるほど大きなものではなかった。再び氷塊爆破、前進、後退、そしてまた爆破、が繰り返されたが、六時間かけてもやっと一三〇〇メートルしか進めなかった。二月に入って、夜は暗くなり始めたがサーチライトで氷海を照らしつつ、作業は夜を徹して続けられた。二日間の不眠不休の努力の結果、二月六日午後一時三〇分、宗谷はついに外洋脱出に成功した。一二月二三日氷海突入から実に四六日ぶりのことであった。

バートン・アイランド号

二月七日午後三時三〇分、宗谷はバートン・アイランド号と会合した。そのとき、宗谷は傷つき、もはや独力で再度氷海へ突入する力はなかった。バートン・アイランド号は、その年すでに五回の基地進入作業を成し遂げていた。宗谷で六度目の救援活動である。そのうえ、宗谷が終われば、次はベルギーの観測船ポーラーハブ号の救援におもむくことになっていた。この年、アメリカの砕氷艦アトカ号はノックス海岸でスクリュー二枚を折り、最新の砕氷艦グレーシャー号もまた船首にヒビが入るという事故が起こっていた。

二月八日午前四時、バートン・アイランド号に先導され、宗谷は再び氷海に入った。バートン・アイランド号のパワーは素晴らしいものだ。チャージングをするごとに、水面から二メートルも盛り上がった氷盤を一気に突き切ってしまう。そして、少しでもクラックがあるのを見つけると、右に左にクルクル回りながら氷の弱そうなところを押し割っていった。宗谷は、こうしたバートン・アイランド号の航跡にさえ追随しきれず、あちらの氷角に当たりこちらの氷盤にぶつかりながら、いったん後退してバートン・アイランド号の航跡に入ってゆく。だから、割る必要のない氷をも割らなければならず、必要以上に前進後退を繰り返さねばならなかった。

「宗谷は砕氷船ではない！」

松本船長は無念そうにつぶやいた。まざまざと一万三〇〇〇馬力と四八〇〇馬力の差を見せつけられたのである。まして、宗谷はスクリューのプロペラを折り、舵《かじ》ききは悪くなっていた。

しかし、宗谷船内は、このとき楽観ムードに満ちていた。もう大丈夫だ、バートン・アイランド号がいる。数日後には基地へ行ける……。早々と身の回りの整理を終えた越冬予定者もいた。近くの海氷面から、フロートをつけた小型飛行機、昭和号が基地へ飛んだのはこうしたときであった。

昭和号飛来

基地の空気はどよめいた。あと四〇分で昭和号が飛来するという。二月八日の午後七時ごろであった。

「そうか、いよいよ来るか……」

隊員たちは、それぞれカメラを持って、屋上へと出、あるいは裏山へ登っていった。午後八時三〇分、双眼鏡をのぞいていた西堀隊長が、まず機影を発見した。やがて北の地平線の上に、灰色の空をバックに黒い粒がポツンと見え出した。低いうなるような爆音、それは忘れかけていた文明社会の音だった。

「アッ、来たっ！」

機はみるみる大きくなり、頭上を超低空で飛び去った。機内に人影が見える。いったん飛び去った機は、やがて旋回すると、再び基地目がけてやってきた。フロートをつけているので、氷上には降りられない。皆、あらかじめ設置しておいた氷上のマークのところへ駆けつける。昭和号のトビラが開いている。何か落とすらしい。

「アッ、一つ、二つ、三つ」

パラシュートが開いた。砂田が駆けてゆく。立見は雪上車の無線で機に向かって何か叫んでいる。機は、三度、四度、基地の上空を旋回し、やがて大きく翼を振って灰色の北の空へ消えていった。

基地は沸いた。一年ぶりの新鮮なキャベツ、玉ネギに感動した。新鮮な野菜が、これほど素晴らしいものとは思わなかった。砂田は、冷凍の肉を抱えたまま涙を止めることができなかった。ひとしきり談笑のあと、西堀隊長が家族の声のテープを抱えて自室に戻ったのを機に、それぞれ故国からの手紙の束を持って自室に引き揚げた。その夜、私たち一人一人の心は満たされていた。故国の香りがそこにあったし、明日にも交代の人たちが来て宗谷へ帰ることができるかもしれない。

全員宗谷へ引き揚げよ

宗谷と基地とのあいだでは、無線電話で毎日一、二時間、連絡を取り合っていた。二月九日、基地では着陸可能な天候であるのに、昭和号は飛んでこなかった。いったいどうしているのだろう。基地ではすっかり交代の準備ができている。ついそこにいる宗谷から今にも交代の知らせがあるか、突然だれかが飛んでくるのではないか……。皆は宗谷の動きにじりじりした一日を過ごした。

　二月九日、午後一〇時、立見は作間の用意するマイクを前に、宗谷からの定期通話を待った。西堀隊長もその傍《そば》で、宗谷とのやりとりを聞くべく、いつものように椅子《いす》に座っていた。しかし、時間になっても宗谷との通話は、始まらなかった。呼んでも応えない。

「もしもし、こちらは村山です……」

　定刻二五分過ぎになって、やっと宗谷から呼びかけてきた。これほど遅れるのは、いつにないことだ。

「さっそくですが、明日、天気がよければ昭和号がそちらに飛びます。西堀越冬隊を、全員昭和号で船に収容したいと思いますから、その準備をしておいてください」

　立見は一瞬、何かの聞き違いではないかと思った。どういう意味かよくわからなかった。基地は晴れているし、宗谷はバートン・アイランド号の先導で快調にこっちに向かってきているはずではないか。宗谷へ収容っていったい何のことだろう。まして〝全員〟とは、どういう意味なのか。

「全員収容って？　もしもし、それはどういう意味ですか？　そちらからは、だれか来るのですか、来ないのですか？　どうも様子がよくわかりません。もう少し、事情を詳しく説明してください」

　立見は、あまりにも突然のことでいささか狼狽《ろうばい》気味であった。宗谷では、何かを相

談している気配だったか、やがて、

「もしもし、こちらは永田です。直接西堀さんとお話ししたい」

永田隊長のやや緊張した声が流れてきた。西堀越冬隊長がマイクを握る。今までの宗谷の状況、バートン・アイランド号の威力、ヘリコプターによる氷状偵察の結果や、今後の気象、結氷の見通しなどが語られた後、

「ご承知のように、今年は昨年に比べて氷の状況が非常に悪いようです。バートン・アイランド号は、現地に一六日まで留まってくれます。したがって、今から一六日までの六日間に第二次越冬隊を送り込み、そして第一次越冬隊を収容しなければなりません。私としましては、とにかく西堀越冬隊は全員いったん宗谷へ帰ってほしいのです」

永田隊長の長い送話は終わった。

「………」

西堀はすぐに返事をしかねた。永田隊長の話はよくわかった。しかし、だれの目から見ても、交代要員がまず来てから第一次越冬隊が引き揚げるのが常識である。それを、その逆をやりたいという。これはいったいどういうことであろうか。そこまで事情が逼迫《ひっぱく》しているのだろうか。いやそんなはずがない。昨日まで、宗谷の昭和基地付近への接岸は、時間の問題だと言っていたではないか。マイクを握ったまま西堀は立

見のほうを振り向く。

「さあ、どうする」

「………」

情勢の認識は、基地と宗谷側ではかなり異なるようだ。

「ちょっとのあいだ、お待ち願います」

西堀は、とにかくこう返事をして通話を中断した。

第二次越冬隊と交代する際、ぜひ現地で引き継がねばならないことがたくさんあった。この一年間、ちょっとしたことでも、それを知らなかったためにあとで随分苦労したことがある。あのとき、それを知っていれば簡単なことですんでいたものを……、そんな思いをしたことが山ほどあった。第二次越冬隊が同じ無駄をしないために、こうしたことを、細大もらさず基地で引き継がねばならない。そして、それこそが第一次越冬隊の使命ではなかったのか。永田隊長は、第一次越冬隊を収容した後、第二次越冬隊を送り込むという。これではまるで逆ではないか。

そのうえ、いったん基地を空っぽにしてから、本当に交代ができるだろうか。万一、第二次越冬隊が来ないようになったら、せっかくここまで昭和基地を造り上げた意味がなくなるではないか。向こうから来ないなら、第一次越冬隊の一一人のうち、最低の人数だけでも、もう一年越冬してもよい。〝宗谷そのまま〟という日々が続いた一月の半ばごろから、万一の場合を考えて、いろいろな状況を予想して対策を練ってきた。最悪の場合、第一次越冬隊の中で連続越冬する人選もできていた。

西堀の脳裏にいろいろな想いが駆けめぐった。結論はなかなか出ない。

「どうなさいますか」

立見が返事を促す。

「うん」

西堀はけわしい顔をしたまま、はっきりした返事をしない。時間はどんどん過ぎてゆく。何とかしなければならない。どうも無線では話が通じにくい。この上は、だれかいったん宗谷へ行って直接談判するよりほかないだろう。昭和号だって七、八回は飛ばなければならないんだから、飛行機の使い方を工夫して談判の時間をかせぐしか方法がない。立見はこう考えていた。西堀もまた同じことを考えていたのであった。

「了解いたしました。一応そのようにします」

立見全権大使

基地に緊急集合のサイレンが鳴り響いた。全員ただちに食堂に集合した。そこで西堀隊長が宗谷とのやりとりを話し、皆の了解を求めた。

「そんなバカな！　それじゃまるで逆じゃないか！」

皆いきり立った。そんな皆を抑えるため、立見は、今度は説得役に回らねばならなかった。明日といっても、一番機は午前三時に宗谷を発進する。それまであと四時間ほどしかない。急いで考えをまとめなければならない。こうしてまず、立見が全権大使として一番機に乗り込むことになった。永田隊長や村山雅美第二次越冬隊長と談判し、第一次越冬隊の考えを話す。そして、第二次越冬隊が無理なら第一次越冬隊の一部が残る希望を持っていることを伝えることになった。一時的にせよ基地を空家にするわけにはいかなかった。帰船の順序は、万一、いつ天気がくずれて輸送が中断しても、残りの者であと一年間越冬できるように考えられていた。

二月一〇日、午前三時に第一便が発進するという予定が、宗谷付近の天気の悪さのために遅延した。見通しがはっきりしないまま、いつ来るかわからぬ昭和号を待つのは辛《つら》かった。結局一二時間遅れて、午後三時四五分、やっと昭和号第一便が飛び立った。

総重量は、一回の飛行について三〇〇キロと定められていた。それでも、観測資料を優先させると、私物のほとんどを基地に残さねばならなかった。大塚による計量検査が厳格であったので、セーターを脱ぎ、用足しまで基地ですませた。

プロペラの回転音が一段と高くなる。窓から見下ろすオレンジ色の建物は、まるで

宗谷側に談判するために、立見隊員が昭和号で発つ

箱庭のそれのようだった。しかし、立見は、一年を過ごした基地に感慨を持つ余裕はなかった。立見は時計を見た。眼下の氷状を脳裏に焼きつけ、クラックの位置をメモし、時刻を計って距離を算定するためだ。

「アッ！　あそこにクラックがある。ここはパドルがひどい」

立見は、再び自分たちが宗谷から雪上車で基地へ帰ってくるときのために、必死でメモし、スケッチした。

宗谷へ帰還

昭和号が宗谷へ帰ってきた。そこからは予期に反して立見隊員一人しか降りてこなかった。第二便にも、藤井隊員一人しか乗っていなかった。第三便からは、砂田隊員しか降りてこなかった。

「第一次越冬隊のやつら、いったいどうなっているんだ」

宗谷側では、第一次越冬隊の考えを測りかねてヤキモキしていた。

立見は、永田隊長や村山第二次越冬隊長をつかまえようとして、ウロウロした。一年ぶりの宗谷は、何となく雰囲気が変わっていて、様子がよくわからなかった。村山第二次越冬隊長は、雪上車の積み荷の指揮に忙しく、永田隊長もまた、ヘリコプターで氷状偵察に飛び回っていた。機会がなかなかつかめない。時間は、容赦《ようしゃ》なく過ぎ、ついに基地との交信の時間がやってきてしまった。

「エッ、まだだって？　子供の使いじゃあるまいし……」

日ごろ温厚な西堀第一次越冬隊長の声が、思わず激したものになった。立見はその怒声に思わず首をすくめたが、どうすることもできなかった。

その後も基地では、一番機で飛んだ立見全権大使からの、永田隊長との談判の結果の連絡を、今か今かと待っていたが、夜になっても何の連絡もなかった。結局、第一次越冬隊の意志を永田隊長に伝える機会がないままに時間が過ぎてしまった。

「やむを得ない。一度宗谷へ帰還しよう。そして、雪上車で再びここへ来よう。一年間、リュツオ・ホルム湾の海氷上を縦横に走り回った第一次越冬隊の経験をもってすれば、不可能ではあるまい」

西堀はこう考えた。

翌一一日の一番機では私（北村）が飛ぶことになった。犬たちは基地の建物から五〇メートルほど離れた氷上につないでいる。犬たちのそれぞれの首には村山第二次越冬隊が来たときすぐわかるようにと、菊池がつけた赤い名札があった。基地には一五頭のソリ犬と、一頭のメス犬、それに八頭の子犬がいる。村山第二次越冬隊が来たら、これらの犬たちは再度の奉仕をすることになっていた。ところが、立見全権大使の工作も実を結ばず、一時的にせよ基地が空っぽになってしまうことになった。

だれもが、すぐ第二次越冬隊がやってくることを信じていたが、念には念を入れるに越したことはない。第二次越冬隊の活動に、直接関係のないメスの子犬六頭だけでも連れて帰りたい。子犬といえども二〇キログラムはある。そこで最後の夕食のとき、皆に諮《はか》った。

「大部分の私物を基地に残しておかねばなりませんが、それでも二〇キロの私物が持てます。各自、少しずつ荷物を減らせば子犬だけでも何とかなると思うのですが……。子犬は今二〇キロ、六頭で一二〇キログラム。せめて曳《ひ》き犬にならないメスの子犬だけでも連れて帰りたいのですが……。どうでしょう、賛成してくれませんか？」

「うん。わしは荷物を置いておこう。南極へ犬を連れてこようと言い出したのはわしやから」

西堀隊長がまず賛成した。

二月一一日。どんよりとした重苦しい空だった。気温は、マイナス一一度まで下がって一二月以降の最低気温を記録。肌寒くて、いよいよ秋の深まりを感じさせた。そしてこの日、突然激しい磁気嵐が始まった。

「宗谷、宗谷。こちら昭和基地。応答願います」

「…………」

作間はいつものように交信を始めたが応答はない。宗谷との連絡が途絶え、さらに全世界の通信も沈黙した。重苦しい空気、通信の途絶、そして今、不本意のうちに基地を去っていかなければならない。これらのことが人々の心をいっそう重くした。

第一便には、私と子犬一頭とカナリヤ二羽が乗った。

「ウォオーン、ウォオーン」

このとき、犬たちがいっせいに吠《ほ》えた。私は、ふと、再び基地へ来ることができないような気がして、氷上につながれた犬たちを見た。

「そんなことはない。おまえたち、すぐまたやってくるからな」

私は犬たちに話しかけた。眼下に広がる氷状は、さすがに厳しかった。第二便に菊池と佐伯と子犬四頭、第三便には西堀、作間、それに子犬一頭、猫一匹、第四便、中野、村越と大塚。かくして、第一次越冬隊は全員帰船した。

第二次越冬計画縮小

南極地域観測統合推進本部では、第一次越冬隊収容という大切なときに通信が途絶えたため、様子がつかめずにハラハラしどおしだったたという。その後わかったことだが、この磁気嵐は二〇世紀でも最大規模に属するほどの大きなものであった。このとき、日本の山口県でも、赤いオーロラが見えたという。

夜、西堀第一次越冬隊長、立見を加えて作戦会議が開かれた。ここで大規模な第二次越冬隊が正式に縮小され、目的も、大がかりな〝学術観測〟から転じて、基地の〝維持〟に全力をあげることが決定された。越冬隊も二〇名から九名となった。このとき、必要な物資の量は、用意してきた四六〇トンから大削減の結果、六トン弱に落ちついたが、このうち二トンは第一次越冬隊を収容する際すでに基地に運ばれており、残るは四トン弱であった。昭和号一回当たりの輸送量を三〇〇キロとして、一日六往復するとすれば二日間で目的を達成することになる。たった二日ですむのである。

しかし、まだ問題があった。越冬に必要な四トンの物資は二番下部の船倉に格納されており、これを取り出すには、一番船倉（船倉は、上から一番、二番、三番船倉と呼ばれている）の大部分の荷物を取り出すという大変な作業をしなければならなかった。氷上に取り出すことも大変だが、これを再びしまい込むのもさらに大変な作業だ。

基地前につながれた犬たち

そこで、一度氷上に取り出した物資は、万一の場合、放棄する覚悟を固めねばならなかった。今まで進められてきた雪上車輸送との両面作戦は、この際中止され、空輸一本にしぼられた。すでに出発していた雪上車は、荷物をその地点に残置し、すぐ帰船するよう命令された。

二月一二日、決定された方針に従い第二次越冬隊の守田康太郎（気象）、丸山八郎（機械）、中村純二（オーロラ）の三隊員が基地へ飛び立った。その後、さらに三往復も飛行したころから次第に天候が悪化し、小雪まじりの風さえ加わってきたので飛行は見合わされた。気温は、前年に比べて低かった。このとき、宗谷の重油タンクの蒸気パイプが凍りついた。オープン・シーには、新氷がかなり速い速度で成長しつつあった。そして数日前、苦もなく進入してきたリードは、すでに北東が封鎖され、さらに、ハンモック（氷盤と氷盤が、圧力のために互いに重なり合う状態をいう）していて、もう戻ることもできなくなっていた。

バートン・アイランド号の通告

午後になってバートン・アイランド号のブラッチンガム艦長がやってきた。三度目の訪問であった。

「何の用だろう」

隊や船の幹部もいぶかった。永田隊長は、隊の現況を話したりしたが、ブラッチンガム艦長の話は、結局これという焦点もなく、雑談に終始した感じであった。ただ、ブラッチンガム艦長はその話の中で、離岸時期については、はっきりとは触れなかったが、周辺の氷状はいささかも楽観が許されないことを力説し、暗に計画の早期達成を督促していることがうかがわれた。

時間がない。空輸も中断したままだ。人々の顔には焦躁がありありと浮かんだ。雪上車と空輸の両面作戦はいったん中止されたが、このとき、新しい雪上車を基地に届けるための片道輸送が提案され、その準備が進められていた。立見がその役を買って出、大塚、菊池がドライバーとして、立見を助けることになった。雪は次第にひどくなり、出発はなお少し待たざるを得なかった。その夜、立見は何度も起きて甲板に出た。雪はなお降り続いていた。

二月一三日、ブラッチンガム艦長から、重要な用件でお話ししたいのでお越し願いたいと連絡してきた。昨日の艦長の訪船と考え合わせ、ただならぬ様子がうかがえた。永田隊長、松本船長がヘリコプターでバートン・アイランド号へ向かった。真っ赤な厚いじゅうたんが敷き詰められた艦長室でブラッチンガム艦長は、連日の日本隊の健闘をたたえ、ヘリコプターによる氷状偵察の結果を説明したあと、

「ところで本艦は、先に一六日まで現地に留まることを約束しましたが、ご覧のように周囲には新氷が張り詰めつつあります。進入してきたリードもすでに封鎖され、状況は刻一刻と悪化しつつあります。このうえ、現地に留まることは本艦も貴船もともにビセットされ、さらに他艦の救援をあおぐことになりかねません。貴隊の作業がまだ終わっていないのに申し上げにくいが、二船ともここに閉じ込められては万事休します。本艦は早急にここを離脱したいと考えます。貴船は、氷の上に荷下ろしした資材をすみやかに積み込み、さらに基地に送り込んだ三人を至急収容して、この氷海をいったん離脱してはいかがかと思いますが」

ブラッチンガム艦長は努めて穏やかに話していたが、内容は命令と同じことである

ことを永田隊長と松本船長は感じ取った。永田隊長は多くを望めないことを悟った。しかし、そのまま引き下がることもできなかった。

「外海へ出ても空輪の努力を続けたい」

そう答えるのが精いっぱいだった。スクリューを破損していて、独自性のない宗谷は悲しかった。

犬たちのクサリだけでも……

全員が食堂に集められた。

「……天候の回復を待って基地の三人を収容します。収容し次第、ここを離脱します。この数日間、氷状は悪化の一途をたどり、バートン・アイランド号といえども危険を感じ始めています。やむを得ません。しかし、外洋へ出ても、機会を見て第二次越冬隊を送り込む努力は捨てません」

永田隊長の言葉に、食堂は静まり返った。宗谷のエンジンのアイドリング（エンジンが停止しないような最低の状態で空回転をさせておくこと。今の場合は、スクリュー付近に氷が張り詰めないように、低速回転しておく）の音がいつもより大きく聞こえていた。

最後の雪上車片道輸送も当然中止となった。外洋へ出て、もう一度、第二次越冬隊送り込みの努力をするというが、その成功率は極めて少ないと見るべきだろう。私は、恐れていた事態へ向かってずんずん進んでゆくのを感じた。ひょっとしたら、犬たちを連れて帰れない事態に陥るかもしれないことを予想した。その覚悟もとっくにできている。しかし、犬たちをクサリにつないだまま、という事態には、どうにもガマンがならなかった。最後の局面に立ち至ったら、何とかクサリだけでも放してやりたい。しかし実際のところ、犬をクサリから放したからといって、どうなるものでもなかった。だが、これは気持ちである。理屈ではない。

第一次越冬隊がまず宗谷からの小型飛行機（昭和号）で引き揚げ、その後、ただちに第二次越冬隊が、同じ飛行機で基地に向かう、という話を聞いたときから、私の胸は騒いでいた。どう考えても、普通は交代の第二次越冬隊が基地に来てから第一次隊が引き揚げるというのでなくてはならない。私の気持ちの中には穏やかでないものがあった。

「ほんの数時間、基地が空になるだけだ」

と言われた。はじめはそれを信じた。だから、最後に一列にワイヤーにつながれている犬たちの首輪の穴を一つ縮めた。ある犬が首輪抜けをして、その辺を走り回ったからだ。扱いに慣れた私でも、捕らえるのに苦労をした。新しい隊員に、小熊ほどある犬は、とうてい手に負えるシロモノではないだろうと思ったのだ。

途中で、不安になった。悪い予感が脳裏を横切った。もし、第二次越冬隊が来なかったらどうしよう。この際、最悪のことを考えて、手を打っておくべきではないか。首輪の穴を縮めるなど、最悪のことだ。私は、この不安と不満を西堀隊長にぶつけた。そのとき、西堀隊長はこう言った。

「北村、それが探検だよ。非情なことでも、それがわかっていても、目的を達するために、それが最良のことなら、心を殺してそれに従わねばならないものだよ。それが本当の探検家だよ」

西堀隊長は、こうも言った。

「首輪を締めなくて犬が離れ、第二次越冬隊が来たときに、その犬に手こずったらどうする。交代ができるかどうかわからないにしても、今は、できると信じよう。それに向かって最高の準備をしよう」

私は心では不満であった。どんな事態に陥っても、それを解決する方策を考えておくことこそ、リーダーとして重要なことではないか。しかし西堀隊長の、

「探検家は、非情なことでも、それがわかっていても、心を殺して従わねばならないものだ」

という一言には反論できなかった。

「そうか」

と思った。私は、もはやどうしていいのか気持ちが上の空だった。西堀隊長との話は表面上は冷静に見えたが、だれかれとなく話をせずにはいられない気持ちだった。しかし話す相手は、犬係の菊池しかいなかった。

菊池の部屋を訪ねた。

「ネエ、テッチャン。犬たちのこと、何とかなりませんか。昭和号が基地へ飛ぶのは今度が最後だと思うのですが、モリマッチャン（森松秀雄、飛行操縦整備士）に頼んで、クサリだけでも放してやりましょうよ」

菊池は、一度うなずきかけたが、思い直したように、

「……ネエ、北チャン、目的というものをはっきりさせておこうよ。きみの気持ちはよくわかるが、犬たちは村山第二次越冬隊がまだ必要としているんだよ。村山第二次越冬隊をぼくはまだ見放していない。だから、犬たちを放すわけにはゆくまいよ」

私は、そう言われても納得ゆかなかった。

「でも、テッチャン。村山第二次越冬隊の成功率をどう読んでいますか？　僕は一分九分。不成功九分です……」

登山でも探検でも、成功、不成功はある。しかし、たとえ不成功でも、可能なかぎ

り被害を少なくするように、事を運ぶべきではないか。犬たちをクサリから放せば、基地から離れてどこかへ失踪《しっそう》するかもしれない。ケンカをして一、二頭失うかもしれない。しかし、それでもよいではないか。不成功のとき、クサリにつながれたまま、という事態よりずっとましだ。まして、成功、不成功の確率は、一対九ほどではないか。私には、やはり納得がゆかなかった。その足で立見を訪ねた。

「北チャン、ぼくは感情としてはきみと同じだが、そのきみだって第二次越冬隊の成功率が一〇パーセントでもあると思っているんだろう。ぼくは、一パーセントでもそれがあるかぎり、成功の可能性を信じたい。それに……」

「それに……何ですか？」

「それに、一パーセントでもそれが成功したときのことを考えてみよう。雪上車は、もちろん新しいものを持ってゆけない……とすると、犬ゾリはますます重要になってくるのではないだろうか……。北チャン、やはり犬は放さないでおこうよ」

立見にそう諭され、やっと気持ちが静まった。いや、まだ心の底にくすぶるものがあったが、立見に言われると、不思議に素直になれた。かわいそうな犬たち！　しかし、まだあと数日ある。そうだ、最後の最後まで望みを捨てないでおこう。そう考えて自らを納得させた。

最後の努力

いったん氷上に揚げた物資の積み込みが開始された。どんな理由があるにせよ、計画がたびたび変更され、そのたびごとに前の仕事が無駄になってゆくのを見るのはやりきれないことだった。それでも黙って働いた。事態は、だれの目にも悪化の一途をたどっていることがわかっていた。物資を再び船に積み込んだとはいえ、隊員も乗組員も諦《あきら》めたわけではなかった。外洋へ出てから、空輪で第二次越冬隊を送り込むための荷物も出しておかねばならなかった。船底にある、三番船倉からの荷出し作業も続けられた。外には暗雲が垂れ込め、終日雪が舞っている。それが、働く人々の心をいっそう暗いものにした。作業は夜を徹して行われた。隊員も乗組員も疲労の極に達した。この日、終日昭和号は飛ばなかった。

二月一四日。雪はなお降っていたが、時折やむ気配を見せてきた。昭和号は三名収容のため、いつでも発進できるよう待機していた。

午後、基地の天候も回復の兆《きざ》しを見せ始めたので、昭和号は一時三五分、基地へ向けて出発した。

「一刻も早く、ここを離脱したい。危険が迫りつつある」

バートン・アイランド号から、再三の督促が届く。しかし昭和号は予定の時刻を一時間を過ぎても帰船の気配もなかった。

森松の勇気

このとき、基地にいた守田、丸山、中村の三名は基地の戸締まりに忙しかった。残っていたオスの子犬二頭を連れ帰ることにしたが、子犬たちは母犬のシロ子にまつわりついて離れようとしない。母犬とのあいだを裂くのは忍びがたいことだった。といって、三人の隊員と子犬二頭、それに身の回りの品だけで昭和号の積載量三〇〇キログラムぎりぎりだ。とても母犬を連れて帰る余裕はない。

「どうしよう……」

「…………」

操縦桿《かん》を握ることになる森松秀雄飛行整備操縦士が、だまってうなずいた。同僚の岡本貞三飛行操縦士と何か相談している様子だったが、やがて昭利号の燃料コックを開いて、母犬のシロ子の体重の分だけ予備燃料のガソリンを捨てた。

「この手しかありませんね」

森松は振り向いてにっこりした。残った犬たちには、あるったけの食糧を、それぞれに与えた。

午後四時、昭和号は昭和基地を発進した。

「ウォオーン……。ウォオーン……」

異様な空気を察知したのか、一五頭の犬たちが一斉に吠えた。守田は、シロ子が暴れないようにしっかり抱いていた。旋回する機上から、必ずもう一度来るのだから、と眼下の犬たちにも自分にも言い聞かせていた。機は西へと進む。進むにしたがって霧がひどく、視界が悪くなった。

しかし、宗谷からの無線はよく聞き取れる。宗谷がついそこにいるのだ。それなのに、どんなに目をこらしても船影が見えない。

氷上六〇メートルの超低空で飛んだ。氷山に衝突する危険がある。だが、それよりほかに方法がなかった。緊張に四肢《しし》が突っ張る。そのとき、パッと宗谷のオレンジの影が目に入った。そしてマストすれすれに旋回して氷盤に着陸。セーフ！

「バッカヤロー！」

無事に降りてきた森松を見た永田隊長は怒鳴ったが、その目はうるんでいた。

宗谷離脱

ただちに宗谷の離脱が始まった。往路、開いていたリードには、今は新氷が張り詰めている。迫り来る冬の足音にせきたてられる感じであった。バートン・アイランド号に従って進む宗谷の両舷には、甲板より高く重なり合った氷塊がそそり立っていた。まるで狭い氷の峡谷《きょうこく》を行く感じであった。

バートン・アイランド号の砕氷力はすさまじかった。このとき、力余って同艦は大氷盤の上に乗り上げてしまった。その大氷盤は、バートン・アイランド号を乗せてもビクともしなかった。太い、丸太ほどのロープが宗谷に渡され、合図とともに宗谷は力いっぱいバートン・アイランド号を引っ張ったが、そのロープがまるで細い糸のようにプツーンと切れてしまった。バートン・アイランド号は、やむなく大量の火薬を使ってやっと氷盤から逃れたが、その爆風のショックは宗谷にも届くほどであった。

宗谷はバートン・アイランド号についていくのが精いっぱいであった。いや、ついていくことさえできないこともあった。あるとき、バートン・アイランド号が急角度で回転した。宗谷は曲がりきれず、角の大氷盤に激突、その反動でバックしてそのまま後ろの大氷盤に衝突した。このとき、シャフト（スクリューの軸）は湾曲し、舵は不調となった。もう宗谷は満身創痍《まんしんそうい》であった。

二月一七日、ブラッチンガム艦長から、

「氷状はますます悪化しつつあり、バートン・アイランド号の全力を尽くしても、なお楽観は許されないものと思われる。目下の急務は外洋脱出にあり、貴隊は第二次越冬隊の送り込み計画を放棄すべき時ではないか」

と申し入れてきた。今度は、はっきりした勧告であった。

「ご忠告はありがたいが、宗谷の現状から、あと一週間、二月二四日までは外洋から行動できる。日本隊としては、最後まで努力したい。しかし、目下のところ外洋に出ることが先決であることは、よく理解している」

永田隊長はそう答えたものの、成算があるわけではなかった。ただ、最後の時までどうしても放棄する気にはなれなかった。

午後遅くに突然風向きが変わり、みるみるうちに、氷が緩み出した。またたく間、といってよいほどの出来事だった。氷海の移り身の早さ、恐ろしさを目の当たりにした。その日、薄暗くなったころ、両船は外洋に脱出した。

このとき、第二次越冬隊は七名に縮小され、資材も一トンになった。これなら昭和号は五往復で完了する。晴天一日半が欲しい。宗谷は、船体の損傷、清水の保有量などから、氷海域に留まり得る限度を二月二四日としていた。それまでに二日、いや、一日半でよいから、晴天が欲しい。

二月一九日、雪。二〇日、雪。時は空しく過ぎていった。

守田たち三名が帰船し、基地が再び無人になったことが内地に報道されたらしい。犬に関する電報が多くなった。犬たちを、いかにしたら宗谷まで自力で帰還させ得る

か、といった提案から、

「犬を助けて！」

「もの言わぬ隊員を殺すな！　万難を排して連れて帰れ！」

さらに、

「犬殺し！　犬を残すなら、永田隊長と一一人は日本へ帰るな！」

といったものであった。

「できることなら、そうしたい」

われわれは心の中でつぶやくしかなかった。日本での、犬への関心は相当なものであったらしい。永田隊長、西堀越冬隊長や、さらに隊員の留守宅にまで深夜のいやがらせがあったり、脅迫電話があったりした。内地も過熱していた。しかし、現地では、それらを気にしている心のゆとりはなかった。あと四日、何とか風がおさまってほしい、静かな海面が欲しい。それだけで頭がいっぱいであった。

絶望

隊は追い詰められていた。たとえ天気が好転しても、この外洋からは昭和号はフロートをつけて海上から飛び立つしかない。だから基地付近の海氷上には降りることができない。かなり離れた場所にあるオープン・シーへ降りなければならない。そこから基地へ、ヘリコプターで再輸送する案が提案された。そして、天候の変化の激しい極地のこと、万一の場合はヘリコプターを基地に放棄し、乗員だけが最後の昭和号で帰るという作戦が立てられた。もう、死にもの狂いであった。

二月二三日になった。あと一日しか残されていない。空は暗く、冷たい雪まじりの風の吹く甲板で、第二次越冬隊のための心ばかりの壮行会が催された。しかし、だれの顔にも笑顔はなかった。決死の雰囲気がただよっていた。午後になって空はときどき明るくなり、天気は好転の兆しを見せ始めてきたが、毎秒一二メートルの風に波浪は高く、とても昭和号が飛行できる状態ではなかった。静かな海面が欲しい。その気持ちは祈りから、嘆願へと変わっていった。

二月二四日。最後の日。ベッドの揺れで目が覚める。やはり駄目か。外は風と波浪が激しかった。あと数時間しかない。視界も悪い。しかし、まだ放棄しないぞ。時間が刻々と過ぎてゆく。その瞬間を待つ死刑囚の気持ちとはこのようなものか。

ついにタイム・アウト！　正午、行動打ち切りが決定された。

午後二時、食堂に全員が集められた。

「われわれは、涙をのんで、第二次越冬観測計画をここに断念せざるを得なくなった……」

永田隊長の声に、だれ一人音を立てなかった。条件に恵まれず、万策尽きたいきさつの説明があったあと、

「互いに傷心をいたわり合い、帰国の途に着こう……」

永田隊長の目から光るものがこぼれた。とうとうこうなってしまった。犬たちはどうしているだろう。かわいそうな犬たち！　しかし、今は何を言っても叫んでもどうなるものでもなかった。こうなることには覚悟ができていたはずではなかったか。宗谷は北航し始めたらしい。グラリと大きく揺れた。

私は一人、船室でうずくまって心の中でつぶやいていた。

「案じていたとおりになった」

悪天候は、我々の宗谷帰着以来、一三日間も続いていた。第二次越冬隊は昭和基地へ飛べず、昭和三三年（一九五八年）二月二四日、とうとう時間切れとなった。宗谷のエンジンが動き出し、宗谷はケープタウンに向かった。

私は、基地につながれたままの一五頭の犬たちを思うといたたまれなかった。しかし、どうすることもできない。せめて、あのとき、犬たちの首輪を縮めなかったらよかった。そしたら、少しは気が楽になっただろう。しかし、その次の瞬間、縮めても、縮めなくても五十歩百歩だ、という声が聞こえる。その夜、あれこれと思いがめぐり、眠れなかった。思っても考えてもできないことがある、ということを思い知った。

終章

再び宗谷で

昭和三二年（一九五七年）、西堀栄三郎隊長以下一一人の第一次越冬隊は、日本人として初めて南極昭和基地に越冬した。それに一九頭の犬たち、一匹の猫、二羽のカナリアを加えて、それがそのすべてであった。一年の後（昭和三三年）、第一次越冬隊と交代するためにやってきた第二次越冬隊は、前年とは打って変わった氷状の悪さに、砕氷船宗谷《そうや》も昭和基地に近づけず、ついに越冬を断念して昭和基地を放棄せざるを得なくなった。第一次越冬隊は引き揚げ、基地にいた一五頭のソリ犬のカラフト犬は、隊員たちの意志に反してそのまま残される結果となってしまった。

このとき、国内の世論は、越冬を断念したこともさることながら、犬たちを基地に残し、救出できなかったことに批判が集中した。

それから一年が過ぎた。残されたカラフト犬たちは、もちろん、すべて死亡しているものと思われていた。無人の昭和基地にはブリザードが吹き荒れ、放置されたままの建物がどうなっているかも心配だった。第一次越冬隊でソリ犬係であった私、北村泰一は、第三次越冬隊員（超高層物理担当）として再び昭和基地に向かうことになった。

昭和三四年（一九五九年）一月一四日、私は第三次越冬隊員として再び宗谷船内にいた。第三次観測隊は昨年の第二次遠征の失敗を反省し、今年は空輸を前提とする作戦を立て、宗谷には一トンも荷を運べる大型ヘリコプター二機（シコルスキー製）、小型氷状偵察用ヘリコプター二機（ベル四七G型）が用意されていた。連日連夜の荷づくり作業のため、極端な睡眠不足になっていた私は、やっとヘリコプター一番機を基地へ向けて送り出したあとの、わずかな空き時間を盗んで自分のベッドに身を横たえていた。

どれほど時間がたっただろうか。深く眠り込んでいた私は、頭の奥に何か圧迫感を覚えハッと目が覚めた。廊下をあわただしく走る足音。何事か？　準備はすべて順調のはずだ。誤りのあるはずがない。それとも不測の事故か？　私は飛び起きた。ドアを開ける。

「北村さん！　犬が生きていたよ！　犬が！……」

ちょうど通りかかっただれかがそう言って走り去っていった。

「犬が……！」

一瞬、私は信じられなかった。

本当だろうか。真偽を確かめねば……。通信室に駆け込む。そこにいる人々の顔を見て、私はすべてを悟った。

「本当か！　よかった！」

〝クマ〟と〝ゴロ〟だという。それにしても、どうして生きていたのだろう。首輪を抜いたのだろうか。リキやアカやほかの犬たちは？

やがて一番機が帰船し、やや詳しいことがわかった。生きていた犬は黒い犬で、〝モク〟と〝クマ〟らしいが、恐ろしくてだれも近づけないという。私はただちに基地へ出発することになった。

基地の匂い

ここは昭和基地の北方一四〇キロメートルあまりの地点。数日来晴天に恵まれ、太陽が氷上にまぶしい。周囲は氷量一〇（一〇〇パーセント）。びっしり氷が詰まった氷原だ。再びやってきた。昨年の陰鬱《いんうつ》な天候に比べて、今年は陽光がまぶしい。しかし、氷は硬い。時期が早いせいだろうか。宗谷はもはやこれ以上進まない。基地から一四〇キロという距離は、必要な荷物を輸送するには少し長すぎる距離だが、一昨年、昨年と続けて氷海に閉じ込められ、ソ連の砕氷船オビ号やアメリカのバートン・アイランド号の救援を受けた苦い経験から、今年はもうどうあってもこれ以上外国船の世話になりたくない。それに今年はヘリコプターがある。

ここから輸送が始まった。距離にして一四〇キロ、往復三時間四〇分というこの輸送距離の長さのゆえに、重量は極度に制限された。人間も最小限の人数しか基地へ送り込めない。だから、最後まで基地へ行けない人々もかなりいた。越冬予定者も、一度基地へ飛び立つと再び船に戻れない。握手をして別れる。

第一次越冬の際、氷縁に立って去りゆく宗谷を手を振りながら見送り、感無量で別れを惜しんだこととと、何と違うことか。

「ではまた来年会おうぜ」

「うん、帰りの船も大変だからな、おまえも元気でな」

一段と高くなるローターの轟音《ごうおん》が、〝社会〟とのきずなを断ち切った。知らぬまに、もう宗谷は眼下に小さくなっていた。見渡すかぎりの氷の海に、オレンジレッドの小さい宗谷の姿はいかにも心細げであった。それは、白い砂漠に迷い出た一匹のアリの姿のようだった。

やがてオラフ海岸が見えてきた。おお、あれは〝オメガ岬〟だ、あれは〝タマ岬〟

だ！　と一年前西堀隊長とともに犬ゾリを走らせたオラフの楽しかった旅行を思い出す。眼下に見るオラフ海域は、何と氷山の多いところなのだろう。大陸から押し出された氷山のその様は、まるで無尽の材を切り出す石切場のそれのようだ。あのときの〝剣氷山〟が見える。一年前と少しも変わっていない。

やがてオングル海峡に差しかかる。おお、懐かしい長頭山（ラングホブデ）が見える。眼下の海峡は、予備観測（昭和三二年、第一次遠征）のときとはその様相を大変異にしている。あのとき、あれだけ輸送隊を悩ました〝パドル（海氷上にできる水たまり）〟がまったく見当たらない。雲が多くて好天が少なく、日照に恵まれなかったのだろうか。

機はぐっと傾く。オングル島だ。おお、基地だ。オレンジの箱のような基地。アンテナも無事だ。

地面に降り立つ。この匂い、深呼吸をする。さあやってきたぞ！

おまえはタロか！

すぐ一〇〇メートルほど先の黒い二つのかたまりに気づく。犬たちだ！　駆け寄る。犬たちは私のあまりのすさまじさに一瞬たじろぎ、後ずさりする。

「ああ、よくまあ生きていてくれたなあ！」

私は、声に出したかどうか覚えていないが、そう心に強く思った。目の前の犬たちは、私が想像していた痩《や》せこけている姿とは似ても似つかなかった。まるまると太り、まるで小熊のようだ。彼らは首を下げ、上目でじっと疑うように私を見上げる。明らかに警戒している。私は、さらに一歩前に出るが、犬たちはそのぶん後ずさりする。私と犬との距離が狭まらない。にらみ合いが続き、今度は犬たちが前に進むと、私はそのぶん下がってしまう。一年前に彼らを置き去りにしたという、スネにキズを持つ身には、ひょっとしたら自分を恨んでいるのではないか、という気持ちが頭の中をよぎるからだ。

なんとか通じ合えないものか……。私は身振り手振りで話しかけ、号令もかけてみた。恨まれているのも無理はない、恨みで噛《か》みつかれても仕方ない。私は犬に襲われても、犬たちを抱きしめたい衝動に駆られた。そして、ゆっくりと近づいていった。犬たちも対峙《たいじ》する時間に飽きたのか、一年ぶりに見た人間と離れるわけにもいかないと思っているのか、私が歩み寄るのを許してくれた。それでやっと距離を近づけることができた。しかし、頭を撫《な》でても容易にしっぽを動かさない。

「なあ。おれだよ。一年前のおれだよ……」

私は一生懸命に呼びかけた。

「なあ。おまえはクマか？」

反応がない。

「それではモク？」

私はこうして黒い犬たちの名を片っぱしから呼んでみた。直感的に、思い当たる犬、つまり強く逞《たくま》しかった犬の名前を呼んでみるのだが、反応はなかった。最後に

「タロ？」

と呼んだとき、しっぽがビクッと動いたような気がした。

「タロ……？」

ともう一度呼んだとき、今度ははっきりしっぽが動いた。アッ！　反応があった！

「おまえはタロ！　するとおまえはジロか？」

今度は、もう一頭の犬が招き猫のように右前足をひょいと上げた。これはジロの癖であった。そう思って見ると、ジロらしい犬の胸と前足には白い毛がまじっていた。これはジロの外見上の特徴であった。

もう間違いはない。犬たちも私を思い出したらしい。しっぽを振り出した。この二頭がタロとジロとわかったとき、にわかに私は胸にグッと熱いものが込み上げてきた。

〝よくもまあ……〟と。あとは言葉にならなかった。

再会を果たしたタロジロと著者

一年がたち、食餌《しょくじ》もなく、極寒、無人の基地につながれたままの犬たちは、当然、死んでいるに違いない。私も世間もそう思っていた。そして私は再び南極行きを志願した。それも越冬をである。動機はいろいろあるが、つながれたままの犬たちを、そのまま雪に埋もれさせておくには忍びない。せめてこの手で弔ってやりたい、という思いがあった。いろいろ自分自身に向かって動機を説明するが、本音のところはこれしかなかった。犬係で再び南極越冬を志願したのは私一人だった。

そしてタロとジロは生きていた。結果的には、生きている二頭の犬に近寄れるとすれば私しかいなかった。私は彼らにどうされても近づかなければと、突き動かされるものがあった。

タロジロとの再会の歓《よろこ》びとは裏腹に、首輪から脱出できなかった犬たち七頭がそのまま、きれいな体で横たわっていた。そして六頭の犬たちの首輪が抜かれてあったが、彼らはどこへ行ったのか、姿はなかった。

三月の彼岸の日、私は彼らを思い出のソリに載せて、基地と大陸の間のオングル海峡の中ごろまで曳《ひ》いていった。そこで一頭ずつ海に葬った。その日は風雪が舞い、陰鬱な日であったが、犬たちを葬るのにふさわしい日であった。最後の一頭が、暗い海にゆっくり沈んでゆくのを見て、私の魂はつぶれた。私の魂はつぶれた。

私の魂はつぶれた……。

あとがき

犬たちが残置されたまま一次越冬を終え、帰国した私は基地につながれたままの一五頭の犬たちを思うといたたまれなかった。しかし、どうすることもできない。せめて、あのとき、犬たちの首輪を縮めなかったらよかった。そしたら、少しは気が楽になるだろう。しかし、その次の瞬間、縮めても、縮めなくても五十歩百歩だ、という声が聞こえる。その声を聞きながら、一年を過ごした。

第三次越冬隊に志願した。動機はいろいろあるが、つながれたままの犬たちを、そのまま雪に埋もれさせておくわけにはいかない。せめて、この手で弔ってやりたい、という思いがあった。そのような感傷的な動機で南極観測に参加することはできない。そんなそぶりは見せずに、三次隊に志願した。

ところが、思いもかけなかったことが起こった。犬が二頭生きていたのである。感動で胸がいっぱいになった。タロ、ジロと抱擁し、頬《ほお》ずりをした。雪の上を転げ回った。しばし時を忘れた。

タロとジロは、なぜ、生き残れたのだろう。私たちが第一次越冬を終えて昭和基地を去ったあと、残された一五頭の犬のうち、タロ、ジロをはじめ、リキ、シロ、フウレンのクマ、ジャック、デリー、アンコなど計八頭が、首輪を抜いたり、クサリをはずしたりしたものと思われる。しかし、私たちが再び昭和基地に戻ったとき、タロジロ以外の犬たちの姿は見えなかった。

私たちは最後に基地を去るとき、犬たちがつながれている付近に、アザラシの肉や干鱈《ひだら》など、犬たちの好物の食糧をソリの上などに置いておいた。次に来る第二次越冬隊の者たちが、いつでも犬たちにやれるようにと考えたからであった。ところが、不思議なことに、クサリから離れた犬たちがこれらの食糧に手をつけた跡はなかった。その場で死んでいた犬たちにも、共食いした形跡もなかった。

自由になった八頭の犬たちが、食べようと思えば食べられる食糧にも手をつけずにいたことが謎《なぞ》なのである。しかし、よく考えると、この謎が逆に問題を解くカギを与えてくれることになるのかもしれない。つまり、タロジロたちは、私たちが考えているほど飢えたことはなく、冬の間でも、そのあたりにある干鱈よりも、もっとおいしい何かを、簡単に手に入れることができたのかもしれない。いったい何を食べていたのだろうか。

ペンギンたちの夏の巣場は、冬になると氷が厚く張り詰めてエサを採ることができなくなる。そこでペンギンたちは、もっと北の方の、いつも氷が割れていて、海が顔をのぞかせているところで、小エビを採って冬を過ごす。大陸岸の夏の巣場から、この冬のエサ場までは、一〇〇キロメートルもあるが、ペンギンたちにとってはさほどの距離ではない。まして犬たちにとっては、それぐらいの距離は何の苦でもない距離である。タロジロは、冬の間、お腹《なか》がすくと、昭和基地からこのペンギンの冬のエサ場まで出かけていき、ペンギンを食べ、お腹がいっぱいになると、また昭和基地に戻ってきた、というのがまず第一の考えである。

冬の間、ほとんどすべての生物が基地付近から姿を消すように見えたが、よく観察すると、リュツオ・ホルム湾の奥には、冬の間でもときどきアザラシが氷に穴をあけ、氷の上でのんびり昼寝していることがあった。犬たちの力だけでは、このアザラシを捕らえて殺すことはできない。しかし、犬たちが吠《ほ》えると、アザラシは驚いて逃げ回る。そのとき、アザラシは驚きのあまり糞《ふん》を落としながら逃げる。アザラシが落とす糞には、たとえば未消化の小エビなどがたくさん含まれている。犬たちはそれを食べていたのではないかとも考えられる。これが生物学者の考えた第二の考えである。

第一次越冬中にも、アザラシが逃げるときに落とした糞を犬たちが食べていた光景をよく見かけた。ただ、そのためには、犬たちはリュツオ・ホルム湾の奥深く、たぶん一〇〇キロメートルまたはそれ以上の距離を走り回らねばならないが、ボツンヌーテンやカエル島旅行の行き帰りに何度も通ったところなので、犬たちはリュツオ・ホルム湾をまるで自分の庭のように思っていたのかもしれない。

では、八頭のうち、六頭はどこかへ行ってしまって、タロジロの二頭だけが、昭和基地に残っていたのはなぜだろうか。

タロジロ以外の犬たちは南極に来る前、それぞれのところで働いていた。だから、リュツオ・ホルム湾を駆けめぐっている間に、元の飼い主を思い出して、故郷と思う方向に、それぞれ行ってしまったのではないだろうか。タロジロだけは、一歳未満で南極に連れてこられ、物心ついたときはすでに昭和基地にいたので、彼らにとっては、昭和基地以外に行くところがなかったのだろうと推測される。

以上は、タロジロ再会当時やその直後に出された考えであり、一応定説として信じられてきた。しかし、真の生存理由は、今なお不明であると言わざるを得ない。

この稿を終えるに当たって、新しい一つの事実を明らかにしたいと思う。そして、それに伴う前記の定説を改めねばならないと思う。

第九次隊が昭和基地に接岸したときのことである(昭和四三年〔一九六八年〕)。この年は、例年になく暖かい年で、昭和基地周辺の雪や氷が大量に解けた年であった。その年、一頭の犬の遺骸《いがい》が、基地の近くで発見されたという。雪が大量に解けたせいもあるだろう。しかし発見された事実は公にされなかった。写真も撮っていないし、発見者の氏名も公表されなかった。同行の新聞記者にも一切知らされなかったという。その一〇年前、犬を残してきたことが、大きな社会問題となったので、また、それが再燃することを恐れたからかもしれない。それに関する公的な記録は一切ない。しかし、極地研究所の関係者から昔の犬係の私に私的に知らされた。白っぽい犬であったそうだ。しばらくして、私は第九次隊の関係者（村越望氏、当時の確認者）を訪ね回ったが、白っぽい犬であったという以外は、何もわからなかった。

白っぽい犬の遺骸の発見直後に、その七年前の第四次隊時代に遭難死した福島紳隊員の遺骸も発見された。これも、この年の気候が、異常温暖であったことを物語るものである。福島隊員の遺骸発見は大きなニュースとなり、大々的に報道された（福島紳氏と私は、小学校以来、中学・高校・大学・大学院と同じ道を歩んできた親しい間柄であった）。

とにかく、当時、タロジロ以外に、少なくとも一頭の成犬が、基地周辺で生きていたことになる。その犬は不幸にして生き抜くことはできなかったが。私は、「白っぽい」という証言に着目した。タロジロを除き、当時自由になった六頭の犬で、「白っぽい」に相当する犬は、リキ、シロしかいない。リキは短毛でやや灰色、シロは名前のとおり白いがやや長毛ぎみ。リキは一番賢く、先導犬を務め、タロジロとも仲が良かったから、その一頭はリキであるような気がする。

では、タロとジロの生と、リキ（？）の死を分けたものは何だったのだろうか。タロとジロはともに二歳（昭和三三年〔一九五八年〕当時）、リキは七歳。やはり、若さがこの明暗を分けたというのが一番考えやすい。

第三次越冬中、タロジロは隊員たちの人気者であった。だが、私たちが第三次越冬を終えて日本に帰るとき、タロジロは昭和基地に残った。タロジロが南極の清浄な環境に慣れ過ぎてしまっていることに加え、新しい犬の仲間が昭和基地に来るので、タロジロも一緒に犬社会の生活をさせようという考えからであった。

しかし、ジロはその途中で、病気のために死んでしまった。

タロは、その翌年、日本に帰り、以後札幌の北海道大学の犬飼哲夫先生と芳賀良一助手のもとで余生を送った。タロは、札幌市民の人気者となって幸福な日々を過ごしたが、九年後の昭和四五年（一九七〇年）八月、眠るように天国に旅立った。年齢一五歳、人間に直すと九〇歳の高齢であった。タロ、ジロは剥製《はくせい》となって、ジロは東京の上野の科学博物館に、タロは札幌の北海道大学の博物館にいる。

解説

賀戸《かど》　久《ひさし》
（金沢工業大学教授）

平成一八年（二〇〇六年）は、わが国の学術的南極観測が始まって、五〇年の節目である。また、白瀬隊が南極探検に赴いておよそ一〇〇年の時が流れた。これまで、日本の南極観測について書かれた本は数多く、タロジロが生存していたという劇的な出来事もあり、学術研究報告書、ノンフィクションやドキュメンタリー、セミドキュメンタリーの形で出版されている。しかし、その多くは、職業的文章家、つまり第三者の作家による、取材の結果としての出版物が多く、実際の第一次南極観測隊員、しかも越冬隊員のなかで、実際の経験を書物にしたものはそう多くはない。とくに、カラフト犬に関して、越冬隊員本人の体験記は限られてくる。昭和五八年中公文庫（中央公論社）から出された、菊池徹著『犬たちの南極』、教育社から昭和五七年に出された北村泰一著、絵本『カラフト犬ものがたり、南極第一次越冬隊と犬たち、生きていたタロとジロ』と『南極第一次越冬隊とカラフト犬』ぐらいである。菊池徹氏は第三次隊に参加していないので、タロジロの再会まで含めると、犬係越冬隊員北村泰一氏の著作が唯一の体験記と言っても過言ではない。

北村泰一著の二冊が出版されたあと、東宝は映画『南極物語』（昭和五八年〔一九八三年〕）を作り、空前のヒットとなる。内容は北村氏の著作などが参考にされたが、ストーリーは創作の部分も多く見られた。映画や、その後書かれたタロジロのものがたりのいくつかは、犬係だった隊員が再び昭和基地に降り立つと、遠くから彼らを視認したタロジロが隊員に駆け寄って、抱き合うとなっているが、実際は異なっていた。北村隊員一人が、恐る恐る犬に近づき、犬は警戒するように後ずさりし、と本書にも書かれているように、犬と北村隊員がお互いを確認するまでかなりの時間がかかったのである。犬が北村隊員を思い出した後は、涙の抱擁となったのは間違いないが。取材による〝ものがたり〟が独り歩きし、第三者による出版物や映画の中で描かれている事柄が、史実のように取られれば取られるほど、当事者である越冬隊員、北村泰一の気持ちは揺れた。

タロとジロは、過酷な南極の冬を生き抜いた英雄であることは間違いない。しかし、北村泰一の胸の中には、死んでいった犬たちのことを忘れることはできない、という思いがあるのである。越冬隊員一一名の中で最年少の北村隊員は隊の中ではある意味、〝使いっ走りの小僧〟であり、犬の世話係としてもっとも犬たちの近くで南極を過ごしたのである。西堀越冬隊長を長として一一名の隊員の序列の末尾に北村隊員がいて、北村隊員が年下の友のように接することができたのは何あろう犬たちであった。

カラフト犬たちは、もともとの飼い主から、南極観測隊の犬ゾリ用犬として、観測隊に売られてきた身の上である。犬を残置して帰国した北村たちを待っていたのは、激しい非難であった。隊員の中には、元の飼い主に謝罪の気持ちを表そうという意見もあったが、北村氏は、「元の飼い主への謝罪の気持ちはある。しかし、犬たちは金銭で売られたときに元の飼い主との関係が断ち切られたはずだ。犬の飼い主は南極観測隊であり、その担当はほかならぬ犬係の菊池徹氏と北村だ」と考えたのである。そして「まず、飼い主のやるべきことは、死んだ犬の埋葬であり弔いだ」と考えた。元の飼い主への謝罪はその後でもいい、二次的なものだと。この思いが、北村氏が三次越冬隊に志願した本音の理由であろう。

本書は、前述の『南極第一次越冬隊とカラフト犬』と、『文藝春秋』二〇〇四年三月臨時増刊「特集犬ものがたり、生きていたタロとジロ、そして……〈秘話〉初めて明かす、リキの遺骸、十年後発見の事実」の文章を元に、削除と加筆という編集作業、言い換えれば原稿整理をしたものである。原稿整理には、北村先生と研究上のお付き合いのある私がお手伝いさせていただいた。北村先生にとって、原稿整理という名の原著の削減という作業は、できるだけ史実を残したいという科学者としてのＤＮＡが抵抗する。しかし、本の形にするにはある程度、原稿整理は避けて通れない。ご本人ではできない原著文書削減を、せめて北村先生と研究上で何かと近い私が、バッサリとやらせていただいた。

さかのぼって、南極観測プロジェクトが生まれる経緯についても、多くのドラマがあり、北村先生はこれまでにご自分でいろいろ調査された。だれが、どの場面でどんな貢献をしたかも、史実として記録したいのである。しかし、限られた紙面では、それらの記述は別の機会に譲らざるを得なかった。

私は現在、ある大学で超電導電子技術の研究を行っている。もとは（旧）通商産業省工業技術院電子技術総合研究所（電総研）の研究官として、超伝導の研究を行っていた。その研究の中身は、超伝導量子干渉素子（ＳＱＵＩＤ）という極めて高感度な磁気センサの応用技術である。北村泰一先生は、南極から帰られたあと九州大学理学部地球物理学教室の教授になられ、ＳＱＵＩＤを用いて、地磁気の観測を行われた先駆者であった。先生はオーロラ研究の世界的権威であり、磁気分布の観測が必要なオーロラの研究のために、当時未到の技術であった、ＳＱＵＩＤ磁気計測器を世界で初めて気球に載せた方でもあった。その技術を担っていたのが私が勤めていた電総研であった。
　その後、私はＳＱＵＩＤの別の応用で研究を展開し、あるナショナルプロジェクトを担うことになる。そして北村研究室を出た若い研究者を部下にすることになる。一六年ほど前の話である。それから、磁気計測の応用で北村先生と交流が生まれた。電総研を辞し、大学へ移っても交流は続いた。北村先生がタロジロの飼育係で、映画『南極物語』の、渡瀬恒彦氏演ずる京都大学理学部の研究者のモデルと知ったのは、交流を始めて数年たってのことであった。北村先生は「一次隊から帰って、京都大学に復学していたとき、私はまだ大学院生で、映画に出てくる、夏目雅子さんのような方はおらんかったよ（笑）」と語られた。そのとき、あの映画が創作であることを知ったのであった。このような交流の機会に、幾度となく北村先生の犬たちへの思いをしみじみ聞いたのである。このような交流によって私が原稿整理を行うことができたのである。

　北村先生は九州大学を退官される直前、六三歳のときに、ＮＨＫ九州と九州大学探検部の合同踏査隊の副隊長として中国奥地のココシリ高原踏査に参加された。ココシリ高原はおよそ五〇〇〇メートルの標高の高原で、高原の取り付きから最奥のココシリ山麓《さんろく》まで車で四日かかる大高原である。その奥地で、先生と踏査隊の近くにいた砂金取りの中国人青年二人が、高山病で意識不明になったのである。意識不明の三人は、ココシリ高原を四日かかって退却し、低地の病院に入ったが、若者二人は亡くなり、意識が戻ったのは六三歳の北村先生だけであった。意識のない状態のとき、先生の夢《ゆめ》枕《まくら》には、大きなカラフト犬が現れ「泰一、まだ来るのは早い、おまえはまだまだ生きて、おれ達のことを伝えてくれ」と言ったとか。先生は、軽い脳梗塞《のうこうそく》の症状が現れたが、その後リハビリが功を奏し、元気に講演や研究を行われている。現在七五歳である。

平成一八年一一月

小学館文庫
好評既刊

子宮会議《しきゅうかいぎ》
洞口依子《どうぐちよりこ》
癌で子宮と卵巣を全摘出した女優・洞口依子が自らの子宮に問いかけながら綴った愛と勇気と再生のドキュメント。

女の道は一本道
田渕久美子
ＮＨＫ大河ドラマ『篤姫』、『江〜姫たちの戦国』の脚本家・田渕久美子さんによる、自伝的女性の生き方エッセイ。

ゲノムハザード
司城志朗《つかさきしろう》
この世に確かなことは何もない——。人の記憶の痕跡に、鋭く迫った極上のサイエンス・ミステリが遂に文庫化！

スティング
スティング
貧しかった幼少期からポリス結成、衝撃的な解散まで、ファンでなくても読みたくなるスーパースターの自叙伝。

津軽百年食堂
森沢明夫
桜の花の舞う津軽の地で、百年の刻を超え、営々と受け継がれていく〈心〉が咲かせた、奇跡と感動の人間物語。

オケ老人！
荒木 源
笑いあり、涙あり、サスペンスあり。『ちょんまげぷりん』の作者が描く平均年齢世界最高齢のアマオケ交響曲。

本書のプロフィール

本書は、一九八二年十二月に教育社より刊行された『南極第一次越冬隊とカラフト犬』と、『文藝春秋』二〇〇四年三月臨時増刊号　特別版「犬のいる人生犬のいる暮らし」より〝生きていたタロとジロ、そして……〈秘話〉初めて明かす、リキの遺骸、十年後発見の事実〟の文章をもとに、書き下ろした作品です。

小学館文庫

南極越冬隊《なんきょくえっとうたい》 タロジロの真実《しんじつ》

著者 北村泰一《きたむらたいいち》

二〇〇七年三月一日 初版第一刷発行
二〇一一年十月十七日 第三刷発行

発行人 稲垣伸寿
発行所 株式会社 小学館
〒一〇一-八〇〇一
東京都千代田区一ツ橋二-三-一
電話 編集〇三-三二三〇-五六一七
販売〇三-五二八一-三五五五
印刷所――大日本印刷株式会社

ISBN978-4-09-406004-1

時をも忘れさせる「楽しい」小説が読みたい！

募集 小学館文庫小説賞

【応募規定】

〈募集対象〉 ストーリー性豊かなエンターテインメント作品。プロ・アマは問いません。ジャンルは不問、自作未発表の小説（日本語で書かれたもの）に限ります。

〈原稿枚数〉 A4サイズの用紙に40字×40行（縦組み）で印字し、75枚（120,000字）から200枚（320,000字）まで。

〈原稿規格〉 必ず原稿には表紙を付け、題名、住所、氏名(筆名)、年齢、性別、職業、略歴、電話番号、メールアドレス(有れば)を明記して、右肩を紐あるいはクリップで綴じ、ページをナンバリングしてください。また表紙の次ページに800字程度の「梗概」を付けてください。なお手書き原稿の作品に関しては選考対象外となります。

〈締め切り〉 毎年９月30日（当日消印有効）

〈原稿宛先〉 〒101-8001　東京都千代田区一ツ橋２-３-1　小学館　出版局「小学館文庫小説賞」係

〈選考方法〉 小学館「文芸」編集部および編集長が選考にあたります。

〈当選発表〉 翌年５月刊の小学館文庫巻末ページで発表します。賞金は100万円(税込み)です。

〈出版権他〉 受賞作の出版権は小学館に帰属し、出版に際しては既定の印税が支払われます。また雑誌掲載権、Web上の掲載権及び二次的利用権(映像化、コミック化、ゲーム化など)も小学館に帰属します。

〈注意事項〉 二重投稿は失格とします。応募原稿の返却はいたしません。また選考に関する問い合わせには応じられません。

第12回受賞作「マンゴスチンの恋人」遠野りりこ

第11回受賞作「恋の手本となりにけり」永井紗耶子

第10回受賞作「神様のカルテ」夏川草介

第１回受賞作「感染」仙川 環

＊応募原稿にご記入いただいた個人情報は、「小学館文庫小説賞」の選考及び結果のご連絡の目的のみで使用し、あらかじめ本人の同意なく第三者に開示することはありません。